YIWU JIAOYU
XUEXIAO GUANLI
BIAOZHUN
YAODIAN SHISHI ANLI

饶　玲　朱晓颖◎编著

RAOLING　ZHUXIAOYING

义务教育学校
管理标准：要点·实施·案例

北京师范大学出版集团
BEIJING NORMAL UNIVERSITY PUBLISHING GROUP
北京师范大学出版社

图书在版编目(CIP)数据

义务教育学校管理标准：要点·实施·案例/饶玲，朱晓颖编著. — 北京：北京师范大学出版社，2018.7（2022.9 重印）
ISBN 978-7-303-23853-8

Ⅰ. ①义… Ⅱ. ①饶… ②朱… Ⅲ. ①义务教育—学校管理—标准—研究—中国 Ⅳ. ①G522.3-65 ②G637—65

中国版本图书馆 CIP 数据核字(2018)第 136743 号

图书意见反馈 gaozhifk@bnupg.com 010-58805079
营销中心电话 010-57654738 57654736
北师大出版社教师教育分社微信公众号 京师教师教育

出版发行：北京师范大学出版社 www.bnup.com
　　　　　北京市海淀区新街口外大街 19 号
　　　　　邮政编码：100875
印　　刷：天津中印联印务有限公司
经　　销：全国新华书店
开　　本：730 mm×980 mm　1/16
印　　张：18.5
字　　数：320 千字
版　　次：2018 年 7 月第 1 版
印　　次：2022 年 9 月第 5 次印刷
定　　价：50.00 元

策划编辑：伊师孟　　责任编辑：李云虎　许晓诺　温玉婷
美术编辑：焦　丽　　装帧设计：焦　丽
责任校对：韩兆涛　　责任印制：陈　涛

目　录

义务教育学校管理标准

为全面贯彻党的教育方针，促进义务教育学校（以下简称"学校"）不断提升治理能力和治理水平，逐步形成"标准引领、管理规范、内涵发展、富有特色"的良好局面，全面提高义务教育质量，促进教育公平，加快教育现代化，着力解决人民日益增长的美好生活需要和学校发展不平衡不充分问题，根据《中华人民共和国教育法》《中华人民共和国义务教育法》等有关法律法规，制定本标准。

一、基本理念

(一)育人为本 全面发展

全面贯彻党的教育方针，坚持教育为人民服务、为中国共产党治国理政服务、为巩固和发展新时代中国特色社会主义制度服务、为改革开放和社会主义现代化建设服务，落实立德树人根本任务，发展素质教育，培育和践行社会主义核心价值观，全面改进德育、智育、体育、美育，培养德智体美全面发展的社会主义建设者和接班人。

(二)促进公平 提高质量

树立公平的教育观和正确的质量观，提高办学水平，强化学生认知、合作、创新等关键能力和职业意识培养，面向每一名学生，教好每一名学生，切实保障学生平等的受教育权利。建设适合学生发展的课程，实施以学生发展为本的教学；加强教师队伍建设，提高教师整体素质；建立科学合理的评价体系，提高教育教学质量。

（三）和谐美丽 充满活力

建设安全卫生的学校基础设施，完善切实可行的安全、健康管理制度，开展以生活技能和自护、自救技能为基础的安全与健康教育。加强校园文化建设，创建平安校园、文明校园、和谐校园、美丽校园，为师生创造安定有序、和谐融洽、充满活力的工作、学习和生活环境。

（四）依法办学 科学治理

建设依法办学、自主管理、民主监督、社会参与的现代学校制度。落实学校办学自主权，提升校长依法科学治理能力，发挥中小学校党组织的政治核心和战斗堡垒作用，拓宽师生、家长和社会参与学校治理的渠道，建立健全学校民主管理制度，构建和谐的学校、家庭、社区合作关系，推动学校可持续发展。

二、基本内容

（包括：保障学生平等权益、促进学生全面发展、引领教师专业进步、提升教育教学水平、营造和谐美丽环境、建设现代学校制度等 6 大管理职责、22 项管理任务、88 条具体内容，详见列表）

管理职责	管理任务	管理内容
一、保障学生平等权益	1.1 维护学生平等入学权利	1. 根据国家法律法规和教育行政部门相关规定，落实招生入学方案，公开范围、程序、时间、结果，保障适龄儿童少年平等接受义务教育的权利。按照教育行政部门统一安排，做好进城务工人员随迁子女就学工作。 2. 坚持免试就近入学原则，不举办任何形式的入学或升学考试，不以各类竞赛、考级、奖励证书作为学生入学或升学的依据。不得提前招生、提前录取。 3. 实行均衡编班，不分重点班与非重点班。编班过程邀请相关人员参加，接受各方监督。 4. 实行收费公示制度，严格执行国家关于义务教育免费的规定。
	1.2 建立控辍保学工作机制	5. 执行国家学籍管理相关规定，利用中小学生学籍信息管理系统做好辍学学生标注登记工作，并确保学籍系统信息与实际一致。防止空挂学籍和中途辍学。 6. 严格执行学生考勤制度，建立和完善辍学学生劝返复学、登记与书面报告制度，加强家校联系，配合政府部门做好辍学学生劝返复学工作。 7. 把对学习困难学生的帮扶作为控辍保学的重点任务，建立健全学习帮扶制度。
	1.3 满足需要关注学生需求	8. 制定保障教育公平的制度，通过各种途径广泛宣传，不让一名学生受到歧视或欺凌。 9. 坚持合理便利原则满足适龄残疾儿童随班就读需要，并为其学习、生活提供帮助。创造条件为有特殊学习需要的学生建立资源教室，配备专兼职教师。 10. 为需要帮助的儿童提供情感关怀，优先满足留守儿童寄宿、乘坐校车、营养改善需求，寄宿制学校应按政府购买服务的有关规定配备服务人员。
二、促进学生全面发展	2.1 提升学生道德品质	11. 推动习近平新时代中国特色社会主义思想进校园、进课堂、进头脑，落实《中小学德育工作指南》《中小学生守则》，坚持立德树人，引导学生养成良好思想素质、道德品质和行为习惯，形成积极健康的人格和良好的心理品质，促进学生核心素养提升和全面发展。 12. 教育学生爱党爱国爱人民，让学生熟记并践行社会主义核心价值观，积极开展理想信念教育、社会主义核心价值观教育、中华优秀传统文化教育、生态文明教育和心理健康教育。 13. 统筹德育资源，创新德育形式，探索课程育人、文化育人、活动育人、实践育人、管理育人、协同育人等多种途径，努力形成全员育人、全程育人、全方位育人的德育工作格局。

续表

管理职责	管理任务	管理内容
二、促进学生全面发展	2.1 提升学生道德品质	14. 把学生思想品德发展状况纳入综合素质评价体系，认真组织开展评价工作。 15. 建立党组织主导、校长负责、群团组织参与、家庭社会联动的德育工作机制。将德育工作经费纳入经费年度预算，优化德育队伍结构，提供德育工作必须的场所、设施。 16. 根据《青少年法治教育大纲》，依据相关学科课程标准，落实多学科协同开展法治教育，培养法治精神，树立法治信仰。
	2.2 帮助学生学会学习	17. 营造良好的学习环境与氛围，激发和保护学生的学习兴趣，培养学生的学习自信心。 18. 遵循教育规律和学生身心发展规律，帮助学生掌握科学的学习方法，养成良好的学习习惯。 19. 落实学生主体地位，引导学生独立思考和主动探究，培养学生良好思维品质。 20. 尊重学生个体差异，采用灵活多样的教学方法，因材施教，培养学生自主学习和终身学习的能力。
	2.3 增进学生身心健康	21. 落实《中小学心理健康教育指导纲要》，将心理健康教育贯穿于教育教学全过程。按照建设指南建立心理辅导室，配备专兼职心理健康教育教师，科学开展心理辅导。 22. 确保学生每天锻炼1小时，开足并上好体育课，开展大课间体育活动，使每个学生掌握至少两项体育运动技能，养成体育锻炼习惯。配齐体育教师，加强科学锻炼指导和体育安全管理。保障并有效利用体育场地和设施器材，满足学生体育锻炼需要。 23. 建立常态化的校园体育竞赛机制，经常开展班级、年级体育比赛，每年举办全员参与的运动会。 24. 落实《国家学生体质健康标准》，定期开展学生体检和体质健康监测，重点监测学生的视力、营养状况和体质健康达标状况，及时向家长反馈。建立学生健康档案，将学生参加体育活动及体质体能健康状况等纳入学生综合素质评价。 25. 科学合理安排学校作息时间，确保学生课间和必要的课后自由活动时间，整体规划并控制各学科课后作业量。家校配合保证每天小学生10小时、初中生9小时睡眠时间。 26. 保障室内采光、照明、通风、课桌椅、黑板等设施达到规定标准，端正学生坐姿，做好眼保健操，降低学生近视新发率。

续表

管理职责	管理任务	管理内容
二、促进学生全面发展	2.4 提高学生艺术素养	27. 按照国家要求开齐开足音乐、美术课，开设书法课。利用当地教育资源，开发具有民族、地域特色的艺术教育选修课程，培养学生艺术爱好，让每个学生至少学习掌握一项艺术特长。 28. 按照国家课程方案规定的课时数和学校班级数配备艺术教师，设置艺术教室和艺术活动室，并按照国家标准配备艺术课程教学和艺术活动器材，满足艺术教育基本需求。 29. 面向全体学生组织开展艺术活动，因地制宜建立学生艺术社团或兴趣小组。 30. 充分利用社会艺术教育资源，利用当地文化艺术场地资源开展艺术教学和实践活动，有条件的学校可与社会艺术团体及社区建立合作关系。
	2.5 培养学生生活本领	31. 贯彻《关于加强中小学劳动教育的意见》，为学生提供劳动机会，家校合作使学生养成家务劳动习惯，掌握基本生活技能，培养学生吃苦耐劳精神。 32. 开齐开足综合实践活动课程，充分利用各类综合实践基地，多渠道、多种形式开展综合实践活动。寒暑假布置与劳动或社会实践相关的作业。 33. 指导学生利用学校资源、社区和地方资源完成个性化作业和实践性作业。
三、引领教师专业进步	3.1 加强教师管理和职业道德建设	34. 坚持用习近平新时代中国特色社会主义思想武装教师头脑，加强教师思想政治教育和师德建设，建立健全师德建设长效机制，促进教师牢固树立和自觉践行社会主义核心价值观，严格遵守《中小学教师职业道德规范》，增强教师立德树人的荣誉感和责任感，做有理想信念、道德情操、扎实学识、仁爱之心的好老师和学生锤炼品格、学习知识、创新思维、奉献祖国的引路人。 35. 教师语言规范健康，举止文明礼貌，衣着整洁得体。 36. 严格要求教师尊重学生人格，不讽刺、挖苦、歧视学生，不体罚或变相体罚学生，不收受学生或家长礼品，不从事有偿补课。 37. 健全教师管理制度，完善教师岗位设置、职称评聘、考核评价和待遇保障机制。落实班主任工作量计算、津贴等待遇。保障教师合法权益，激发教师的积极性和创造性。 38. 关心教师生活状况和身心健康，做好教师后勤服务，丰富教师精神文化生活，减缓教师工作压力，定期安排教师体检。

续表

管理职责	管理任务	管理内容
三、引领教师专业进步	3.2 提高教师教育教学能力	39. 组织教师认真学习课程标准，熟练掌握学科教学的基本要求。 40. 针对教学过程中的实际问题开展校本教研，定期开展集体备课、听课、说课、评课等活动，提高教师专业水平和教学能力。 41. 落实《中小学班主任工作规定》，制订班主任队伍培训计划，定期组织班主任学习、交流、培训和基本功比赛，提高班主任组织管理和教育能力。 42. 推动教师阅读工作，引导教师学习经典，加强教师教育技能和教学基本功训练，提升教师普通话水平，规范汉字书写，增强学科教学能力。 43. 提高教师信息技术和现代教育装备应用能力，强化实验教学，促进现代科技与教育教学的深度融合。
	3.3 建立教师专业发展支持体系	44. 完善教师培训制度，制订教师培训规划，指导教师制订专业发展计划，建立教师专业发展档案。 45. 按规定将培训经费列入学校预算，支持教师参加必要的培训，落实每位教师五年不少于360学时的培训要求。 46. 引进优质培训资源，定期开展专题培训，促进教研、科研与培训有机结合，发挥校本研修基础作用。 47. 鼓励教师利用网络学习平台开展教研活动，建设教师学习共同体。
四、提升教育教学水平	4.1 建设适合学生发展的课程	48. 落实国家义务教育课程方案和课程标准，严格遵守国家关于教材、教辅管理的相关规定，确保国家课程全面实施。不拔高教学要求，不加快教学进度。 49. 根据学生发展需要和地方、学校、社区资源条件，科学规范开设地方课程和校本课程，编制课程纲要，加强课程实施和管理。 50. 落实综合实践活动课程要求，通过考察探究、社会服务、设计制作、职业体验等方式培养学生创新精神和实践能力。每学期组织一次综合实践交流活动。 51. 创新各学科课程实施方式，强化实践育人环节，引导学生动手解决实际问题。 52. 定期开展学生学习心理研究，研究学生的学习兴趣、动机和个别化学习需要，采取有针对性的措施，改进课程实施和教学效果。

管理职责	管理任务	管理内容
四、提升教育教学水平	4.2 实施以学生发展为本的教学	53. 定期开展教学质量分析，建立基于过程的学校教学质量保障机制，统筹课程、教材、教学、评价等环节，主动收集学生反馈意见，及时改进教学。 54. 采取启发式、讨论式、合作式、探究式等多种教学方式，提高学生参与课堂学习的主动性和积极性。 55. 创新作业方式，避免布置重复机械的练习，多布置科学探究式作业。可根据学生掌握情况布置分层作业。不得布置超越学生能力的作业，不得以增加作业量的方式惩罚学生。
	4.3 建立促进学生发展的评价体系	56. 对照中小学教育质量综合评价改革指标体系，进行监测，改进教育教学。 57. 实施综合素质评价，重点考察学生的思想品德、学业水平、身心健康、艺术素养、社会实践等方面的发展情况。建立学生综合素质档案，做好学生成长记录，真实反映学生发展状况。 58. 控制考试次数，探索实施等级加评语的评价方式。依据课程标准的规定和要求确定考试内容，对相关科目的实验操作考试提出要求。命题应紧密联系社会实际和学生生活经验，注重加强对能力的考察。考试成绩不进行公开排名，不以分数作为评价学生的唯一标准。
	4.4 提供便利实用的教学资源	59. 按照规定配置教学资源和设施设备，指定专人负责，建立资产台账，定期维护保养。 60. 落实《中小学图书馆(室)规程》，加强图书馆建设与应用，提升服务教育教学能力。建立实验室、功能教室等的使用管理制度，面向学生充分开放，提高使用效益。
五、营造和谐美丽环境	5.1 建立切实可行的安全与健康管理制度	61. 积极借助政府部门、社会力量、专业组织，构建学校安全风险管理体系，形成以校方责任险为核心的校园保险体系。组织教职工学习有关安全工作的法律法规，落实《中小学校岗位安全工作指南》。 62. 落实《国务院办公厅关于加强中小学幼儿园安全风险防控体系建设的意见》《中小学幼儿园安全管理办法》，建立健全学校安全卫生管理制度和工作机制，采取切实措施，确保学校师生人身安全、食品饮水安全、设施安全和活动安全。使用校车的学校严格执行国家校车安全管理制度。 63. 制订突发事件应急预案，预防和应对不法分子入侵、自然灾害和公共卫生事件，落实防治校园欺凌和暴力的有关要求。

管理职责	管理任务	管理内容
五、营造和谐美丽环境	5.2 建设安全卫生的学校基础设施	64. 配备保障学生安全与健康的基本设施和设备，落实人防、物防和技防等相关要求。学校教育、教学及生活所用的设施、设备、场所要经权威部门检测、符合国家环保、安全等标准后方可使用。 65. 定期开展校舍及其他基础设施安全隐患排查和整治工作。校舍安全隐患要及时向主管部门书面报告。 66. 设立卫生室或保健室，按要求配备专兼职卫生技术人员，落实日常卫生保健制度。 67. 设置安全警示标识和安全、卫生教育宣传橱窗，定期更换宣传内容。
	5.3 开展以生活技能为基础的安全健康教育	68. 落实《中小学公共安全教育指导纲要》，突出强化预防溺水和交通安全教育，有计划地开展国家安全、社会安全、公共卫生、意外伤害、网络、信息安全、自然灾害以及影响学生安全的其他事故或事件教育，了解保障安全的方法并掌握一定技能。 69. 落实《中小学健康教育指导纲要》，普及疾病预防、营养与食品安全以及生长发育、青春期保健知识和技能，提升师生健康素养。 70. 落实《中小学幼儿园应急疏散演练指南》，定期开展应急演练，提高师生应对突发事件和自救自护能力。
	5.4 营造健康向上的学校文化	71. 立足学校实际和文化积淀，结合区域特点，建设体现学校办学理念和思想的学校文化，发展办学特色，引领学校内涵发展。 72. 做好校园净化、绿化、美化工作，合理设计和布置校园，有效利用空间和墙面，建设生态校园、文化校园、书香校园，发挥环境育人功能。 73. 每年通过科技节、艺术节、体育节、读书节等形式，因地制宜组织丰富多彩的学校活动。
六、建设现代学校制度	6.1 提升依法科学管理能力	74. 每年组织教职员工学习《宪法》《教育法》《义务教育法》《教师法》和《未成年人保护法》等法律，增强法治观念，提升依法治教、依法治校能力。 75. 依法制定和修订学校章程，健全完善章程执行和监督机制，规范学校办学行为，提升学校治理水平。 76. 制定学校发展规划，确定年度实施方案，客观评估办学绩效。 77. 健全管理制度，建立便捷规范的办事程序，完善内部机构组织规则、议事规则等。 78. 认真落实《中小学校财务制度》，做好财务管理和内审工作。 79. 指定专人负责学校法制事务，建立学校法律顾问制度，充分运用法律手段维护学校合法权益。

管理职责	管理任务	管理内容
六、建设现代学校制度	6.2 建立健全民主管理制度	80. 贯彻《关于加强中小学校党的建设工作的意见》，以提升组织力为重点，突出政治功能，把学校党组织建设成领导改革发展的坚强战斗堡垒，充分发挥党员教师的先锋模范作用。 81. 坚持民主集中制，定期召开校务会议，健全学校教职工（代表）大会制度，将涉及教职工切身利益及学校发展的重要事项，提交教职工（代表）大会讨论通过。 82. 设置信息公告栏，公开校务信息，公示收费项目、标准、依据等，保证教职工、学生、相关社会公众对学校重大事项、重要制度的知情权。 83. 建立问题协商机制，听取学生、教职工和家长的意见和建议，有效化解相关矛盾。 84. 发挥少先队、共青团、学生会、学生社团的作用，引导学生自我管理或参与学校治理。
	6.3 构建和谐的家庭、学校、社区合作关系	85. 健全和完善家长委员会制度，建立家长学校，设立学校开放日，提高家长在学校治理中的参与度，形成育人合力。 86. 引入社会和利益相关者的监督，密切学校与社区联系，促进社区代表参与学校治理。 87. 主动争取社会资源和社会力量支持学校改革发展。 88. 有条件的学校可将体育文化设施在课后和节假日对本校师生和所在社区居民有序开放。

三、实施要求

（一）本标准是对学校管理的基本要求，适用于全国所有义务教育学校。鉴于全国各地区的差异，各省、自治区、直辖市教育行政部门可以依据本标准和本地实际提出具体实施意见，细化标准要求。在实施过程中要因地制宜、分类指导，分步实施、逐步完善，促进当地学校提升治理水平。

（二）本标准是义务教育学校工作的重要依据。各级教育行政部门和教师培训机构要将本标准作为校长和教师培训的重要内容，结合当地情况，开展有针对性的培训，使广大校长和教师充分了解基本要求，掌握精神实质，指导具体工作。

（三）义务教育学校要将本标准作为学校治理的基本依据，强化对标研判，整改提高，树立先进的治理理念，建立健全各项管理制度，完善工作机制。校长和教师要按照本标准规范管理和教育教学行为，把标准的各项要求落到实处。

（四）教育督导部门应按照本标准修订完善义务教育学校督导评估指标体系和标准，一校一案，对标研判、依标整改，开展督导评估工作，促进学校规范办学、科学管理，提高教育质量和办学水平。

第一章　保障学生平等权益

20 世纪 40 年代，《世界人权宣言》规定："一切儿童，无论什么阶层、经济条件、社会地位，都享有受教育的权利。在教育领域内，所有儿童应处于同等地位，享有同等权利，任何人都不应受到歧视和排斥。"教育公平是世界教育领域通用的价值取向与实践准则。《国家中长期教育改革和发展规划纲要（2010—2020 年）》提出"坚持教育优先发展，促进教育公平"等相关要求，体现了教育公平作为国家基本教育政策在教育改革发展中的重要战略地位。教育公平是社会公平的基石，促进教育公平，不仅关系到办好人民满意的教育，还影响到社会公平的实现，关系到和谐社会的建设。

《中华人民共和国义务教育法》明确规定，"凡具有中华人民共和国国籍的适龄儿童、少年，不分性别、民族、种族、家庭财产状况、宗教信仰等，依法享有平等接受义务教育的权利"，"适龄儿童、少年免试入学。地方各级人民政府应当保障适龄儿童、少年在户籍所在地学校就近入学"。

在十九大报告中，习近平总书记再一次把发展教育事业放在提高保障和改善民生水平的优先位置上，提出"建设教育强国是中华民族伟大复兴的基础工程，必须把教育事业放在优先位置，加快教育现代化，办好人民满意的教育。要全面贯彻党的教育方针，落实立德树人根本任务，发展素质教育，推进教育公平，培养德智体美全面发展的社会主义建设者和接班人"。学校应该办好公平而有质量的义务教育，促进义务教育均衡发展，保障学生平等享有各项受教育的权利。

第一节　维护学生平等入学权利

受教育权是公民的一项基本权利，我国《中华人民共和国宪法》《中华人民共和国教育法》明确规定，公民享有平等的受教育权利。入学公平是教育公平的基点，接受义务教育是每个适龄儿童受法律保护的基本权利，广大学校落实国家政策法规，加强教育管理，启动阳光招生工作机制，做到招生程序的公开化、透明化，坚持用规范管理来维护儿童的入学公平，使儿童不受性别、身体条件、阶层、民族、地域等因素限制，都能享有平等的入学权利，使所有学生的潜能都能自由发展和发挥。

第 1 条　根据国家法律法规和教育行政部门相关规定，落实招生入学方案，公开范围、程序、时间、结果，保障适龄儿童少年平等接受义务教育的权利。按照教育行政部门统一安排，做好进城务工人员随迁子女就学工作。

【要点解读】

适龄儿童、少年入学问题关系千家万户，备受人民群众关注。近年来，在经济社会以及教育事业的快速发展过程中，各地义务教育事业普遍得到提高和发展，但义务教育在区域之间、城乡之间、学校之间的差距依然存在，突出地表现在办学条件、经费投入、师资水平和教育质量等方面。

产生这些问题的原因：一是经济社会发展不平衡性在教育领域的反映；二是保障义务教育均衡发展的公共财政体系尚不完善；三是区域内义务教育阶段学校办学基本条件、教育教学质量的监测、评估、指导体系不完善，还不能做到及时、有效地对学校办学条件的改善和教育教学质量的提高进行监控和指导；四是没有树立科学的政绩观和发展观，没有树立起面向所有学校、面向所有学生的观念，在制定教育政策措施、配置公共教育资源时，往往注重锦上添花，忽视雪中送炭，个别地方甚至把建设所谓"窗口学校"作为政绩工程，致使择校风愈演愈烈，影响了社会对教育的满意程度，对社会的和谐和稳定产生了极大的冲击。

为此，教育部针对"择校热"印发《教育部办公厅关于做好 2018 年普通中小学招生入学工作的通知》。文件指出，要推进所有地市、县（区）义务教育免试就近入学政策全覆盖，为每所义务教育阶段学校科学划定服务片区范围；在教育资源配置不够均衡、择校冲动强烈的地方，积极稳健推进多校划片。

《教育部办公厅关于做好 2018 年普通中小学招生入学工作的通知》要求，整体谋划普通中小学招生入学工作，提出三个统筹。一是统筹制定招生入学办法，各省（区、市）要统筹义务教育和普通高中、公办和民办中小学、户籍学龄人口和随迁子女、重点大城市和市县招生入学工作。要落实优质高中招生指标合理分配到区域内初中的比例不低于 50％的要求，并适当向薄弱初中、农村初中倾斜。要将民办学校招生入学工作纳入当地教育行政部门统一管理，并与公办学校同步招生。二是统筹保障不同群体入学，加快建立以居住证为主要依据的义务教育随迁子女入学政策，进一步落实和完善随迁子女接受义务教育后在当地参加升学考试的政策措施。三是统筹做好教育资源配置，依据区域内城乡人口流动、学龄人口变化趋势，合理规划布局中小学校，加快学校建设，保障足够学位供给。严格控制大班额、大校额，确保 2018 年实现义务教育阶段学校基本消除 66 人以上超大班额目标。统筹城乡师资配置，着力解决当前乡村教师结构性缺员和城镇师资不足问题。

《教育部办公厅关于做好 2018 年普通中小学招生入学工作的通知》提出，对于有空余学位的公办热点学校和报名人数超过招生人数的民办学校，引导学校采取电脑随机派位方式招生。对于新入学的义务教育学生，要按照随机派位方式均衡编班，要逐步压缩特长生招生规模，直至 2020 年前取消各类特长生招生。

【实施建议】

学校要坚决执行国家和教育行政部门关于义务教育阶段学校招生入学的相关规定，坚持"阳光招生"，公开学校招生范围、程序、时间和招生结果等相关信息，让招生的全过程接受社会公众的监督，切实做到招生入学工作的公开、公平、公正，保障所有适龄儿童和少年平等接受义务教育的权利。

各学校在校园网站、校门口、校园醒目位置公布、张贴招生公告、招生政策文件等，公示学区范围、招生时间、招生条件、招生流程等，努力营造良好的招生秩序，确保社会和谐稳定。

学校要严格规定，严明纪律，规范招生行为，不得违规招生。不得以任何理由拒收学区内的适龄儿童入学，不得有提前招生、超计划招生和跨学区招生等行为，不得出现自行组织考试、乱收费、乱招生等违规行为。

做好随迁子女，特别是进城务工人员随迁子女就学工作，创新工作机制，畅通入学渠道，简化就读手续，保障随迁子女与流入地儿童平等接受相应的教育，实现"三个一样"：一样就读，一样升学，一样免费。

【案例推介】

南昌百花洲小学：促进随迁学生融入校园①

在城市化进程中，来自不同家庭文化背景的学生在学习基础、学习能力、生活习惯和心理特征上的显著差异是城区学校普遍面临的教育困境。针对如何消除原始家庭为孩子带来的"编码烙印"，从而实现所有学生平等、和谐、共同成长这一共性问题，南昌市百花洲小学进行了有益的探索。

从2010年开始，南昌市百花洲小学的随迁学生逐年增加，目前在校的1000多名学生中，随迁入学子女达近300人。这对学校来说，无疑是一个新的教育课题。

南昌市百花洲小学校长李美荣介绍说："怎样让这些随迁的孩子更快地融入集体，我们当时就有意识地提出了'一枝独放不是春，百花齐放春满园'的理念。"

课堂是改革的主阵地，学校决定，把培养学生的交往合作能力作为突破口，拉近城乡学生的距离，立足"注重合作、勇于实践、互学互助、百花齐放"的课程教学理念，开发了"共乐、共情、共助"等"同伴互助"系列课程，帮助随迁子女尽快融入校园。

学校首先想到的就是，拿个"小凳子"给随迁学生"垫脚"，让他们能够尽快地和同学们站在一个平台上。基于这样的理念，学校创建了相关课程。

为了改善随迁学生不善交际的现状，学校专门开发了"体验游戏"课程，

---

① 《南昌百花洲小学：促进随迁子女融入校园》，http://www.jxetv.com/channels/12.html，2018-02-13。根据需要，本书对部分引用案例做了技术性改动。

在大课间推行传统竞赛项目——花样跳绳，还开发了"同伴巧手迎新年""我要上六一"两个主题活动，要求城乡学生结伴表演，为孩子们创造合作交往的机会。

合作交往能力离不开情商的培养，学校研发了《情绪与健康》校本教材，每周上一次课，内容包括调查、交流、体验等版块，并设置了大量学生互动环节；还成立了心理辅导室，每周二下午向学生开放，消除学生的负面情绪，改善生生之间的关系。

当随迁学生在与同学交往当中遇到困难或发生矛盾时，我们会教他们管理情绪的方法，或是人际交往的原则和技巧，帮助他们去提升交往能力。

学校还在学科学习中推行合作学习课改，每2～4人为一小组，采用"异质组合"原则，鼓励结对学习。班主任结合班上随迁学生人数，精心编排每个学习小组组员，通过共同学习，提升随迁孩子的交往能力和学习能力。

如今在百花洲小学，农村随迁学生、进城务工人员子弟与城里孩子相处已经非常和谐了，他们对学校已经有了归属感。

第2条 坚持免试就近入学原则，不举办任何形式的入学或升学考试，不以各类竞赛、考级、奖励证书作为学生入学或升学的依据。不得提前招生、提前录取。

【要点解读】

义务教育是国家统一实施的所有适龄儿童、少年必须接受的教育，适龄儿童、少年的父母或者其他法定监护人应当依法按时送其入学接受并完成义务教育。

就近入学政策是世界各国义务教育阶段推行的一项基本政策，也是基础教育共同遵循的一条基本原则。

近年来，中小学考试招生制度改革全面深化，稳妥实施。义务教育免试就近入学改革取得重要阶段性成果和历史性突破，重点大城市基本实现了免试就近入学、规范有序入学、阳光监督入学，有效缓解了"择校热"。2017年，24个热点大城市小学、初中就近入学率分别达到98.7％、97.0％。第三方大数据抽样显示，义务教育学校招生入学工作赢得了人民群众的普遍支持和认可，群众满意度接近 90.0％。中考改革探索了许多符合发展素质教育要求、操作性强的做法，基本构建了与新课程相适应的中考制度。

全面实行免试就近入学给中小学带来的最大变化，就是把小学生过重的课业负担减下来。过去由于小升初选拔性考试的存在，滋生了学校择优、家长追优、层层推优的现象。无度的补课，频繁的家教，违背了教育规律，加重了学生的精神负担和课业负担，伤害了孩子们的身心健康。全面实行免试就近入学，彻底切断义务教育入学与选拔性考试的联系，是减负的治本之策。

实行免试就近入学会给中小学带来全面发展的生机和活力。学生课业负担减下来以后，我们要把健康发展的时间和空间还给孩子们，让他们有更多的时间去接受教育，培养审美情趣，锻炼身体，做公益事业，养成良好的行为习惯。

实行免试就近入学会给中小学课堂教学面貌带来深刻变化。坚持立德树人的根本目标，摸清学情，科学确定教学起点。积极引导教师正视学生的学习差距，关注每一个学生健康成长，回归教材，回归课堂，恢复健康的教学生态。

【实施建议】

第一，根据免试就近入学原则，做好招生入学工作。义务教育学校要根据教育行政部门划定的招生范围招生，不能采取面试、选拔性考试等方式选择学生。通过网络宣传、媒体宣传、社区宣传、学校通知等方式，明确公布招生时间、程序，推进网上招生，主动公开招生入学信息。

第二，学校要公开招生咨询电话和举报电话，自觉接受社会、家长的监督。

第三，学校不得组织笔试、面试或任何变相形式的考试、考核，不得举办或参与举办各种培训班选拔生源，不得从该小学、幼儿园选拔学生进行"特殊"培养，不得以各种学科类实验班名义招生。

第四，为随迁子女提供帮助。学校要依据地方规定的进城务工人员随迁子女接受义务教育的有关要求，采用公开、规范的工作程序，依法接收随迁子女入学，并帮助他们解决实际困难，尽快融入城市生活。

【案例推介】

宁波：落实免试就近入学　保障教育公平公正①

保障教育公平，严格义务教育免试就近入学政策。面对新城镇化建设，加强科学规划，以常住人口为基数并考虑各学段生源波动特点，合理配置义务教育资源。完善与户籍改革、居住证管理和服务相适应的入学政策，努力解决符合政策条件的进城务工人员随迁子女就地入学和升学问题。

缓解学区压力，推行共同发展学区。按照地理位置相对就近、办学水平相对均衡的实际，将城区数所小学和对口初中组成一个共同发展学区，实施学区内校长、教师的交流机制。学区内小学招生视生源分布情况进行统筹，学校主管教育的行政部门应在当年生源较多学校服务区内设置两校公共缓冲区域。同时，对乡镇（街道）区域内学校探索实行片区化管理。

坚持均衡发展，办好家门口每一所学校。通过薄弱学校委托管理、教师交流、集团化办学、学区化组织等形式，整体提升学校办学水平。推进义务教育阶段特色学校建设，到2020年形成一批特色学校。推动县域内校长、教师合理交流，扩大优质示范普通高中报送推荐生名额比例。

加强正面引导，主动抢占舆论高地。充分利用各类媒体，及时公布招生政策，并组织专家进行政策解读，加强正面引导，及时回应社会关切，为义务段招生工作开展营造良好的舆论氛围和社会环境。

第3条　实行均衡编班，不分重点班与非重点班。编班过程邀请相关人员参加，接受各方监督。

【要点解读】

教育公平包括起点公平、过程公平和结果公平。促进教育公平意味着学校要让每个儿童、少年都有平等的入学机会，要平等对待每个学生，让每个学生在校园内都能享受公平、优质的教育。

"一枝独秀不是春，万紫千红春满园"。义务教育阶段，实行均衡编班，不论分数高低，不管经济条件优劣，让孩子都能站在同一起跑线上，享受公

---

① 《2016年宁波落实免试就近入学　保障教育公平公正》，http：//www.srssn.com/JiaoYuXinWen/506883.html，2018-05-20。

平优质的教育，是广大家长的共同心愿，也是教育公平的核心内容，它不仅使家长放心，对师生也更公平，于促进社会和谐更是意义非凡。

均衡编班，家长不用再挖空心思为孩子谋个好平台；孩子们站在公平的发展起点，也可以学习互帮、性格互补、扬长避短、相互促进，能有效凝聚你追我赶的班级氛围；与此同时，均衡编班，还可以维护教师的自尊，让新、老教师站在同一教学平台上竞技，既有良性竞争，又有通力合作，使绩效考核更公平、更合理。

由此可见，均衡编班，顺民心，合民意，它可以有效避免编入普通班的学生自卑消沉、无心向学，避免任教普通班的教师消极懈怠、缺乏成就感的现象出现。

【实施建议】

第一，健全和完善均衡搭配班主任和科任教师的制度、学生排序均等分组及公示办法、现场抽签规则、平行分班监督保障制度、违规人员处罚办法、后转入学生随机抽签入班制度、均衡搭配后续任课教师保障学段完整性的制度等，确保新生入学分班阳光操作，确保平行分班工作公正、公平、公开。

第二，在具体实施过程中要确保三个重点工作环节严谨有序、扎实到位。

一是均衡搭配各学校的班主任及科任教师。在学生分班之前，学校根据招生计划，确定一年级至六年级班主任及科任教师，并在新生报到时向学生及其家长公示各班的班主任及任课教师名单。教师安排要根据教师的业务水平、气质性格、年龄结构等因素均衡搭配，不得将骨干教师集中安排到一个或几个班。

二是按照一年级新生姓名的字母排序平行分组公示。各分男生和女生两组分别排序，再依据学校一年级班数，按照蛇形排队的方式将所有学生均等分组，并张贴公示。

三是现场随机抽取学生。在学生均等分组并公示的基础上，采取由班主任教师现场随机抽签的方式确定其所带班级的学生组别。

第三，严格纪律。严明工作纪律，严禁徇私舞弊，严禁设立重点班和"照顾班"，现场确定平行分班的结果后，严禁校内调班，严禁各学校擅自接收分配到其他学校的学生。对开学后正常转入的学生，由学校按相关规定采取公开随机抽签的方式确定其所去班级。确保平行分班善始善终，确保平行分班各项政策贯彻到底。

第四，创设有利于平行分班工作的良好社会环境。招生结束后，学校以召开座谈会、致学生家长一封信、在新闻媒体公开宣传等形式，宣传控制学生择班的意义，讲明平行分班的程序和方法努力营造有利于平行分班工作的社会环境和良好的舆论氛围。

第五，创新教师工作考核机制。学校对教师工作业绩的考核以推进素质教育、促进学生全面发展为出发点和落脚点，全面考核教师的教育教学工作情况，不得以学生学业成绩或升学率作为教师工作考核的唯一内容。

【案例推介】

教育部：2018 年中小学招生入学 10 项严禁高压线碰不得！

2018 年 2 月 22 日，教育部办公厅发布《教育部办公厅关于做好 2018 年普通中小学招生入学工作的通知》，再次对中小学上学的择校热、中考改革、规范招生、特长生等热点问题做了重要部署和明确要求。文件要求各地在中小学招生入学工作中严格落实"十项严禁"纪律。

严禁无计划、超计划组织招生，招生结束后，学校不得擅自招收已被其他学校录取的学生；

严禁自行组织或与社会培训机构联合组织以选拔生源为目的的各类考试，或采用社会培训机构自行组织的各类考试结果；

严禁提前组织招生，变相"掐尖"选生源；

严禁公办学校与民办学校混合招生、混合编班；

严禁以高额物质奖励、虚假宣传等不正当手段招揽生源；

严禁任何学校收取或变相收取与入学挂钩的"捐资助学款"；

严禁义务教育阶段学校以各类竞赛证书、学科竞赛成绩或考级证明等作为招生依据；

严禁义务教育阶段学校设立任何名义的重点班、快慢班；

严禁初高中学校对学生进行中高考成绩排名、宣传中高考状元和升学率，教育行政部门也不得对学校中高考情况进行排名，以及向学校提供非本校的中高考成绩数据；

严禁出现人籍分离、空挂学籍、学籍造假等现象，不得为违规跨区域招收的学生和违规转学学生办理学籍转接。

第4条　实行收费公示制度，严格执行国家关于义务教育免费的规定。

【要点解读】

义务教育是国家统一实施的所有适龄儿童、少年必须接受的教育，是国家必须予以保障的公益性事业。

其实质是国家依照法律规定对适龄儿童和青少年实施的一定年限的强迫教育的制度，具有强制性、免费性、普及性和世俗性的基本特点。

国务院印发了《国务院关于进一步完善城乡义务教育经费保障机制的通知》（国发〔2015〕67号），要求从2016年起进一步完善城乡义务教育经费保障机制。对此，财政部、教育部有关负责人在接受记者采访时表示，目前九年免费义务教育已全面普及，2017年对城乡义务教育学生全部实行"两免一补"政策。

"两免一补"是指"免除学杂费，免费提供教科书和对家庭经济困难寄宿生补助生活费"，将原来农村学生享受"两免一补"，城市学生只免学杂费，对低保家庭学生免费提供教科书和对家庭经济困难寄宿生补助生活费的政策，调整为对城乡义务教育学生全部实行"两免一补"政策，统一城乡义务教育"两免一补"政策。

实行教育收费公示制度，是规范教育收费行为，促进教育事业健康发展，巩固治理教育乱收费成果的重大措施，是提高教育收费政策透明度，加强和完善社会监督机制的重要举措。

【实施建议】

第一，严格落实国家发改委、财政部、教育部决定在全国各级各类学校实行教育收费公示制度的精神，规范教育收费行为。

第二，通过设立公示栏、公示牌、公示墙等形式，学校向社会公布收费项目、收费标准等相关内容，以便于社会监督学校严格执行国家教育收费政策，保护学生及家长自身合法权益的制度。

第三，学校在校门口的公示橱窗和总务处门口，向家长、学生公示收费项目、收费标准等内容。学校在招生简章中要注明有关收费项目和标准。在开学时或学期结束后，通过收费报告单等方式向学生家长报告本学期学校收费情况，让学生家长了解学校的实际收费与规定的收费是否一致。

第四，凡按国家规定的审批权限和程序制定的教育收费，均应实行公示制度。公示的主要内容包括收费项目、收费标准、收费依据（批准机关及文号）、收费范围、计费单位、投诉电话等。对家庭经济困难学生实行收费减免的政策也应进行公示。

第五，教育收费公示的内容，事前必须经过学校所在地的省级或市、县价格、财政主管部门和教育行政部门的审核。公示收费的内容，要严格执行规定的收费项目、标准及范围等。禁止将越权收费、超标准收费、自立项目收费等乱收费行为通过公示"合法化"。

第六，遇有政策调整或其他情况变化时，学校要及时更新公示的有关内容。

【案例推介】

芜湖县印发《中小学教育收费明白卡》①

为加强中小学收费管理，治理乱收费，切实减轻学生家长的负担，县发改委、教育局、财政局联合印发《芜湖县中小学教育收费明白卡》，对规范义务教育阶段、高中阶段学校收费，收费公示制度做了明确要求。

一是明确义务教育阶段免费入学政策。

义务教育阶段学校要严格执行《中华人民共和国义务教育法》，坚持义务教育阶段学生免试就近入学原则，免收学杂费和借读费，严禁向学生收取与入学挂钩的任何费用。

公办义务教育学校学生全部免除国家教科书费用，民办学校同步实行免费国家教科书政策。

免费向公办义务教育学校中小学生提供一套印制作业和一套寒暑假作业。

免除初中毕业会考和中考考试费，即免除中考报名费、中考考务费、体

---

① 《我县印发〈中小学教育收费明白卡〉》，http：//www.whx.gov.cn/DocHtml/1/2016/8/23/4662397094387.html，2018-05-20。

育加试费、理化生考务费。

进城务工人员子女在县城义务教育阶段学校就读的，与所在县城义务教育阶段学生享受同等政策。

不得收取与入学挂钩的捐资助学费、赞助费等择校费用，严禁"一边免费，一边乱收费"。

二是规范高中阶段学校收费行为。

取消公办高中择校生。各公办高中阶段学校严格执行规定的收费标准，民办高中阶段学校执行物价部门核定的收费标准，不得跨学期收取学费。

学校要加大对孤残学生的校内资助力度，对普通高中持证残疾学生和孤儿按学费"收多少、退多少"的标准进行免学费补助。

三是严格教育收费公示、公告制度。

各学校的所有收费必须进行公示，公示内容包括收费项目、收费标准、收费依据、收费范围、计费单位、投诉电话、对家庭经济困难学生减免收费的政策和减免收费的学生名单等；非义务教育阶段学校，在学期结束后，必须制作收费报告单，向学生家长报告本学期各项代收费收支的详细情况。

第二节　建立控辍保学工作机制

"义务教育是国家统一实施的所有适龄儿童、少年必须接受的教育。普及九年义务教育是实施科教兴国战略、提高国民素质、保障适龄儿童少年受教育权利的奠基性工程，对全面建成小康社会、打赢脱贫攻坚战具有重大意义。"2011年，中国向全世界宣告全面实现普及九年义务教育，解决了孩子们"有学上"的问题。2015年全国九年义务教育巩固率达到93.0%，如期实现了教育规划纲要提出的中期目标。2016年，全国九年义务教育巩固率达到93.4%。

但同时要看到我国少数农村地区特别是老少边穷岛地区仍不同程度存在失学辍学现象，有的孩子存在着厌学的情况，有的是因为家庭经济困难辍学，还有的是因为家离学校比较远等多种原因导致中途辍学。实现国家确定的到2020年义务教育巩固率达到95.0%的目标面临严峻挑战。

国务院办公厅2017年9月印发《国务院办公厅关于进一步加强控辍保学

提高义务教育巩固水平的通知》提出，要坚持依法控辍，建立健全控辍保学工作机制。政府要履行义务教育控辍保学法定职责，补短板、控底线，完善行政督促复学机制，建立义务教育入学联控联保工作机制。用人单位不得违法招用未满 16 周岁的未成年人；父母或者其他法定监护人应当依法送适龄儿童少年按时入学接受并完成义务教育；学校要建立和完善相关制度，配合做好劝返复学工作。

第 5 条　执行国家学籍管理相关规定，利用中小学生学籍信息管理系统做好辍学学生标注登记工作，并确保学籍系统信息与实际一致。防止空挂学籍和中途辍学。

【要点解读】

　　义务教育学籍管理是对义务教育阶段学生入学资格直至接受完规定年限的义务教育的全程管理，它是实施九年义务教育的一项重要内容。规范的学籍管理有利于准确地掌握适龄儿童、少年接受完义务教育的真实数据；有利于杜绝学校隐性留级的漏洞，提高在校生的直升率；有利于抓入学和控流，提高入学率和巩固率；有利于开展教育质量评价，为评价提供准确的基数，从而提高评价的信度与效度。

　　空挂学籍指学生不在该学校读书，却空放了学生档案在学校。"一个都不能少"，是义务教育的本质属性。让少年儿童"进得来"的同时又"留得住"，不中途辍学，非常重要。

　　2013 年 8 月 11 日，教育部印发《中小学生学籍管理办法》（教基一〔2013〕7 号）。为每名学生建立全国唯一的电子学籍档案，对学籍注册、学籍档案管理、学籍异动、升级、毕业、成长记录等进行全程信息化管理，实现全国范围内学生流动情况的实时监控与管理。实行"籍随人走、终身不变"。统一学籍号将让教育部门有效管理学生信息，控制辍学、空挂率。

【实施建议】

　　第一，学校根据国家法律和各级教育行政部门规定，及时为学生注册监理学籍，确保学籍信息真实、准确、完整。学校不得出现没有学籍或籍校不一致的学生。学籍信息实行一次采集，不得重复建籍。学校不得将原来有无学籍作为接受学生的条件。

第二，校长是学校学籍管理的第一责任人，承担领导责任；分管学生学籍工作的校领导是主管责任人，承担组织和监管责任；学校学籍管理员是直接责任人，承担具体实施工作。

学籍管理员应当由各单位或学校的正式工作人员担任（在校生数多的学校由教务部门副主任担任），责任心强，熟悉学籍管理规定、学籍信息采集的基本要求、全国学籍系统的基本功能和操作方法、保密要求等。对学籍管理员应当先培训后上岗，定期组织培训，并保持人员相对稳定，明确岗位职责，根据学籍管理员工作任务和责任计算工作量，将系统应用和技术支持纳入学校教师职务（职称）评聘和工作考核范围。各级学籍管理员的基本信息须报送上一级教育行政部门。

第三，学生初次办理入学注册手续后，学校应为其采集录入学籍信息，建立学籍档案，通过全国学籍系统申请学籍号。主管教育行政部门应通过全国学籍系统及时核准学生学籍。

第四，学校应当从学生入学之日起1个月内为学生建立或转接学籍档案。学籍档案分信息一致的电子档案和纸质档案两类，其中电子档案纳入全国学籍系统管理，纸质档案由学校学籍管理机构管理，日常管理由学籍管理员负责。

学生学籍档案内容包括学籍基础信息及信息变动情况；学籍信息证明材料（户籍证明、转学申请登记表、休学复学申请表等）；学生学籍卡片（含学生综合素质发展报告、学业考试信息、体育运动技能与艺术特长、参加社区服务和社会实践情况等）；体质健康测试及健康体检信息、预防接种信息等；在校期间的获奖信息；享受资助信息。

学校学籍档案除学生个人学籍档案外，还应包括新生花名册、学生增加（减少）情况登记表、毕业生花名册学校学籍档案应永久保存。

第五，学生转学或升学时，学籍档案应当转至转入学校或升入学校，转出学校或毕业学校应从全国学籍系统中导出学生信息，保留电子档案备份，同时保留必要的纸质档案复印件。学生最后终止学业的学校，应当归档永久保存学生的学籍档案，或按相关规定办理。

第六，学校要建立严格的保密制度。非经学籍主管部门书面批准，学籍信息一律不得向外提供，严防学籍信息外泄和滥用。

【案例推介】

陕西：建立十项制度"控辍保学"①

月报季评制。全省教育扶贫季度考核点评主要内容：控辍保学体系建立和工作责任落实情况，控辍保学动态监测机制建立情况，辍学学生劝返、登记和书面报告制度落实情况，适龄少年儿童入学台账建立情况，计划脱贫退出户无辍学学生达标情况。控辍保学工作情况实行月报制，自 2017 年 5 月起，各市（区）教育局务必每月底向省教育厅报告控辍保学工作实施情况。

"七长"责任制。建立县（区）长、县（区）教育局局长、乡（镇）长、村长（村主任）、校长、家长、师长"七长"控辍保学责任制，明确每一个岗位的控辍保学责任，做到责任到人，措施到位，一级抓一级，层层抓落实。要把贫困户无辍学学生作为贫困县退出的依据，并实行一票否决制。

台账销号制。对已经出现辍学学生的县区、乡镇、学校、班级和个人建立台账，加强劝返工作，实行销号制度，扩大无辍学学校、无辍学学村、无辍学乡镇、无辍学县范围，并且保证不再出现新增辍学学生。

辍学报告制。义务教育阶段中小学校要加强学生管理，随时掌握学生在校情况，对 48 小时未到校又未履行请假手续的学生，一经发现，应当立即向学生所在地乡镇政府和县级教育行政部门报告。

责任督学制。各级责任督学要把控辍保学作为挂牌督导的重要内容，随时掌握学校控辍保学情况。学校报告辍学情况，责任督学要同时签字。

专项督导制。各级政府教育督导部门要将控辍保学纳入义务教育均衡发展合格县、"双高双普"县、"316 督导评估体系"，实行一票否决。每年组织 2 次控辍保学专项督导。

结对帮扶制。建立党员干部帮扶制度，把建档立卡贫困家庭的义务教育学生安排给党员干部进行帮扶，帮助他们解决思想、经济方面的问题。详细了解学生和家长的思想动向及家庭状况，对有辍学苗头的学生及早采取针对性措施，及时发现辍学动向，严防学生因贫困而失学，从源头杜绝辍学发生。

---

① 《陕西：建立十项制度"控辍保学"》，http：//www.sohu.com/a/139447503 _714516，2018-05-20。

家访登记制。要发挥班主任和科任教师的作用，开展"大家访"活动，通过谈心和单独辅导对贫困家庭学生、留守儿童、残疾学生、学困生积极开展心理激励和学业帮扶，帮助其树立学习信心，避免因丧失学习动力而辍学。

群众监督制。各级教育部门要公布控辍保学举报电话，接受群众对弄虚作假等行为的监督举报，确保不遗漏一位辍学学生。

信息公开制。建档立卡贫困家庭学生要在保护学生隐私的情况下，在一定范围公开、公示，帮扶情况、劝返情况要及时公开。

第6条　严格执行学生考勤制度，建立和完善辍学学生劝返复学、登记与书面报告制度，加强家校联系，配合政府部门做好辍学学生劝返复学工作。

【要点解读】

根据中小学生行为规范，学生必须按时上学，不迟到，不早退，不逃学，有病有事要请假，放学后按时回家。

执行考勤制度是建立学校良好秩序的必要措施，一方面规范学生学习行为，保证学校教育教学活动有序开展；另一方面也是实施"控辍保学"的重要监测机制。

通过考勤可以培养学生的纪律观念和制度意识，全面了解学生的学习、生活等各方面情况，及时进行思想政治教育和组织纪律性教育，培养学生严格要求自己，自觉遵守纪律的良好习惯。

学生上课、社会实践活动及学校、班级组织（经学校批准的）的各种活动，都纳入考勤范围。

考勤主要由班主任老师负责，班主任老师每天统计学生到校、上课信息，并进行缺勤跟踪。如发现学生未能按时到校，要尽快与学生家长取得联系，了解情况。

国务院办公厅于2017年9月5日印发相关通知，针对学生辍学原因，明确了工作措施，要求加强分类指导，因地因人施策，做到"三避免"。一是提高质量控辍，避免因学习困难或厌学而辍学。改善农村办学条件，提升农村教育质量，加大对学习困难学生帮扶力度，因地制宜促进农村初中普职教育融合，让学校对学生更有吸引力。二是落实扶贫控辍，避免因贫失学辍学，精准确定教育扶贫对象，全面落实教育扶贫和资助政策，对建档立卡等家庭经济困难学生优先帮扶，对残疾学生和残疾人子女优先资助，畅通绿色升学通道，提高贫困地区义务教育学生升学信心。三是强化保障控辍，避免因上学远上学难而辍学。调整优化教育支出结构，重点保障义务教育。优化学校布局规划，规范学校撤并程序，加强寄宿制学校建设，在人少路远、交通不便的地方适当保留或设置教学点，妥善解决农村学生上学远和寄宿学生家校往返交通问题。做好随迁子女义务教育工作。用信息化手段使农村学校获得更多优质教育资源。

【实施建议】

学校要根据《中小学生守则》和《中小学生日常行为规范》，制定符合法律规定、上级制度和本校具体情况的考勤制度，并严格执行，以规范学生行为，保障学生到校上课和参加学校组织的各种活动。

建立每节课前查考勤的常规制度。在学校规定的上学期间，学生原则上都应当在校学习。一旦发现学生迟到、早退、擅自离校或旷课，学校应当及时掌握这一情况并采取相应的管理措施，以防学生出现意外。发现学生未到校或擅自离校，学校应立即通知学生的家长。如果学校未及时履行通知义务，未及时将学生异常缺勤情况告知其家长，一旦学生遭受意外伤害，学校就必须承担一定的民事责任。

严格执行请假审批制度。学生请假时，教师应当向家长核实。学生因特殊原因在规定的上课期间不能到校学习，应当向学校请假。由于未成年学生属于无民事行为能力人或限制民事行为能力人，其对自身行为的后果未必具有完全的辨别能力。安全起见，请假应当由学生的监护人向学校提出，或者请假条上应当有监护人的签名，以保证学生请假是出于其监护人的意思。收到假条后，学校应当通过电话与学生的监护人进行核实，防止学生假冒家长签名而行逃学之实。对违反考勤与请假制度的学生，学校应给予适当的批评和教育，必要时可以根据校规校纪对其给予纪律处分。

【案例推介】

汉中市坚持"12345"措施控辍保学①

汉中市切实把"建档立卡贫困户子女无义务教育学生辍学"作为全市教育脱贫工作的核心指标，实行一票否决制度，坚持"12345"措施，着力控制贫困家庭学生辍学，努力提高脱贫家庭子女受教育水平，阻断贫困代际传递。

"1"就是聚焦一个核心，围绕中心开展工作。市教育局成立控辍保学工作领导小组，2017 年先后 5 次召开专题会议研究控辍保学工作，制定印发 10 个文件规范指导控辍保学工作，开展 4 次专项督查全力做好控辍保学工作。

"2"就是筑牢"双线"机制，强化责任落实。将省上"十项"制度和"双线"控辍责任机制落实情况纳入对县区年度、季度目标任务考核中，层层明确责任，构建严密扎实的责任体系。各县区和中小学校不断完善控辍保学机制，夯实控辍保学责任考核机制，严格执行省上"十项"制度，均在暑假前完成了县政府与镇办、镇办与村和教体局与中小学校、学校与班主任课任教师控辍保学工作责任状书的签订，行政、教育"双线"控辍工作机制和省上"十项制度"落实，控辍保学工作扎实推进。

"3"就是构建三级网络监管，织密防控动态网。强化三级网格化动态监测，建立完善"市级（学籍管理，控辍专项督查）—县级（学籍管理，信息核查，控辍常规督查、专项督查）—校级（信息录入、学生转、借、休手续和报备、辍学生报告）"三级控辍保学动态监测机制，同时依托全省教育脱贫控辍保学动态系统，加大摸排核实和分析研究，全面掌握建档立卡脱贫户学生、农村留守儿童少年的家庭状况、家长和监护人联系电话等基本情况，及时掌握辍学动态。

"4"就是健全四项机制，控辍措施落实落细。一是坚持抓"党建"促脱贫。在略阳县召开的全市教育系统党建引领教育助推脱贫现场会，总结了推广略阳县抓党建促教育教学、促脱贫攻坚"一抓两促"工作经验，精准帮扶贫困学生和留守儿童，促进失学儿童受关爱不辍学。二是做好重点人群监控。重点做好对无故 48 小时不到校学生跟踪检查，及时组织家访核实，并书面向镇政

---

① 《我市坚持"12345"措施控辍保学》，http://www.hanzhong.gov.cn/xwzx/bmdt/201711/t20171113_475949.html，2018-05-20。

府和县区教体局报告情况。三是完善学生学籍管理制度。规范办学行为和教师的职业行为，认真履行休学、转学、借读等审批和报备制度，坚决防止因学校和教师行为不当引起学生辍学。四是实施周报点评制。建立全市控辍保学工作周报点评制，每周周四前各县区报送本周辍学生劝返情况统计，并强化对问题突出的县区实行每日跟踪问效。

"5"就是关注五类群体，提升专项督导实效。始终关注建档立卡贫困户学生、农村留守儿童少年、进城务工人员随迁子女、学习困难学生和残疾少年儿童五类重点群体，强化督导检查，确保弱势群体享受完整、公平、有质量的教育。组织开展春秋两季控辍保学及建档立卡脱贫户学生辍学情况专项督导检查。春季检查中针对一所初中有一名建档立卡脱贫户学生辍学的情况，立即责成学校校长带队立即再次上门动员劝返。以问题为导向专项督导。6月3日至6日，针对省教育脱贫暗访组反馈的问题线索以及各县区对照自查中反映出来的辍学较为突出的问题，成立三个专项检查组，重点对洋县、镇巴县、佛坪县三县控辍保学工作情况、问题线索整改情况进行专项督查。在高考期间，高考督查实行一岗双责制，即在做好高考督查工作的同时，对各县区控辍保学工作进展情况进行督查。

第7条　把对学习困难学生的帮扶作为控辍保学的重点任务，建立健全学习帮扶制度。

【要点解读】

扶贫先扶智，让贫困地区孩子接受良好教育，是精准扶贫的重要任务，也是阻断贫困代际传递的重要途径。教育可以在扶贫开发中发挥基础性、先导性的作用。但是，越是贫困地区、贫困家庭，就越容易受"读书无用论"的影响，越容易对教育失去信心，失学辍学情况就越突出。

素质教育是面向全体学生，而不是面向少数学生的。教师要根据不同学生的实际情况，采取相应的方法，特别是要关心那些学习困难的学生。

在课堂教学中，由于同一班级内学生的个别差异与统一的教学要求之间的矛盾，总有一部分学习比较落后的学生感到学习困难。对学习困难学生进行辅导，进而改变他们的学习状况，使他们在个人原有基础上发挥出最大潜力，从而学到一定的知识，掌握一定的学习技能，是教师教学中的一项重要职责。"学困生"在教学活动中普遍存在，虽然在班上所占比例不大，但这对每个"学困生"的家庭和个人来说，却是很大的问题。"学困生"并不是一天两天形成的，而是由于长期以来多方面的主客观因素影响形成的。

各学校要把对学习困难学生的帮扶作为控辍保学的重点任务，建立健全学习帮扶制度，着力消除因学习困难或厌学而辍学的现象。要按照因材施教的原则，针对学习困难学生的学习能力、学习方法、家庭情况和思想心理状况，切实加大帮扶力度，提高他们的学习兴趣，改进学习方法，养成良好学习习惯，不断提升学习能力和学习水平，切实增强学习的自信心、有效性和获得感。要强化对学生的发展性评价、多元评价，促进学生全面发展，把对学习困难学生的发展性评价作为考核教师教育教学工作实绩的重要内容。

【实施建议】

第一，树立以人为本的思想，面向全体学生，最大限度地发挥每个学生的潜能，尤其是开发"学困生"的潜能，努力教育和帮扶"学困生"，使其得到转化。

第二，建立"学困生"个人档案。以班级为单位，对学生进行全面调查，认真了解"学困生"现状，按学习、行为规范等学困状况排查分类，建立个人档案。

第三，制定"学困生"结对帮扶制度。对已确认的"学困生"，学校分类组织安排教师结对帮扶，做到明确转化目标，责任落实到人。

第四，强化跟踪流程管理。对于"学困生"的转化工作，各班级要实行跟踪调查反馈制度，建立"学困生"转化情况记录册，建立"学困生"帮扶流程记录，对其在家庭、社会、学校的成长过程进行跟踪调查，及时鼓励与引导"学困生"扬长避短，努力向上。

第五，因材施教，重视学习辅导。在转化"学困生"工作中，帮扶教师要更新观念，注意方法，有针对性地教育和帮扶。帮扶教师要深入了解学生，用生动灵活的教育教学方法吸引"学困生"，着力提高"学困生"学习兴趣和成绩。

第六，增强班集体凝聚力，开展学生互助活动。良好的班集体，和谐的学习环境，往往对"学困生"能产生较大的吸引力。各班级要以建立良好的班风为突破口，通过建立"帮扶对子"和帮扶小组，努力形成学生之间亲密无间、相互帮扶、取长补短的良好氛围，减轻"学困生"的心理压力，确保"学困生"能得到及时而真诚的帮助，使他们能有所提高，获得成功，增强自信。

第七，发现闪光点，让"学困生"尝试成功的喜悦。在转化"学困生"工作中，帮扶教师要善于捕捉"学困生"身上的闪光点。在转化过程中要实事求是地提出分阶段的要求，对"学困生"中进步快、某一方面表现突出者要及时表扬鼓励，期中、期末评选"进步学生"，予以表彰奖励，让"学困生"从中获得积极的情绪体验，使"学困生"深信人人都是成功者，尝试成功的喜悦，让更多的"学困生"学有榜样，赶有目标。

【案例推介】

云南因辍学引发官告民案件 政府状告5户学生家长①

义务教育具有强制性，让适龄儿童接受义务教育是国家必须保障的基础性、公益性事业，也是教育工作的重中之重。

云南首例因辍学引发的"官告民"案件，在云南省怒江傈僳族自治州兰坪白族普米族自治县啦井镇新建村公开审理。啦井镇人民政府将5户学生家长告上法庭，要求依法判令学生家长立即送子女入学接受义务教育。法庭调解后，双方当场就学生返校时限、共同劝导事宜等达成共识。

第三节 满足需要关注学生需求

苏霍姆林斯基说过，"每一个学生都是具体的"。一个班级中的学生，在学习习惯、行为方式、思维品质和兴趣爱好等方面都存在不同，进而其学习需求和能力发展上也不尽一致。这就要求我们关注不同层次学生的需求，促进学生的成长。

学校要保障所有学生不受到任何形式的歧视。根据学生自身情况，因地制宜，转变教育理念，改革教学方式，通过切实可行的手段为个别儿童提供

---

① 《云南因辍学引发官告民案件 政府状告5户学生家长》，http：//www.myzaker.com/article/5a25dce81bc8e0da2f000000/，2018-05-20。

支持，特别要关心残障儿童、留守儿童、流动儿童、"学困生"等有特殊教育需求的群体，加强对他们的情感关怀，为其生存、保护和发展创造更好的条件，让每一名儿童享有均等的受教育机会，使教育能真正立足全体学生，让每一名儿童都能接受以自身特殊需要为依据的更适合的教育。

第 8 条　制定保障教育公平的制度，通过各种途径广泛宣传，不让一名学生受到歧视或欺凌。

【要点解读】

作为社会公平的起点，教育公平对于提高社会公平程度、促进经济发展和社会和谐、消除知识鸿沟以更好地迎接知识经济的挑战、实现民族振兴都具有重要意义。促进教育公平，就要合理配置教育资源，实现教育均衡发展。

随着城镇化进程的推进，越来越多外来务工子女随父母流动到务工地。保障这些随迁子女能够"有学上""上好学"，保障他们平等受教育的权利，对于保障和改善民生、加强和创新社会管理、维护社会和谐具有重要意义。

学校应充分利用宣传栏、校园网等重要载体，倡导教育平等与教育公平，宣传保护儿童受教育权利的法律法规及相关政策，宣传帮助学生平等接受教育的先进典型、好经验、好做法。同时，有意识地引导其他同学尊重、理解、接纳他们，给予其更多的爱心与耐心，为其营造包容、理解的校园文化氛围，促进其健康成长。

【实施建议】

第一，学校组织教师学习有关教育公平的法律法规，开展教育技能专业培训，增强教师辅导不同学生群体，满足各类学生需求的能力。

第二，构建一个学生有信赖的朋友和老师、能安心安全地学习与活动的班集体与学校。改革教育教学评价机制，改变以成绩定好坏的做法，采取发展性评价过程和结果考核相结合等灵活有效的评价方式，加强学生和家长对教师的评价与监督。

第三，学校通过校本研修做专门讲座和多种会议，提高教师的认识与能力；针对学生开设专门的课堂，并通过学校集会、升旗、班会等多种途径关注校园欺凌的话题。

第四，学校要鼓励教师深入了解学生，关注学生心理需求。同时，鼓励教师通过主题班会、社团活动、公益活动等，引导学生加深了解、互相接纳，形成包容、尊重的班级氛围。

第五，在学校内部实现全员参与、专设组织；在学校外部，需要广泛建立与心理专家、律师、医生、警官等专家以及与社区代表、家长的联系，共同构建多元参与、协同推进的长效机制。

【案例推介】

江西省芦溪县：推进标准化法治化公平化建设①

近年来，芦溪县坚持教育强县战略，形成了政府主导、乡镇部门积极配合的义务教育均衡发展推进和保障机制，基本实现了机会均等、条件一流、师资精湛、内涵优质的县域义务教育基本均衡目标。

在"管"字上下功夫，推进标准化建设。条件标准化。充分考虑区域内学生流动、人口出生和适龄人口变化等情况，着力解决镇区大班额突出和专用教室不足的矛盾，加大镇区学校扩容改造力度。校园建设体现育人功能，突出安全环保，反对奢侈浪费，"一校一品"文化建设特色明显。改善农村学校生活设施，着力解决宿舍拥挤、食堂简陋、厕所脏差等问题。资源数字化。在打造数字化校园的同时，实施网络教研，科学开发与学校教育教学实际相衔接的数字资源，探索以慕课方式推送资源。教育手段实现信息化，80％以上教师能实行电子备课、上课。队伍均衡化。继续完善农村中小学教师补充和培养机制，建立县域内校长、教师交流制度，实施"牵手育人"帮扶制度。

在"办"字上下功夫，推进法治化建设。落实立德树人。推进课程、实践、文化、管理育人，把社会主义核心价值观落实落细落小。认真落实学生守则，编制《养成教育指导纲要》。实施科研兴教。大力开展"县促片、片帮片、片扶校、校领区"的网络教研和片区教研模式改革，深入开展"自主、高效"课堂教学模式改革，同时致力于课题研究的开发。强化标准管理。

在"破"字上下功夫，推进公平化建设。通过推进免试就近入学、狠抓保学控流工作、实施阳光招生考试，破解"择校入学"问题。通过统一教学行为、

---

① 《各地义务教育均衡发展优秀工作案例（上）》，http：//edu. southcn. com/jyzg/content/2015-07/11/content _ 128182586 _ 5. htm，2015-07-11。

规范办学行为，破解"行为规范"问题。通过关注家庭困难学生、残疾儿童、外来务工人员及随迁人员子女、留守学生，破解"特殊学生"问题。

第9条　坚持合理便利原则满足适龄残疾儿童随班就读需要，并为其学习、生活提供帮助。创造条件为有特殊学习需要的学生建立资源教室，配备专兼职教师。

【要点解读】

残疾儿童少年教育工作的重点是义务教育，随班就读是残疾儿童少年接受义务教育的主要形式，以随班就读为主体的特殊教育是基础教育的重要组成部分。

2016年8月，国务院印发《"十三五"加快残疾人小康进程规划纲要》，强调依法保障残疾人受教育权利，"大力推行融合教育，建立随班就读支持保障体系，在残疾学生较多的学校建立特殊教育资源教室，提高普通学校接收残疾学生的能力，不断扩大融合教育规模"。2017年5月1日，修订后的《残疾人教育条例》开始实施，融合教育有了法规层面的支持和保障。

融合教育是联合国教科文组织于《萨拉曼卡宣言》中提出的教育思想，意指不要把残障儿童孤立于隔离的、封闭的教室、学校、交通设施和居住环境之内，主张让有特殊需要的儿童能真正地和正常发展的同伴一起参加教育。我国自2017年5月1日起施行的修订后的《残疾人教育条例》也明确规定：应积极推进融合教育，根据残疾人的残疾类别和接受能力，采取普通教育方式或者特殊教育方式，优先采取普通教育方式。

随班就读，是大多数学龄期特殊儿童家长密切关注的话题。随班就读主要针对低视力、重听、轻度智力障碍、（轻度）自闭症和脑瘫学生等有特殊需要但能力比较好、可以在普通学校学习的学生。

在普通学校学习的残疾儿童、少年，难以适应普通学校学习生活的，学校可以建议残疾儿童、少年的父母或者其他监护人将其转入指定的普通学校或者特殊教育学校接受义务教育。

【实施建议】

第一，推进普通学校特殊教育资源教室建设，设立特教班和随班就读学生在 10 人及以上的学校必须配备资源教室。各区县还可以根据随班就读学生分布情况，对资源教室配备进行设点布局，采用按学校、按学区、按街道、按地块等方式，配备足够的资源教室，为随班就读学生提供丰富的特殊教育资源。

第二，随班就读教师要为每个随班就读学生制定教学方案（包括康复训练），因人施教，根据学生的特点，整体设计在随班就读学习期间的课程内容、实施途径和方式。加强个别化教学计划的制订与实施，保证每个随班就读学生每天享有不少于 30 分钟的个别化训练。

第三，开展随班就读教育教学改革。探索基于评估的个性化教育，根据不同残疾类别随班就读学生的实际需要，开展教育与医学评估，明确个体发展目标，注重整合运用普通学校、特教学校和学校自编特殊需要课程，为随班就读学生设计针对性的个性化教育与康复课程，安排合适的教育内容，采取集体、小组、走班、个别辅导等多种安置方式，改革课程实施方法，提高随班就读教育的有效性。

【案例推介】

特殊儿童随班就读要过四道坎（节选）①

2017 年全国融合教育高峰论坛在温州举行，与会专家就如何解决当前融合教育困境做了深入研讨。如何让普通学校接纳特殊儿童？如何保证教育质量？特教老师短缺如何解决？如何形成随班就读长效机制？这四个问题成为特殊儿童随班就读的四道坎。

第一道坎：如何让普通学校接纳特殊儿童。

这是教育理念问题。

家长不愿把孩子送进普通学校，怕受歧视，普通学校不愿收，怕影响学校声誉，老师也不愿意收，怕影响了班级成绩排名，家长也不愿意，怕影响了自家孩子学习。

为了鼓励普通学校接纳特殊儿童随班就读，温州市一次性提供 50 万元工作经费，班主任有特教津贴，评职称可以加分，特殊孩子不算班级平均分。

---

① 李润文：《特殊儿童随班就读要过四道坎》，载《中国青年报》，2017-04-10。

但接受随班就读的都是农民工子弟学校。

南京市按就近入学原则推进随班就读工作，不接受必须有充分理由。

2015年10月，南京市先确立秦淮、江宁两区作为重点实验区进行整体实验，其他区确定部分实验学校同步跟进实验，轻度、中度特殊儿童随班就读。随班就读儿童主要以中轻度的听障、智障、视障、精神情绪障碍和肢体障碍等一共七类残障学生。视障人数最少，听障次之，智障的最多。

为了推进工作，南京市财政每年投入500万元的随班就读专项经费。但名校并没接纳特殊儿童随班就读。

事实上，如果没有行政主导、政策倾斜和充足的经费支持，随班就读很难推进。对于经费紧张的地区来说，随班就读难度更大。

第二道坎：教育质量如何保证。

如何保证特殊儿童随班就读教育质量？怎么才能防止随班就读的孩子成了"随班混读""随班陪读"甚至"随班就座"？

目前学校并没有对随班就读孩子进行学业考核，但孩子还是感受到很大的压力。

如果遇到孩子情绪发作，特教老师要伸过脸让孩子打，帮他舒缓情绪，普通老师一般都会束手无策。这就要求普通老师要有特教的专业情怀、专业技能。

对随班就读孩子来说，能否有科学的诊断至关重要。许多特教老师反映，自闭症误诊最多，从而导致了教育方法失当。

"融合教育实践中需要个性化学习，瓶颈在于特殊教育支持保障体系。"南京特殊教育师范学院盛永进教授认为，随班就读儿童必须经过科学的评估，制定个性化课程，对教学合理评价才能保证教育质量。

四川省南充市特殊教育学校曾经做过反向融合教育实验。

2006年，他们开始招收农民工子女，合班上课，采用普校教材进行融合教学，普通生人数一度过半，因升学成绩突出，一些学习困难的学生转入特校学习。

"我们更注重孩子的行为品质，实行差异化教学。"王晓琪老师说，但因师资力量短缺，2012年停止招收普通生。

随班就读触动最大的是老师。戴兴海发现，老师的师德境界提升了，"面向每一个"真正从口号变成了行动。毕竟，面对特殊儿童，学困生已经不能算困难了。

2016 年，南京市教育局共收到 78 项随班就读课题申报书，有 53 个课题被立项。

第三道坎：特教老师数量结构均短缺。

据《人民日报》的报道，目前特教老师大专及以下学历超过 40%，欠发达地区教师学历更低；特教教师中，主修特教的仅占 30%，大部分是由普通学校转岗"半路出家"的，特教津贴为基本工资的 15%，只占全部收入的 5%。

"我们的工作量比普通老师至少多一半，社会认可度不高。"四川南充市特殊教育学校老师王晓琪说，经常碰到有人问特教老师是不是聋哑人。

当初以聋哑学生为主的特殊教育学校现在生源结构也发生了巨大变化，现在听障、视障儿童数量直线下降，自闭症、智障、多重障碍儿童越来越多。2014 年，南充特校只招到两名听障儿童，只好疏散到区县特校。

为解决特教老师短缺的问题，温州、南京目前采用的办法是大力培训普通教师。南京市教育局先安排学校的心理教师、班主任、德育骨干教师兼职做资源教师，通过培训提高专业性，从 2017 年开始设立资格证制度，考证上岗，同时加大招收教师特殊教育专业毕业生进入普通学校。

让许多特教老师羡慕的是，山西、陕西两省特教老师特教津贴已经提高到基本工资的 50%。

第四道坎：合理评价才能形成随班就读长效机制。

随班就读推行了几年后，随班就读的学生越来越少。

一些学校被名校兼并后，资源教室被撤销了，特殊学生被集中到一些差的学校去上课，因为占比高，影响了学校声誉，学校没了积极性。初中老师主要精力是升学，随班就读学生被冷落了，赢在了起跑线上，却输在了终点线。

怎么办？

"要实行供给侧改革。"夏峰用一个时髦的名词提出了他们的解决办法，必须解决普通老师的实际困难才能激发他们的积极性。

"买一送一"，由特教老师为有书写阅读计算障碍的普通学生提供帮助，提高他们的学习成绩，以换取普通老师对特殊学生更多的关注。

对此，陈云英教授持同样观点，特殊教育不但要服务特殊儿童，还要服务普通儿童，对厌学、发展障碍的儿童提供服务与支持，这样才能形成长效机制。

戴兴海认为，随班就读要建立长效机制，必须对老师有科学合理的评价，加快建立关于普通学校里的特殊教师的荣誉制度体系和工作待遇补偿机制。

第 10 条 为需要帮助的儿童提供情感关怀，优先满足留守儿童寄宿、乘坐校车、营养改善需求，寄宿制学校应按政府购买服务的有关规定配备服务人员。

【要点解读】

留守儿童是我国城镇化过程中出现的特殊现象，他们是弱势群体，但不是问题群体。

习近平总书记对留守儿童备加关切，指出"要关心留守儿童、留守老年人，完善工作机制和措施，加强管理和服务，让他们都能感受到社会主义大家庭的温暖"。将所有农村留守儿童纳入有效监护范围，既是对总书记要求的具体落实，也有着很强的现实针对性：由于缺乏对基础信息的动态掌握，有些陷入贫困、辍学境地的留守儿童游离在社会视线之外，甚至酿成了难以挽回的悲剧。

由于留守儿童长期不能和父母亲生活在一起，与父母的感情交流处在"真空"状态，因此他们容易产生孤僻、自卑等心理障碍，以及厌学、失学和辍学等社会问题。"亲情饥渴"和"情感缺失"不仅影响留守儿童学习、生活与健康成长，而且更是孩子正确的人生观、价值观、世界观形成路上一块巨大的"绊脚石"。

促进教育公平，不仅要靠资金、政策向农村地区倾斜，而且更需要农村学校根据学生的自身情况，因地制宜，转变教育理念，改革教学方式，通过切实可行的手段推进农村教育的改善。针对留守儿童的情感缺失问题，学校作为孩子学习、生活的主要场所，应该让学校成为留守儿童的情感之家。学校要主动承担义务，"扛起大梁"，成为孩子温暖的港湾和心灵的加油站。例如，加大学校寄宿制建设力度，在学生自愿的基础上，动员留守儿童寄宿学校，并抓好寄宿孩子的学习、生活与管理工作，让留守儿童得到应有的教育、照顾与关爱。

【实施建议】

第一，学校要健全教师和寄宿学生的"谈心"机制，尤其要强化寄宿教师对寄宿学生的帮助，采取多种方式促进寄宿教师和学生的感情交流。寄宿教师白天要做好教书育人的"先生"，晚上要做好寄宿学生的"衣食父母"，让孩子在学校时时刻刻体会到老师的关心与关爱。

第二，谨防周末"管理缺位"。由于寄宿教师周末要回家，导致不少学校的寄宿学生周末时又成为"留校儿童"，有些低年级学生甚至开始担心"过周末"。因此，学校有必要采取轮岗值班的方式，选派教师周末值班，不要让任何一个环节出现缺位。

第三，学校要开展多种多样的课外活动，通过定期举办班会、文艺演出、书画、演讲等各类比赛，以及团队出游等活动，组织留守学生积极参与，使他们生活在欢乐、和睦的"大家庭"中，找到"家"的感觉，增加学习、生活的信心，体会到学习的快乐、成长的快乐。

第四，关爱和保护留守儿童是良心工程，更是个社会工程，政府、社会、家庭、学校之间要形成良性互动，发挥社会合力。

【案例推介】

蕉城："128 爱心工程"关爱留守孩子①

宁德市蕉城区有 10 万多人外出经商、务工，许多农村留守儿童与爷爷奶奶生活在一起。老辈文化水平较低，重"养"不重"教"，不少留守儿童没有养成良好的生活习惯，对学习没有兴趣，在心理教育方面也很缺乏。2014 年年初，蕉城区出台寄宿制学校"128 爱心工程"，以解决留守儿童的人身安全、心理健康、学习教育等问题。

"128 爱心工程"，即"1"是给予全区 17 所义务教育寄宿制学校每名寄宿生 1000 元配套补助，用于统一配置寄宿设施；"2"是给予每所寄宿制学校每年 2 万元补助；"8"是寄宿生每人在省定标准每天 2 元营养费的基础上，蕉城区财

---

① 《蕉城："128 爱心工程"关爱留守孩子》，http://fjnews.fjsen.com/2016-06/07/content_17940273.htm，2018-05-20。

政每天再增加补助8元，以解决学生在校吃住问题。

除了吃住问题外，寄宿学生能否学得用心是家长最关注的。据了解，蕉城区寄宿学生课余学习时间被有序安排，学校为寄宿学生安排晚自习，每晚有教师值班辅导学生功课。蕉城区第一实验学校还利用学校少年宫的优势，开展了航模、插花、音乐、手工、绘画、书法、棋类、球类等兴趣学习活动。

学生通过寄宿生活，成长了、进步了，实现了生活自理、学习自主、行为自律、健康自强。

标准化寄宿办学管理增强了农村寄宿制学校的吸引力，让农村学生"招得进、留得住、学得好"。

第二章　促进学生全面发展

当前，全面普及九年义务教育后，我国教育改革发展进入全面实施素质教育、提高教育质量、促进学生全面发展的新时期。十九大报告提出"努力办好人民满意的教育"。教育是中华民族振兴和社会进步的基石，为社会主义现代化服务是教育的根本任务。坚持教育优先发展，全面贯彻党的教育方针，培养德智体美全面发展的社会主义建设者和接班人。学生全面发展是德智体美多方面综合素质的养成，是学生身心、学业、人格的和谐发展。促进学生全面发展意味着学校必须扭转教育功利主义的倾向，真正着眼于人的成长，坚持以学生发展为本，遵循教育教学规律和学生身心成长规律，促进学生道德、学业、身心、生活技能等多方面的健康和谐发展。

第一节　提升学生道德品质

道德是一个人的灵魂，更是一个民族的灵魂。十九大报告指出："把立德树人作为教育的根本任务，培养德智体美全面发展的社会主义建设者和接班人。""立德树人"再次确立为教育的根本任务，这是对十八大"立德树人"教育理念的深化，指明了今后教育改革发展的方向，即教育事业不仅要传授知识、培养能力，还要加强学生德育，提升学生的道德品质，引导学生树立正确的世界观、人生观、价值观、荣辱观。

青少年学生正处在世界观、人生观、价值观形成的关键时刻。习近平总书记早在 2014 年就指出，社会主义核心价值观要在全社会树立起来并长期发挥作用，这就要从少年儿童抓起，要适应少年儿童的年龄和特点，从记住要求、心有榜样、从小做起、接受帮助等方面培育和践行社会主义核心价值观。

学校要始终坚持社会主义办学方向，将社会主义核心价值观融入中小学教育全过程，把德育渗透到教育教学的各个环节，贯穿于学校教育、家庭教育和社会教育的各个方面。创新德育形式，丰富德育内容，不断提高德育工作的吸引力和感染力，增强德育工作的针对性和实效性。同时，学校要将心理健康教育领域的研究成果和实践经验引入德育工作中，根据学生心理发展特点和心理需求，开展德育工作，切实提高德育实效性。

第 11 条　推动习近平新时代中国特色社会主义思想进校园、进课堂、进头脑，落实《中小学德育工作指南》《中小学生守则》，坚持立德树人，引导学生养成良好思想素质、道德品质和行为习惯，形成积极健康的人格和良好的心理品质，促进学生核心素养提升和全面发展。

【要点解读】

习近平新时代中国特色社会主义思想的内容十分丰富，涉及经济、政治、文化、改革、发展、稳定、内政、外交、国防等方方面面的内容。例如，以中国梦凝聚民族复兴的强大力量，实现国家富强、民族振兴、人民幸福；以坚持和发展中国特色社会主义为主题，坚持中国特色社会主义道路自信、理论自信、制度自信、文化自信；以四个全面为战略布局，全面建成小康社会、全面深化改革、全面依法治国、全面从严治党；以新发展理念引领新发展，即贯彻落实创新、协调、绿色、开放、共享这五大发展理念；以人民为中心的发展思想，把人民放在心中的最高位置，把人民对美好生活的向往作为奋斗目标；中国特色社会主义的经济建设的思想，如新常态、供给侧结构性改革、转变经济发展方式、推动经济持续健康发展。以上这些方面，形成了一个内容丰富又相互联系的整体，是我们实现中华民族伟大复兴中国梦的行动指南。

《中小学生守则》集中体现了对中小学生思想品德和日常行为的基本要求，对学生树立正确的理想信念，养成良好行为习惯，促进身心健康发展起着重要作用。

　　学校要采取多种方式，帮助学生理解、遵守《中小学生守则》。例如，可以在学科教学过程中直接、间接渗透《中小学生守则》的内容；可以在校园文化建设中融入《中小学生守则》的元素；在各种教育活动和社会实践活动中践行《中小学生守则》的要求；还可以充分发挥学校、家庭和社区三结合的作用，通过多种途径宣传《中小学生守则》，协调社会各方力量共同做好对学生的教育，使《中小学生守则》真正成为中小学生的行为准则。

【实施建议】

　　第一，学校要广泛开展道德实践活动。以诚信建设为重点，加强社会公德、家庭美德、个人品德教育，形成修身律己、崇德向善、礼让宽容的道德风尚。

　　第二，学校要重视民族传统节日的思想熏陶和文化教育功能，丰富民族传统节日的文化内涵，开展优秀传统文化教育的普及活动。挖掘春节、端午节、重阳节、劳动节、国庆节等各种重要节庆日、纪念日蕴藏的丰富教育资源，发挥重要节庆日传播社会主流价值的独特优势，因势利导地开展各类教育活动。

　　第三，学校要本着"环境育人、环境养人、环境成人"的思想，积极开展生态文明教育；利用学科教育，培养学生的生态意识和环保观念；利用"地球日""环境日""节水日""植树节"等纪念节日，让学生走出校园，通过社会实践活动，形成节约意识、环保意识、生态意识，养成崇尚道德文明的生活方式。

　　第四，学校要进行公民素养教育，通过学科渗透、主题活动等方式，让学生在自主体验与感悟中，拓展公民知识，强化公民意识，涵养公民素养，提高公民技能。

【案例推介】

　　盐城市实验小学贯彻落实新版《中小学生守则》实施方案（节选）①

　　一、指导思想

　　《中小学生守则》（以下简称《守则》）是学习贯彻习近平总书记系列重要讲

---

　　①　《盐城市实验小学贯彻落实新版〈中小学生守则〉实施方案》，http：//www.ycyx.net.cn/html/2015-12/12021.html，2018-05-20。

话精神，落实立德树人根本任务，培育和践行社会主义核心价值观的一个具体举措。要在全校掀起学习新版《守则》的热潮，立足实际，确保新版《守则》九项要求转化成学生的自觉行动，演化为学生的行为习惯，要将《守则》各方面的要求细化，落实到整个教育教学工作中，贯穿课堂教学、社会实践、家庭教育、校园文化和学校管理全过程。

二、工作目标

以新版《守则》为德育载体，落细落小落实《守则》每一项要求，通过开展系列养成教育活动，规范学生的言行，让核心价值观在学生心里播下种子，生根、开花、结果，形成奋发向上、崇德向善的强大精神力量。

三、具体要求

(一)突出一个"严"字

高度重视，认真解读。充分认识实施《守则》的重要性，认真组织老师及学生学习，全面理解新版《守则》的内容，从学校实际出发，健全制度，制订切实可行的实施计划，严格要求，做到教育的制度化。

(二)落实一个"实"字

抓好落实，有效推动。将新《守则》细化为学生学习生活中的具体要求，通过形式多样的活动教育引导学生从身边小事做起，从一点一滴做起，真正把社会主义核心价值观的要求变成日常行为准则，进而增强学生自觉奉行和日常践行的能力。

(三)坚持一个"恒"字

坚持原则，促进内化。坚持主体性、激励性、活动性原则，组织开展多种形式的校内外教育活动，帮助学生理解、记忆，增强守法守规守纪的意识。在丰富多彩的活动过程中进行行为规范教育的训练，并长久自觉地坚持下去，促进学生的内化，实现知行统一。

(四)形成一个"合"字

改进不足，形成合力。认真总结以往贯彻《守则》的经验和问题，坚持过去好的做法，改进工作中的不足，切实增强对学生日常行为规范教育的针对性和实效性。实施过程中，充分发挥学校、家庭和社区的作用，特别要通过家长会、家长学校、社区教育委员会等多种途径，宣传《守则》，协调社会各方面力量抓好对学生的教育。

四、基本方法

(一)解读德育内容

学习、宣传、贯彻新版《守则》将成为我校德育工作的重点。要结合学校实际,制订翔实的德育工作计划,将学习、践行守则列为主要内容,制定总目标和阶段性目标,明确实施项目、具体工作内容、推进措施、完成时间、操作的具体部门(年级部)和责任人等。

(二)实施课程渗透

要在各学科教学过程中进行德育渗透,发挥课程全程育人的作用。要充分利用新版《守则》上好品德课,逐条细化,利用鲜活的案例和正反两方面生动的事例,通过讲故事等形式,告诉学生日常行为哪些必须为,哪些不可为。引导学生深刻领会守则内容,加深对《守则》民族性、时代性、世界性的认识,提高学生执行《守则》的自觉性。

(三)编好校本教材

《守则》用现代话语体系诠释了中国传统文化的"治心"和"教化",提出了中小学生在家、在校、在外,为人、处事、待人的基本原则和行为规范。各年级要结合学生实际,逐条解读新版《守则》的具体内容,通过各种案例明确告知学生在日常学习生活中的美与丑、善与恶和禁与行,使学生静有其位,动有其轨。

(四)健全各项制度

《守则》是学生行为大纲,是中小学生行为基本准则,其规定紧紧抓住了中小学生的共性。要结合日常学习生活实际,制定本校学生管理规定和行为规范细则,形成学生行为的制度性规范。这既是对《守则》的有力补充,也是培养学生自我管理能力的有效途径,更是将社会主义核心价值观的要求真正落细落小,转化为学生实际行动的具体体现。

(五)细化常规管理

班级是学生校园生活最主要的活动场所,《守则》落地一定要发挥班级的作用。有效推行"班级值日"制度,将环境卫生、升旗仪式、大课间、眼保健操等各项常规工作的检查以班级为单位进行值日,对照评分细则逐项评分。通过国旗下讲话、班晨会、广播电视、道德讲堂等开展形式多样、丰富多彩的学生自我管理德育活动,实现活动育人的目的。

（六）带动家庭教育

《守则》对学生在学校、家庭、社会的言行提出了全方位的要求。充分利用家长会，发动广大家长学习《守则》，针对学生在家庭生活和社会活动中的不良言行，共同研究解决问题的办法，探讨家校如何共同发力指导学生执行《守则》，帮助家长提高家庭教育水平，争取家长对学校教育的最大支持，全程、全方位培养学生良好的行为习惯。

（七）丰富校园文化

让每一面墙壁会说话，是校园环境文化建设追求的境界。引导学生熟记《守则》每一项具体要求，在日常学习生活和校内外活动中自觉遵守每一条《守则》准则，真正让学生入脑入心，达到"润物细无声"之效。

（八）开好主题班会

召开主题班会，围绕"落实新《守则》，培养好习惯"专题，对照《守则》内容，排查自身差距，反思存在不足，发动全校学生对照《守则》评点不良言行，引导学生树立正确的言行导向，既加深学生对《守则》的理解，又培养学生民主管理和自觉模范践行《守则》的意识。

（九）纳入学生评价

科学的评价是教育取得成效的关键。要把学习、宣传、贯彻《守则》情况纳入班主任班级管理考核、学生在校表现的重要内容，纳入学校教育质量综合评价体系。

第12条　教育学生爱党爱国爱人民，让学生熟记并践行社会主义核心价值观，积极开展理想信念教育、社会主义核心价值观教育、中华优秀传统文化教育、生态文明教育和心理健康教育。

【要点解读】

中小学生是国家的未来和希望，有怎样的价值观念，就会有怎样的行动。培育核心价值观，必须坚持从小抓起、从学校抓起。中小学生阶段是价值观的形成阶段，是可塑性最强的时期。抓好了中小学生思想道德教育，也就抓住了未来、管住了长远。

社会主义核心价值观是社会主义核心价值体系的内核，体现社会主义核心价值体系的根本性质和基本特征，反映社会主义核心价值体系的丰富内涵和实践要求，是社会主义核心价值体系的高度凝练和集中表达。倡导核心价值理念，更能够体现社会主义国家、社会制度和公民道德价值取向，对中小学生加强这些价值观的教育，对社会的价值取向和社会风尚均有奠基性功能。因此，加强中小学生的思想道德建设，培育价值观和促进文化发展、文化强国是广大教育工作者不可推卸的职责。

加强中小学生思想道德建设是一件功在当代、利在千秋的大事，中小学生是祖国和民族的希望，中小学生是未来建设的接班人，担负着神圣的职责。我们要培养什么样的人，这是教育必须回答的问题，而立德树人恰恰做出了最为诚恳的回答。我们培养的人不是只会考试的做题机器，疲惫不堪的分数奴隶，疲于奔命的就业机器，而是有着健全道德的人。立人先立德，这是从古至今不变的命题。美丽中国，需要的不是高分数机器，而是有道德的现代人。因此，加强中小学生思想道德建设，培育和践行社会主义核心价值观，是培养全面发展的社会主义建设事业接班人的需要，是进行社会主义五个文明建设的重要条件，是学校全面发展教育的基本组成部分。

从文化自信的高度来探讨中小学中华优秀传统文化教育问题，是新时期开展传统文化教育的基本立场，是坚持正确政治方向的体现。要实现中国梦，必须提升文化自觉，确立文化自信，防范文化自负。我们讲传统文化教育，首先要确立和传播文化的自信，培育儿童和青少年的文化认知、文化认同与文化自豪感，要把握住文化的本质特征及其发展的方向，否则，传统文化教育走不正、走不远、走不顺。

当代中国文化自信按内容来说，有中华优秀传统文化、中国特色革命文化、社会主义先进文化三个重要的来源。习近平总书记洞察到了中国的文化基因，明确指出："中国有坚定的道路自信、理论自信、制度自信，其本质是建立在五千多年文明传承基础上的文化自信。"习近平总书记在系统地阐述中国传统文化对于当代中国的政治价值、文化功能、道德意义与精神作用的基础上，强调对文化的"创造性转化、创新性发展"，将中华传统文化与现代文明转型、中国特色社会主义建设以及中华民族伟大复兴事业联结起来。

纵观世界历史，放眼全球各民族文化，中华传统文化具有独特的影响力与生命力。20 世纪以来，中国和世界都不断发生着天翻地覆的变化，中华传统文化也经历着生死存亡的考验，但是，最终以其无比深厚的根基和与时俱进、推陈出新的特征，继续传承下来，实实在在地影响到了中国特色革命文化和社会主义先进文化的建设，在不断变革的时代滋养着中国文化的发展。作为中国人，传承和创新伟大的、无与伦比的中华民族优秀传统文化，是一份荣耀，是一种使命。

中小学教育是起点的教育、基础的教育，也是全面影响每个人的知识与能力、情感态度与价值观的教育，它决定着每个人成长发展的底色与底蕴。优秀传统文化的传承、转化与创新，必须在中小学阶段打下基础。中华优秀传统文化能不能得到认同，能否不断焕发出生命力，能否面向未来得以创造性转化和创新性发展，从根本上来说，都取决于我们能否有效地对儿童和青少年做好中华优秀传统文化教育工作。

【实施建议】

第一，加强教育内容的研究梳理。中华优秀传统文化教育内容极其丰富，在坚持正确导向与明确原则性要求的前提下，允许各地区和各学校视地区与学校的教育环境、学生实际、资源条件等实际情况，在坚持正确导向的前提下，对内容做出筛选。同时，要考虑不同学生的基础和兴趣，在设计底线标准的基础上，提供可供选择的项目内容。

第二，开展多样化的课程安排。从现实出发，可重点探讨以下四种课程安排路径。一是渗透到其他学科，将中华优秀传统文化教育的内在要求反映到中小学各个学科的课程标准中，在各学科教学中加重体现中华优秀传统文化的内容。二是充分利用地方课程开发中华优秀传统文化综合性课程，逐步确立起学科标准与内容框架，让学生对中华优秀传统文化的丰富多样的内容有所了解、有所感受、有所亲近。三是加强综合实践活动课程开发，让学生在参与形式多样的中华优秀传统文化实践活动中获得知识、能力与道德体验。四是开发校本课程，丰富校园文化生活，开展统一的或可选择的中华优秀传统文化项目教育。

第三，积极开发和充分利用教学资源。一方面，中华优秀传统文化教育的教学资源可谓极为丰富，浩如烟海的典籍、各种古迹和纪念场馆、丰富多样的民间习俗、社会化文化活动等，都是学校开展教育的资源；另一方面，适用于今天的中小学校使用的较系统的、高质量的、便利的教材和教学资源仍然处在较短缺状态。当前的重点应当放在探讨合乎时宜、便于教师实施、能让学生乐于接受的教育模式。要积极鼓励和支持专业研究者和广大中小学教师一同组建各种教学研讨的共同体，在实践探索的基础上加强经验总结和理论提升。要研究制定教学评价标准，逐步实现以评价引导传统文化的教育教学改革。

【案例推介】

杭州时代小学成立"灵犀学社"，推进协同育人①

时代小学是一所年轻的民办学校，在 17 年的办学历程中，亲情教育成为学校的育人品牌。

在办学过程中，他们感受到"协同育人"对提升德育工作实效的推动力。学校成立了"灵犀学社"作为家长成长学校，定期推出内容丰富、形式多样的家庭教育指导课程。樱花开放的时节，"好家长论坛"盛大开讲，超级老爸、故事妈妈一时成为校园红人；"有意思的家长会"则在每一个学年结束时精彩呈现，用更有温度的方式与家长分享孩子的成长点滴；落叶纷飞的季节，每个周末都会有"N 对 N 家长会"，共同打开爱孩子的正确方式；"家长课堂节"在隆冬来临之际拉开帷幕，多一个视角欣赏，多一种方式沟通，让亲子之间更添一份浓浓的亲情。节假日里，"主题亲子活动"成为师生、亲子的饕餮大餐，向阳花公益系列活动、亲子诗词大赛、周末"悦"读会、家长志愿者、爱心护童岗、爸爸读诗团等参与式的体验项目，让每一位时代家长向着"亲和大气，好学敏行"迈进。

与此同时，学校通过德育课程的设置推动了育人模式转变。2016 年 2 月教育部等 11 部门印发了《关于推进中小学生研学旅行的意见》，提倡读万卷书，也要行万里路。学校根据意见的精神着手研发校本德育课程"走桥读故事，研学访非遗"，学生根据《"行走德育"研学手册》的要求，在行走杭州的桥、研究杭州的非遗文化过程中，了解杭州，再从杭州放眼全球，培养学生的家国情怀。

---

① 《中小学校德育新体系建设的沙区实践》，http://education.cqnews.net/html/node_400051.htm? appinstall＝0＆from＝timeline＆isappinstalled＝1，2018-05-20。

第 13 条　统筹德育资源，创新德育形式，探索课程育人、文化育人、活动育人、实践育人、管理育人、协同育人等多种途径，努力形成全员育人、全程育人、全方位育人的德育工作格局。

【要点解读】

德育课程有直接与间接之分。直接德育课程是以德育为主要内容的课程，包括国家设置的德育课程和地方、学校开发的德育课程。尤其是国家设置的德育课程是德育工作的基本保障，要开足、开全，不能减少课时或挪作他用。地方和学校要利用区域特色德育资源开发德育地方课程和校本课程，引导学生了解家乡的历史文化，培养学生热爱家乡的情感。要根据国家的需要和社会发展的要求，开设时事专题课程。间接德育课程指在其他学科课程中渗透的德育内容。任何课程都蕴含着丰富的德育资源，要充分挖掘其他课程中的德育内容，发挥其他课程的德育功能。

所谓"全员"，指学校里的所有人，既包括校长、德育处教师、年级组长、班主任，也包括所有的教师和工作人员都是德育工作者，甚至还应该包括所有的学生，因为学生也有一个自我教育的问题；全程育人是指学校各种活动的全部过程都应该包含德育因素，全方位育人是指学校要通过多方面的工作全面落实育人责任。全员是主体概念，全程是时间概念，全方位是空间概念，全员、全程、全方位从人、时、空三位一体的视角，表达了人人做德育、时时做德育、事事有德育的全员德育三个方面的内涵要求。

要发挥家庭和社会的育人作用，构筑家庭和社会"协同育人"机制。家长要提升自身素养和能力，履行家长的职责，以良好的行为为孩子做出表率。同时，中小学要建立健全家庭教育工作机制，统筹家长委员会、家长学校、家长会、家访、家长开放日和家长接待日等各种家校沟通渠道，发挥学校对家庭教育的指导作用。

活动是道德认知扩展和向道德行为转化的重要机制。一切德育工作包括德育课程，都应该通过活动来组织。学校的德育活动，常规性的有升旗仪式、国旗下讲话、团日活动、班队活动、主题班会、社团活动等；集中式的有学校举办的各种主题活动，如艺术节、科技节、外语节、读书节等活动，生命教育、安全教育、禁毒教育等专题活动，以及校外的劳动实践、校外实践活动、研学旅行活动。学校除了积极组织开展各类活动外，还要组织学生参加各类社会活动，如重大纪念日活动、政治活动、社会公益活动、学雷锋活动以及关爱特殊群体的志愿者服务活动等。

【实施建议】

第一，将优秀传统文化的教育内容糅合进丰富多彩的团队活动，并通过组织学生社团、兴趣小组等方式研究和弘扬优秀传统文化。

第二，指导家庭传统文化教育，通过召开家长会、交流会等活动，促进家长素质的提高，通过提高家长素质去带动影响中小学生。

第三，积极探索将优秀传统文化教育引入社区、引入家庭，因地制宜地以学生喜闻乐见的形式开展教育。充分发挥社区的综合依托优势，开展"传统游戏节""采民俗风、学民间艺、弘民族魂"等丰富多彩的活动，用优秀传统文化引导、熏陶、感染中小学生。

【案例推介】

观"立德童剧"，德育入心，成德于行①

"立德童剧"又称"中小学德育剧"，是重庆市沙坪坝区在全市范围内首创的一种德育形式，它以贴近生活且富有童趣的舞台剧为载体，展现当代青少年健康文明、积极向上的精神风貌，让学生在自编、自导、自演的过程中，明辨是非、区别善恶、分清美丑，从而使思想感情得到熏陶，精神生活得到充实，道德境界得到升华。它是践行"固本铸魂，整体育人"教育理念的一次大胆创新，更是拓宽德育路径的一次成功尝试。自2005年举办首届德育剧大赛以来，沙坪坝区的中小学德育剧先后举办了八届，参与师生近三十万人次，编排剧目数以千计，通过班级展演、年级展演、校级展演和区级展演的层层选拔，全区涌现出了《责任》《抉择》《改变》等一大批优秀作品，并且多次受邀参加市区级各类展演活动，在全市范围内形成了较强的影响力。

---

① 《中小学校德育新体系建设的沙区实践》，http://education.cqnews.net/html/node_400051.htm? appinstall=0&from=timeline&isappinstalled=1，2018-05-20。

第14条 把学生思想品德发展状况纳入综合素质评价体系，认真组织开展评价工作。

【要点解读】

综合素质评价指在每个学期的期末或每个学年的期末，全国各地的中等学校组织的一次对全体在校学生全面的综合素质和能力评价的测评任务。综合素质评价展现了素质教育的实质。

综合素质发展性评价指标体系的建构不仅是教育实践中的一个现实问题，而且也是素质教育实施进程中一个凸显的学术问题。为了科学地、系统化地反映学生综合素质发展，指标体系建构的目的应以科学发展观为指导，以促进学生全面发展为目标，通过建立一套科学的、客观的指标，科学地评价学生的发展水平，关注学生的发展趋势，淡化评价的甄别与选拔功能，发挥评价的激励与促进发展功能，促进学生健康成长。

指标体系的建构，应充分发挥评价的作用，进而为更好地提高学生的综合素质和教师的教学水平服务，为学校实施素质教育提供保障。指标体系应当具备以下作用。一是引导发展作用。综合素质评价的目的重在发展，注重对学生"人"的教育。立足学生过去的基础，根据现在的状况，着眼于未来的需求和发展，这是综合素质评价指标体系的核心价值所在。二是教育共识作用。作为学生综合素质发展的指示器，指标体系能引导学校、家庭、社会对学生综合素质发展状况的整体了解，形成共识，并采取比较一致的积极态度和行动。三是质量监控作用。指标体系的制定，能比较全面地评价学生综合素质发展的过程，将绝对评价、相对评价与个体内差异评价结合起来，有利于对学生综合素质发展的质量进行有效监控。四是对策调节作用。指标运用和实施的效果，可以及时反馈给教育政策的制定者、教育措施落实者，有效评估政策、措施的正确性和有效性，进而对措施加以改进或调整，从而提升教育政策措施的效益。

【实施建议】

第一，着眼于发挥评价的激励、导向、诊断、调控的功能，帮助学生设置修身路径、规划人生蓝图、搭建成长阶梯，引导学生全面而有个性地发展。

第二，促使学校和教师树立正确的教育质量观、发展观和评价观，正确观察、诊断和掌握学生的成长状态和发展水平，改进教育教学行为。

第三，营造有利于学生发展的家庭和社会环境，引导家长和社会形成科学的成才观念，为学生健康成长提供支持和服务。

【案例推介】

高密四中学生综合素质评价方案实施细则（节选）①

（试行稿）

为贯彻落实《教育部关于加强和改进普通高中学生综合素质评价的意见》《山东省普通高中学生综合素质评价实施办法》等文件的要求，结合我校实际，特制订本方案细则。

一、指导思想

普通高中学生综合素质评价是贯彻国家的教育方针，全面实施素质教育的基本要求。在对普通高中学生实施综合素质评价时，应力求内容全面、客观，程序科学、规范，关注学生全面协调发展，关注学生的特长和潜能。评价要遵循导向性、可操作性、公平性和发展性原则。

二、基本原则

（一）客观性原则

据实记录学生高中阶段的成长历程、客观反映学生的个性特长是建立学生综合素质评价体系的根本原则，确保对学生的评价客观、全面、具体、真实，使评价过程可信、评价结果可用。

（二）公正公开性原则

综合素质评价要有科学规范的评价程序、严格有效的指导监督。建立健全诚信保障机制和监督抽查机制，通过现代传播手段，确保评价过程公开透明和评价结果真实可信。

（三）发展性原则

坚持以发展的眼光看待学生，注重学生的日常行为表现，立足于学生的成长与发展，记录反映学生成长过程的典型实证材料，客观反映个性差异和

---

① 《学生综合素质评价方案及实施细则》，http：//gmsz.kc100.com/Item/2083.aspx，2018-05-20。

个性特长。将形成性评价与终结性评价有机结合，有效发挥评价的激励、发展功能，突出评价对学生全面发展的促进作用。

（四）可操作性原则

综合素质评价力求简便、直观、易操作，便于多元主体参与。评价指标体系力求合理、适用、具体可评，易于被普通高中、高等学校和社会各界理解和接受，充分利用现代技术手段，实现评价操作与管理的信息化。

（五）便捷及时性原则

学校制定相应的管理规范，明确要求班主任和科任教师在日常教育教学中注意挖掘和发现学生的综合素质表现，并及时记入学生综合素质档案中。

（六）严肃纪律性原则

凡由于学生综合素质档案材料弄虚作假被举报且经相关部门核实确认的，追究直接负责的主管人员和其他责任人员的管理责任，对弄虚作假者按照《普通高等学校招生违规行为处理暂行办法》等相关规定给予严肃处理。

（七）评价方法多样性原则

在评价方法上，可采用学生自评、同伴互评、教师评价，定量评价、定性评价，等级评定、描述性评语等相互补充、有机结合的方式，努力使对学生综合素质评价的过程成为学生、教师及家长共同参与的教育活动，从而充分体现综合素质评价在学生发展过程中的激励作用。

三、评价内容

根据我校学生发展的实际情况，对我校学生从思想品德、学业水平、身心健康、艺术素养、社会实践五个方面进行考评。

思想品德：主要考查学生在践行社会主义核心价值观、弘扬中华优秀传统文化等方面的情况，主要考查学生在爱党爱国、理想信念、诚实守信、仁爱友善、责任义务、遵纪守法等方面的表现。重点是学生参与党团活动、有关社团活动、公益劳动、志愿服务等的次数、持续时间，如为孤寡老人、留守儿童、残疾人等弱势群体提供无偿帮助，到福利院、医院、社会救助机构等公共场所、社会组织提供无偿服务，为赛会保障、环境保护等活动做志愿者等。

学业水平：主要考查学生各门课程基础知识、基本技能掌握情况以及运用知识解决问题的能力等。重点是国家课程（必修和选修）的修习情况、学业水平考试成绩、校本课程内容和学习成绩、研究性学习与创新成果等，特别是具有优势的学科学习情况。

身心健康：主要考查学生的健康生活方式、体育锻炼习惯、身体机能、运动技能和心理素质，重点是体育与健康课程的完成情况、《国家学生体质健康标准》测试主要结果、体育运动特长项目、参加体育运动的经历及表现水平，考查积极的心理品质、良好的人际关系及应对困难、挫折及诱惑的表现等。

艺术素养：主要考查学生对艺术的审美感受、理解、鉴赏和表现的能力。重点是基于学生对艺术课程的修习和自己的兴趣爱好，在音乐、美术、舞蹈、戏剧、戏曲、影视、书法等方面表现出来的艺术素养和兴趣特长，参加艺术活动的成果等。引导学校积极拓展学生的审美视野，加强艺术教育，提升感受美、鉴赏美和创造美的能力。

社会实践：主要考查学生在社会生活中动手操作、体验经历等情况。重点是学生参加综合实践活动的次数、持续时间、成果等；与技术课程等有关的实习，生产劳动、勤工俭学、军训，参观学习与社会调查等。

以上五方面评价内容反映了学生全面发展、健康发展、个性发展的基本状况，为此将五项评价内容细化分解为关键指标、测查要点、测查内容，并界定评价方式和主要依据，关注学生个体的进步和多方面的发展潜能。

……

第15条　建立党组织主导、校长负责、群团组织参与、家庭社会联动的德育工作机制。将德育工作经费纳入经费年度预算，优化德育队伍结构，提供德育工作必须的场所、设施。

【要点解读】

为保障中小学德育工作的有效实施，各级教育行政部门和学校要加强组织领导、加强条件保障、加强队伍建设、加强督导评价。各级教育行政部门要把中小学德育工作作为教育系统党建工作的重要内容，学校要完善党建带团建机制。各级教育行政部门和学校要重视德育队伍人员的选拔培养，优化德育队伍结构，建立激励和保障机制，调动工作积极性和创造性。各级教育行政部门要将学校德育工作的开展情况纳入对学校督导的内容中，学校要认真开展学生的品德评价，并纳入综合素质评价体系中。

德育是学校教育的灵魂，是学生健康成长和学校工作的保障。因此，学校必须把德育工作摆在重要位置，时刻树立教书育人、管理育人、服务育人的思想，确保学校德育工作的顺利实施。

【实施建议】

第一，切实加强对德育工作的领导，把德育工作作为一项事关社会发展、民族进步的战略任务来抓。学校成立以校长任组长的德育工作领导小组，认真贯彻执行党和国家的教育方针和有关德育工作的法规和政策，每学期召开一次德育工作研讨会，调查研究学生的思想品德状况，制定工作措施，学校各部门要把德育工作贯穿在教育教学活动的过程之中，落实在教学、管理、后勤服务等各个环节上，校党支部、政教处、少先大队要充分发挥其职能作用，配合德育小组抓好学校德育工作，政教处主管德育工作，建立校长—中层机构（政教处、教导处、总务处等）—班主任的三级管理体制。

第二，建立健全全校德育工作的督导评估机制和奖励表彰制度。学校要对德育工作开展和内容落实情况进行专项督导检查，重点包括以下六点。一是德育工作开展情况；二是德育建设平台；三是班队效能；四是班风及学习风气；五是学生思想觉悟、道德品质、行为规范和精神风貌；六是教师教书育人、为人师表的素质和水平。学校每年评选德育先进工作者并给予表彰奖励，并将其纳入教师年度工作考核；建立和完善优秀学生评选制度，并予以表彰奖励。

【案例推介】

西里镇中心小学：完善德育工作保障机制①

为进一步加强中小学德育工作，践行育人为本、德育为先的教育理念，山东省沂源县西里镇中心小学采取多种措施，不断完善德育工作保障机制，全面提高中小学生思想道德素质。

加强领导，完善德育运行机制。建立和完善校长负责，分管校长、德育

---

① 《西里镇中心小学：完善德育工作保障机制》，http://zibo.sdnews.com.cn/jysc/201504/t20150415_1883688.html，2018-05-20。

主任、德育专职人员、班主任和少先队干部为骨干，师生代表、家委会代表、社区代表参与的学校德育工作领导机构，完善运行和管理机制，构建学校、家庭和社会三位一体的德育网络。

加强队伍建设，夯实德育智力保障。创新班主任培养培训模式，加强心理健康教育专兼职教师培训，切实发挥心理健康教育作用；加强师德建设，不断提高全体教师德育意识，形成全员育人的浓厚氛围。

完善制度，夯实德育制度保障。健全和完善全员育人导师制、班教导会制度、德育工作校本研修制度、教书育人一岗双责考核制度、校外实践教育制度、德育经费保障机制等工作制度，保障学校德育体系有效实施。

加强督导，形成德育定期督导机制。制定全校评估标准，从德育制度建设、德育队伍培养、德育活动开展、德育课程设置、德育课题研究和学生德育效能等方面，定期对德育工作开展情况及学生思想整体素质定期进行督导评估。

第16条　根据《青少年法治教育大纲》，依据相关学科课程标准，落实多学科协同开展法治教育，培养法治精神，树立法治信仰。

【要点解读】

青少年是祖国的希望，而一些青少年由于法律教育的缺失，法律意识薄弱，因此身陷囹圄。在这一时期如果能够不断地进行法律素质、法制观念培养教育，不仅可以预防和减少学生违法犯罪，而且可以促使他们养成依法办事、遵纪守法的良好习惯，促进他们健康快乐成长。因此，有必要对青少年进行法制教育。对青少年开展法制教育，提高学生的法律意识，是学生健康成长的需要，也是当前法制社会建设的需要。

对学生进行法制教育，要遵循学校教育的规律，充分利用校园这一特定的文化传递空间，发挥各有关课程在进行法制教育方面的作用和功能，使学生在学习文化知识的过程中受到比较系统的法制教育。要以课程教学为主要渠道，形成课内课外、校内校外紧密结合的学校法制教育的网络和体系。

【实施建议】

第一，法制教育必须先从教师做起，加强教师的学法工作。加强对青少年学生的法制教育，要求教师首先具备较强的法制意识，这是一个前提条件，否则一切都是空谈。

第二，法制教育的重点是加强对学生的普法教育工作。因此，要通过各种有效形式，积极开展依法治校工作。应充分利用校会、班会，利用政治课专题进行法律知识的专题讲座，利用其他学科寓法律知识的教育于教学之中，同时，利用学生的团队活动和学科兴趣小组渗透法律知识的教育，努力使对学生的普法教育网络化、系统化。

第三，学校应当认真落实聘请法律副校长参与法制教育工作，使学校的法制教育活动和学校各项工作正规化、法制化。

第四，把法制教育与道德教育、心理教育结合起来，加强对学生的道德、心理教育。加强法制教育工作的生动性、针对性、有效性，防止空洞的说教。

【案例推介】

沈河东陵街道八家子社区举办青少年寒假法制宣传教育活动①

为进一步提升青少年知法、懂法、守法的能力，增强法制观念和法律意识，为青少年营造健康成长的良好环境，近日，东陵街道八家子社区为青少年举办了一次假期"青少年法制专题教育"讲座，30多名学生及家长参加此次活动。

讲座中，我们运用青少年典型犯罪案例和身边发生的事件入手，以一些青少年以身试法、误入歧途的典型案例为例，详细地为青少年学生分析了青少年违法犯罪的心理、动机和原因，认真剖析青少年犯罪的诱因、特点和心理活动等。讲解了如何有效克服不良心理及遇到事情如何运用法律手段来保护自己的合法权益。同时，结合"心有千千结"等心理游戏，教育青少年如何应用法律去解决生活中遇到的问题，使青少年学生受益匪浅。

通过讲座，我们将青少年寒假法制宣传安全教育工作进一步扎实，为构建法制型社区打下了实基础，树立了"人人学法，从孩子抓起"的工作理念，增强广大青少年的法律意识和法律素质。

---

① 《沈河东陵街道八家子社区举办青少年寒假法制宣传教育活动》，http://liaon-ing. nen. com. cn/system/2018/01/23/020330296. shtml，2018-05-20。

第二节　帮助学生学会学习

第17条　营造良好的学习环境与氛围，激发和保护学生的学习兴趣，培养学生的学习自信心。

【要点解读】

一个人所处的环境对他的行为有着重要的影响，古代有"孟母三迁"的典故，强调的就是学习氛围的重要性。良好的校园学习氛围有利于贯彻学生主体与教师主导互动的教学原则，有利于培养学生良好的学习习惯、自尊心与自信心，从而达到提高教学质量的目的。

学校要精心打造充满书香气息的校园文化，充分挖掘本地文化名人和优秀校友的励志资源，形成良好的校风、学风、教风，倡导教师开展赏识教育，鼓励学生开展探究学习，经常开展学科活动、学科竞赛、文体活动，让每个学生的特长都得到展示。

教师在课堂上，要努力营造平等、尊重、自主、合作的民主氛围。这种民主的气氛，正是学生敢于突破自己，尝试失败，在失败中形成健康的学习心态和独特的学习策略的重要条件。

苏霍姆林斯基曾说："在学生的心灵深处都存在着使自己成为一个发现者、研究者、探索者的愿望。"教师应根据学生的发展特点，采用多种方法和手段，创造良好的学习氛围，不断激发学生的学习动机和学习热情，培养学生积极主动的学习意愿。兴趣是一种带有倾向性的心理特征，是一个人接触和认识某种事物的积极态度。对于中小学生来说，兴趣是推动他们进行学习活动的内在动力。学生一旦对某一学科产生了浓厚的兴趣，就会产生强烈的求知欲望。教师在教学中应对不同情况，适时地施以不同的激励，激发和强化学生这种发现、研究、探索的愿望，就会收到良好的教学效果。

自信心是一个人取得成功所必备的心理素质。教师要相信学生的潜能，在教育的过程中充分关注每一个学生，理解他们的真实心理需要，尊重他们的自主性，充分发挥学生的特长，让每个学生都有获得成功的机会，通过持续不断的鼓励，帮助学生树立学习的自信心。

【实施建议】

第一，学校应严格进行常规管理，保持良好的学习秩序。根据《中学生日常行为规范（修订）》《小学生日常行为规范（修订）》和学校内部相关部门的规定，加强校园和班级文化建设，制定出班级各项管理制度，在班级管理中逐步培养学生良好的学习和行为习惯。

第二，教师多阅读关于培养学生非智力因素的书籍，学习关于学习兴趣、求知欲等非智力因素培养的具体策略和方法。在教学实践中，教师要主动加深师生感情，赢得学生的信任，建立平等、融洽的师生关系。

第三，学校开展丰富的课内外活动，培养学生的学习兴趣。在对学习状态不佳的学生进行学习指导时，可以从挖掘学生对某门学科、某件事情的兴趣入手，积极肯定，正面引导，并使之体验成功，进而逐步培养对学习的浓厚兴趣。

第四，学校应鼓励教师使用学习档案。班主任可以与各科任教师商量讨论，帮助学生设定符合实际情况且具有挑战性的目标。在学习目标的设定下给学生适当的学习任务，帮助学生有效地实现设定的目标，培养学生的学习自信心，如课堂作业、家庭作业等。

第五，学校要加强与家长的联系，共同激励学生，营造适合学生学习的良好氛围。学校要帮助家长改变不正确的教育方法和态度，特别要求家长重视对学生的正确评价，以避免学生产生自卑心理。

【案例推介】

小学学生社团活动方案（节选）①

一、指导思想

一是全面落实《关于加强漳州市小学学生社团建设的意见》，充分调动学生的共同兴趣和积极性，增强小学各项工作的针对性和时效性，有力地推进特色学校的建设。

二是以提升学生综合素质为目的，以落实送星评价部分的评价指标为重

---

① 《小学学生社团活动方案》，http://blog.sina.com.cn/s/blog＿74eae8a10100-z7d.html，2018-05-20。

点，以新颖活泼的课外活动为载体，发展学生的特长，培养学生良好的个性品质，促进学生身体、心智等方面的健康发展。

二、总体目标

整合校内外教育资源，创造良好的外部条件，积极开展丰富多彩的课外活动，落实送星评价部分的评价指标，培养学生良好的心理素质，发展学生的个性特长，促进学生身心健康、全面发展。

三、活动实施措施

一是学生可根据自己的爱好，选择参加社团活动，每学期初，由班主任协助组织报名。学校的武术、乒乓球、舞蹈、合唱、经典诵读、跳绳等活动实行分别管理。

二是学期初教导处和少先队辅导员统一制订"社团活动安排表"，做到定人、定时、定点，有计划地开展活动。

三是每一位教师参与指导一个社团活动，并认真制订计划、认真备课、认真辅导、认真考核，每次活动都要提前到场，坚持点名制度。

四是开展"评、比、展"活动，让学生充分展示自己的才华和能力，让学生获得成功的喜悦和满足。

五是加强家校联系，做好家长的思想工作，支持学生参与社团活动。

六是期末学校组织各种形式的成果汇报活动，并对社团进行合理的评价，期间注意收集、保存图片。

七是在各种展示活动中表现特别突出的学生、参加各级各类竞赛获奖的学生，均可在"送星评价卡"相应的指标栏里画上一颗星。其相关的获奖证书、作品发表复印件、评选结果通知等一同装进学生成长档案袋。

第18条　遵循教育规律和学生身心发展规律，帮助学生掌握科学的学习方法，养成良好的学习习惯。

【要点解读】

科学的学习方法是获得知识的重要手段，是减轻学生负担过重的有效途径，是把学生从死记硬背中解放出来的重要措施，是提高学习效率、促进学生成长的重要保证。因此，教师在教育教学过程中，要注意掌握教育规律和学生身心发展规律。

学习方法指学生完成学习任务时所采取的基本思想和基本活动方式，是提高学习效率的基础条件，也是学习指导的基本内容。教师在研究教法时，必须研究学法，不但使学生"学会"，而且使学生"会学"。教师要加强学法研究，教给学生科学的学习方法，教法改革与学法指导必须同步进行。

学生只有掌握了科学的学习方法，才更容易养成良好的学习习惯。学生的学习习惯是儿童在学习过程中养成的稳定的学习行为方式。培养学生的学习习惯不仅要依据学习者自身特点有针对性地进行，而且要和其他学业发展影响因素有机配合。

【实施建议】

第一，学校指导学生掌握科学的学习方法，包括开设学法指导课、举办学法指导讲座；召开学习方法交流会，选出学习效率高的学生介绍自己的学习方法，互相交流，共同提高等，帮助学生养成良好的学习习惯。

第二，教师在备课过程中充分联系学生的生活实际和经验，找到学生的认知起点，在教学内容中融入学生的生活经验。对不同学习程度的学生实施分层教学，使他们各有所得，学有所获，尤其让有特殊需求的学生学习成绩得到提高。

第三，教师除了在课堂上对学生进行教学外，在课外也要积极与学生接触，如家访、谈话、辅导等，以便根据学生的个体差异有针对性地进行学习策略指导。

第四，学校应注重收集学生对教师教学的反馈。教师在了解学生接受情况的基础上，及时调整进度，提高教学的针对性和实效性。

【案例推介】

沉默的女孩①

我在班上发现了一个特别的女孩，样子十分瘦弱，一双怯怯的眼睛让人生怜，当我无意中叫她起来回答问题时，发现无论我费多少工夫，都没法让她说出一个字。在课后的了解中，我知道了她在所有的课堂上都如此，与同

---

① 《小学生适应困难教育案例》，https://wenku.baidu.com/view/57bfa495dd88d0d-233d6a53.html，2018-05-20。

学的交流也几乎没有。她是不能说话还是不想说话？通过与家长的沟通，我很快弄清了她不说话的原因：孩子从小由外公外婆带大，外公外婆不仅寡言少语，而且特别怕事，认为外面的世界很可怕、很危险，因此平时几乎不让孩子出门与人交往。孩子在幼儿园曾听到老师恐吓学生，要是不听话，就关黑屋子等，因此孩子表现得特别胆小怕事，尤其在学校这样的公众场合，尤其面对老师，她的戒备心特别强烈。她在家里说话很正常，只是声音很小。

在了解了孩子不说话的原因后，我心里有了底，过去的教育让这个孩子在公众场合极度缺乏安全感，要让这个孩子在课堂上说话，老师必须给孩子营造一个十分温暖的学习氛围。于是，我先告诉孩子我了解了她的情况，没有关系的，我们慢慢来。我在很长一段时间内，没有给她任何压力，只是不时以不经意的眼神、手势、语言、微笑等方式鼓励她的每个优点，如她听得非常认真、字写得特别棒等。我还经常当着她的面把她的优点讲给她的妈妈听，慢慢地，孩子对我的距离明显缩短了许多。

终于有一天，我在课堂上，看到她怯怯地举起了手，但很快又犹豫地放下，我赶紧抓住这个机会，请她起来读我手上的词条。我走到她身边，第一次听到了她说话的声音，虽然她的声音比蚊子声音还细，但我确实听清楚了，她读得很正确，我赶紧大大地表扬了她，并把词卡奖励给了她。放学的时候，她在第一时间把这个好消息告诉了她的妈妈，她妈妈激动地跑来向我求证。

我很肯定地再次表扬了她今天的进步，孩子十分高兴。在以后的课堂上，孩子虽然发言的次数还是很少，但是发言的记录总是在慢慢增加，她的笑容也在一点点增加。

案例分析：这个女孩是一个典型的缺乏心理安全感的新生，从小的家庭教育让她对陌生的环境充满了戒备，而幼儿园教师的语言恐吓更加重了她的不安全感，因此她的沉默愈加严重，最后发展到只字不吐。特殊的行为又影响到她的人际交往，同伴的负面评价更加重了孩子对陌生环境的不认同，也进一步影响了孩子的自信，给新环境的适应带来更大的困难。主要辅导思路就是通过老师的语言、表情、动作等细节给孩子营造一个非常安全温暖的心理环境，并引导孩子的家长和同伴共同参与这个心理环境的营造，宽容地接纳她，热情地鼓励她，用大家的爱和关怀慢慢增加孩子对老师、对学校的信任感和归属感，让她慢慢卸掉心里的盔甲。

第 19 条　落实学生主体地位，引导学生独立思考和主动探究，培养学生良好思维品质。

【要点解读】

　　学生的思维品质主要包括思维的深刻性、思维的批判性、思维的敏捷性、思维的独创性等。提升学生的思维品质，教师需要依据学生思维能力发展的年龄特征，关注个体智力的差异，有针对性地进行因材施教。

　　主动探究是学生积极主动地参与学习认识过程的一种探索性活动，旨在获得独立解决问题的能力。探究性学习的核心是改变学生的学习方式，帮助学生改变被动接受的状态。教师要引导学生在学习过程中学会思考，掌握科学思考的方法，为学生提供充分思考的时间和空间，养成独立思考的习惯。

　　在课堂教学中，教师要营造一个平等的学习氛围，尊重学生的主体地位，充分发挥学生的主观能动性，引导学生学会独立思考，鼓励学生的独立见解，培养学生学习的积极性和主动性，从而训练其正确的、科学的思维方式，优化其思维品质。

【实施建议】

　　第一，学校要通过各种方式培养教师独立思考的习惯。教师独立思考的基础是对所教内容的熟悉和系统化，不断培养探究的精神和创新的思维方式，学校应该围绕这些方面加强教师培训工作。

　　第二，教师应该有意识地调整教学方式，在课堂教学中，更多采用自主学习、合作学习等教学方法，给予学生更多的、更充足的自学、研讨时间。

　　第三，教师应及时指导学生进行学习自我总结；指导学生学习自我评价，指导学生学习自我监控。教师要尽量让学生通过独立思考去解决问题，把更多的时间和空间留给学生，让学生学会独立思考和自主学习。

　　第四，学校应该让每个学生参与学习和实践活动，在学生实践过程中，培养他们不怕挫折、坚忍不拔的毅力。

【案例推介】

怎样突出学生在课堂中的主体地位①

学生的学习过程不应是教师的灌输过程，而应是学生的自我探究、体验、获取知识的过程。现代学习方式的突出特征就是让学生亲身体验。亲身体验就是发挥学生的主体作用，让学生体验学习的过程，享受学习的乐趣，感悟其中的道理，从而达到学习的目标。倡导启发式、探究式、参与式教学，激发学生的好奇心，培养学生的兴趣爱好，让学生学会发现学习、合作学习、自主学习。

学习的主阵地是课堂。课堂上教师如何发挥好引导作用，突出学生的主体作用，真正实现还课堂于学生，要努力做到以下几个方面。

把学的权利还给学生。课堂应该是学生学的课堂，不应该是教师讲的课堂。教师的主要作用是明确学生学习的目标和重点，有的放矢地引导学生有效利用已有知识，通过自主学习、独立思考、合作交流、归纳总结把握新知，围绕重点、突破难点展开学习活动。学生有没有充分的时间和空间来自主学习就尤为重要。因此，我们要把学习的权利还给学生，放手让学生独立学习，使他们在学习中发现问题、提出问题、分析问题、讨论问题，在思想的思维和碰撞中实现知识的内化，从而不断提升自己学习的能力和解答问题的能力。

把想的时间交给学生。问题的解答是建立在已有知识基础上，思维需要过程，需要时间。当学生遇到问题的时候，教师不是直接告诉学生问题答案，而是创设问题的情境，引导他们用自己的思维方式获取问题的答案。这就要求教师给予学生充分思考的时间。学生只有经历了思维的过程，获取的知识也才是理解基础上的真知，才能够利用这些知识解决问题。

把做的过程留给学生。实践过程是学生学习知识的最高层次。看学生能不能真正掌握知识，要看学生会不会灵活地利用这些知识来解决实际生活中的问题，这就要靠实践来检验。做的过程，一是看学生在课堂上能不能利用所学解答问题，二是看学生能否利用所学知识解决实际生活中遇到的问题。这一切都需要学生自己亲自去做一做，学生只有在实际训练和操作中才有可

---

① 《怎样突出学生在课堂中的主体地位》，http://blog.sina.com.cn/s/blog_51-daad4b0102wg46.html，2018-05-20。

能发现哪里存在问题，从而去弥补，也只有通过实际的训练和操作才能真正将知识巩固。

把说的机会让给学生。表达的过程也是学习的过程、思考的过程。课堂上要有意识地让学生多说、多交流。交流就是思维碰撞的过程，就是辨别是非获取真知的过程。要给学生说的机会，不怕学生表达不完整，就怕不让学生说完经常打断。教师从学生的交流和表达中也会发现问题所在。

把问的空间留给学生。问题是最好的老师。教师设计好的问题是问题，学生自己发现和提出的问题可能会更有指向性。学生只有能够提出问题才说明他真正思考了，也才是他真正需要解决的问题。知识就是在质疑释疑中获得的。要鼓励学生多问，培养学生好问，要给学生问的空间。

第20条　尊重学生个体差异，采用灵活多样的教学方法，因材施教，培养学生自主学习和终身学习的能力。

【要点解读】

教学方法无优劣之分，每种教学方法都有与其特点相符的适用范围。在教学中，教师要遵循学科教学规律，取其所长，避其所短，根据自身教学需要，自由灵活地选择和运用教学方法。无论传授讲解还是引导探究，基本目的都是让学生在有限的课堂时间里尽可能获得最佳的学习效果。因此，教师应该根据教学进度，灵活选择和运用教学方法，充分调动学生学习的积极性和主动性。

教学方法的选择要注重因材施教。早在两千多年前，孔子就提出要了解学生的个性，针对不同个性的学生进行不同的教育，即因材施教。因材施教要求教师从学生的实际出发，使教学的深度、广度、进度适合学生的知识水平和接受能力，同时考虑学生的个性特点和个性差异，使每个人的才能品行获得最佳的发展。因材施教的关键在于通过对学生准确、全面的了解，帮助学生充分发挥所长，克服所短，取得应有的进步。这种思想正是推进教育公平进程、践行教育本质内涵的关键所在。

从教育者角度看，因材施教是教学的基本原则之一。不同的学习个体在学习基础、认知能力、学习兴趣等方面具有差异。因此，引导和帮助学生根据个体情况制订适合其特点的学习计划是教师的重要任务。从学习者的角度看，制订学习计划是通过确定学习目标，合理地安排学习时间，达到提高学习成绩的目的。

终身学习指社会每个成员为适应社会发展和实现个体发展的需要，贯穿人的一生的、持续的学习过程。在义务教育阶段，培养学生的终身学习能力尤为重要。培养学生的终身学习能力指要在基础教育阶段培养学生的自学能力和学习积极性的持续能力。学校不应强调传授各个领域的专门知识，而是要培养学生终身学习应有的基本素质，这是保证学生终身学习的基础条件。

【实施建议】

第一，学校要为教师采用灵活的教学方法提供支持，积极开展教学论坛活动。鼓励教师教学中采用多种方法教授同一内容，围绕同一主题，给学生设计和安排多元化的学习任务，同时，在教学过程中尽量使用现代教学手段。

第二，学校要为学生开设丰富多样的、可供选择的选修课或活动课，满足学生的不同学习需求。

第三，教师要有意识地通过多种方式，激发学生的学习兴趣，如角色扮演、汇报展示学习成果等，长久地保持学生对学习的热情和积极性。

第四，教师帮助学生合理安排常规学习时间和自由学习时间。常规学习时间主要用来完成教师当天布置的学习任务，消化当天所学的新知识。自由学习时间指完成教师布置的学习任务后归自己支配的时间，这一时间可用来预习、复习功课，查缺补漏和进行课外阅读、训练等。在制订计划时还要安排锻炼身体的时间、娱乐的时间以及充足的睡眠时间等。

【案例推介】

教研案例——"班级小组合作文化建设"初探（节选）①

一、活动背景

教研活动是以促进学生全面发展和教师专业进步为目的，以学校课程实施过程和教育教学过程中教师所面对的各种具体的教育教学问题为研究对象，以教师为研究主体，以专业研究人员为合作伙伴的以校为本的实践性研究活

---

① 《教研案例——"班级小组合作文化建设"初探》，http://blog.sina.com.cn/s/blog_a2a008f40102wzfp.html，2018-05-20。

动。教研活动的主要目的是切实提高全体教师的专业素质，增强教师的课程实践能力。因此，基本点必须放在课堂教学和课程改革实施中教师所遇到的实际问题上，着眼点必须放在理论与实际的结合上，切入点必须放在教师教学方式和学生学习方式的转变上，生长点必须放在促进学生发展和教师自我提升上，在全面实施的基础上深度推进基础教育课程改革。

从高效课堂来讲，小组学习是高效课堂上最基本的学习形式，是最基本的学习单元，学生的自主、合作、探究学习方式通常通过学习小组来组织完成，课堂教学双边活动的开展也主要是通过小组学习来开展，所以小组学习在高效课堂教学模式的推进实施中显得尤为重要。

自2012年开始，在榆次区教研室和我校教研室的大力倡导下，我校逐步开展新课程有效教学改革。教学改革的教学模式是新课程问题"六步导学"教学模式，围绕这个教学模式我校全体师生进行了如火如荼的教学实践。当然，其中有不少值得学习的经验，也有不少失败的教训。2015年我校在"六步导学"的指引下，又进行了细化，围绕班级小组文化建设开展高效课堂的教学研究。以教师为研究主体，以学生为课堂主体，研究和解决教学实际问题，总结和提升教学经验，促进教师专业发展和学生学习能力的提高。下面记叙我们高中物理组围绕本次教学改革的校本教研活动案例，与大家一起探讨。

……

五、实施过程（节选）

一是研究始于问题。新一轮课程改革以来，学生成为教学活动的主体，教师是学习的指导者、引领者。而"小组合作学习"成为课堂教学中的"明星"。小组合作学习是学生可持续发展的有效学习方式。但在践行小组合作学习过程中还存在一些问题，如部分教师盲目追求，没有切合实际，片面追求小组合作学习的形式。对小组合作学习的理念了解不足，理解不全面；小组合作学习的形式不确定，仅随随便便限于"前后桌"，学生之间也没有明确的分工，导致交流与讨论具有随意性；小组合作学习不仅是生生合作，还是师师合作、师生合作，教师不善于合作交流，势必也会影响教学效率；实际操作中，教师往往偏爱和关注学习好的学生，他们在课堂上参与度较高，而学习不好的学生或学习缺乏主动性的学生，在教学中教师没有考虑到互补性，在角色安排上缺乏明确的分工。

二是结合我校"问题导学"教学模式。俗话说"三个臭皮匠赛过诸葛亮"。"合作探究"让学生的价值和潜能更大化地被开发。学生的学习是主动建构知识的过程，不同的学生用不同的方式建构知识，不同的学生总是看到事物的不同方面，对学习有不同的理解。学生之间的这种差异是客观存在的。因此，一方面我们要理解和尊重这种差异；另一方面学生之间的差异为学生的交流和合作提供了可能和心理基础。从这个角度讲，合作与交流是人的一种需要，"学生之间的差异"是合作与交流学习方式的一笔财富，是一个非常重要的课程资源。因此，"问题导学"模式把合作探究作为重要环节，充分利用学生、利用小组、利用评价，进行自主学习。

小组是业务性很强的学习共同体，在"问题导学"模式中，利用小组的合作探究实现了大班教学小班化。在传统模式下，小组更多地承担着行政职责，而在新的教学模式下，小组就是一个紧密的学习共同体，每天都在一起探索交流，在小组内基本可以完成学习任务的80％。所以在这种模式下，培训学生与培训教师有着同等重要的作用，而且这些学校的学生在这种模式下也确实得到了充分的锻炼和长足的发展。

在合作学习中，组员必须要有明确的分工和责任，否则在行动中就会造成积极主动的学生多做，消极被动的学生不会，合作的效率就会很低，不能顺利实现合作学习的目标。要由组长部署工作、领导小组开展活动、组织讨论；资料员提供活动需要的药品、仪器、器材、文字资料等；记录员记录活动内容、数据、结论等，监督员检查小组成员是否都积极参与活动；通讯员把小组成果、发现、结论等向全班通报。分工时，根据小组成员的能力特点进行分工，可以一人承担一个角色，也可以一个人承担几个角色，也可以进行轮换，使学生得到不同的训练，以培养学生的各种能力。

合作探究不是学生与生俱来的能力。因此，要实行技能培训，并建立多元的评价体系，充分调动学生热情，鼓励教师参与小组探究，给孩子和教师一个最好的平等舞台。另外，还应通过小组文化建设，提高小组凝聚力，如创设组名、形成组训、制作组徽、制定小组公约、制作组花、确定目标、制作小组展示园地等。

没有合作探究就没有"问题导学"，在"问题导学"中，小组建设是实施合作探究的关键。合作探究通过小组建设得以实现，小组建设通过合作探究发挥价值。

第三节　增强学生身心素质

第21条　落实《中小学心理健康教育指导纲要》，将心理健康教育贯穿于教育教学全过程。按照建设指南建立心理辅导室，配备专兼职心理健康教育教师，科学开展心理辅导。

【要点解读】

　　学校教育的宗旨，不仅是传授知识，而且更重要的是如何培养人，具体就是培养具有一定知识、技能且身心健康的人。近年来，随着改革开放的深入进行，我国在政治、经济和文化思想等方面发生了巨大的变化，竞争越来越激烈，而人的素质就成为竞争关键，在人的各种素质中，心理素质起着越来越重要的作用。

　　心理素质是一个人的性格品质、心理能力、心理动力、心理健康状况及心理性行为的水平或质量的综合体现，而健康的心理则是心理素质的重要体现与基础。

　　健康的心理是我们每个人必须具备的基本品质之一，它几乎伴随每个人的一生，直接影响着每个人的学习、工作、生活以及事业的成败。可以这样说，一个高智商的人如缺乏健康的心理，那么他不会取得成功，可见心理素质对人的一生多么重要。青少年是祖国的未来，是民族的希望，少年强，则中国强。青少年时期既是长身体，学知识，培养思维能力、创新能力的重要时期，也是培养健康心理的关键时期，这决定着青少年最终是否能够成才。为此，中小学校应配备专兼职心理健康教师，切实做好心理健康教育。

　　中小学心理健康教育，是提高中小学生心理素质、促进其身心健康和谐发展的教育，是进一步加强和改进中小学德育工作、全面推进素质教育的重要组成部分。开展好中小学心理健康教育，促进学生身心和谐全面健康发展，对于全面贯彻党的教育方针，坚持教育为社会主义现代化服务的根本任务，培养德智体美全面发展的社会主义建设者和接班人，办好人民满意的教育，推动教育事业科学发展，具有重要的现实意义和深远的历史影响。

教学活动过程也是心理活动过程，教师在课堂教学中要增强心理健康教育的意识，能动地发挥课堂教学作用培养学生良好心理素质，挖掘学生心理潜能，预防和治疗学生的心理障碍及心理疾病。教师应把心理健康教育列入课堂教学目标，在备课时，认真分析和挖掘教材中的心理健康教育因素，并把它渗透到课堂教学的各个环节中。

【实施建议】

第一，在学科教学目标中渗透心理健康教育，在学科教学内容中渗透心理健康教育。

第二，积极创设校园心理健康教育环境，将宣传、普及心理基础知识作为基础工作来抓，充分发挥校园网站、校讯通、校刊以及学校宣传栏的作用，开辟心理健康教育专栏，介绍心理方面的知识，利用校广播室、国旗下讲话等宣传心理健康常识，积极营造心理健康教育的有利氛围。

第三，根据学校发展特点和学生需求，开展相关教育活动，如开展心理剧表演、心理绘画活动、团体心理辅导等活动。班主任还可充分利用二会一课加强对学生的心理健康教育，每学期最少开设两节以心理健康为内容的主题班会。

第四，通过教师家访、家长会和家长专题讲座以及发放材料等形式，引导家长转变教育观念，了解和掌握心理健康教育的方法，学会与孩子沟通，学会肯定、鼓励孩子，营造家庭心理健康教育的氛围，调动家庭和社会的各种力量，创建适合学生健康成长的环境。

【案例推介】

北京十二中心理节：筑梦成长　润泽心田①

2015 年 5 月 25 日，北京十二中心理节同时在本部和科丰校区启动。"525"的谐音是"我爱我"，意指爱别人从接受自己、爱自己开始。

本届心理节的主题是"筑梦成长，润泽心田"。心理节期间将举办团体拓展活动、主题板报设计、心理电影赏析、科普展播、心理知识问答、为毕业生送祝福、沙盘游戏、心理讲座、青春导师——生涯规划活动第二季、优秀

① 《北京十二中心理节：筑梦成长　润泽心田》，http://www.bj12hs.com.cn/2015/xinlixinwen＿0526/3689.html，2018-05-20。

心理志愿者评选共计 10 项活动。心理节将根据班级参与情况，按照组别评出团体奖、最佳组织奖。

心理节的团体拓展项目如火如荼地开展，其中"联合舰队""爱心传递"和"不倒森林"三个活动深受同学们的欢迎和喜爱。接下来的心理电影赏析活动将由我校"影外话影社"和"读心社"共同承办。心理板报设计也将首次亮相心理节，心理板报设计是把艺术美和心理美有机地结合起来的一项活动，相信它将为我们呈现出一幅幅独具匠心的作品。

第 22 条　确保学生每天锻炼 1 小时，开足并上好体育课，开展大课间体育活动，使每个学生掌握至少两项体育运动技能，养成体育锻炼习惯。配齐体育教师，加强科学锻炼指导和体育安全管理。保障并有效利用体育场地和设施器材，满足学生体育锻炼需要。

【要点解读】

强化学校体育是实施素质教育、促进学生全面发展的重要途径，它对于促进教育现代化、建设健康中国和人力资源强国，实现中华民族伟大复兴的中国梦具有重要意义。目前，从总体上看，学校体育是整个教育事业相对薄弱的环节，对学校体育重要性认识不足、体育课和课外活动时间不能保证、体育教师短缺、场地设施缺乏等问题依然较为突出。因此，要以"天天锻炼、健康成长、终身受益"为目标，改革创新体制机制，全面提升体育教育质量，健全学生人格品质，切实发挥体育在培育和践行社会主义核心价值观、推进素质教育中的综合作用，培养德智体美全面发展的社会主义建设者和接班人。

培养学生良好的锻炼习惯，包含两层意思。一是使学生科学地进行身体锻炼。二是使学生把体育锻炼作为日常生活的一种需要，成为一种习惯。其中，培养学生科学地进行身体锻炼是基础，只有科学地锻炼身体的习惯，才能称得上良好的锻炼习惯。

大课间体育活动对学生的身、心、群教育有重要的作用，对培养学生终身体育意识和习惯很有帮助，有助于学生树立在生活中进行健康体育的观念。在大课间活动中，教师指导学生把握运动特点，体味运动乐趣，指导学生学会判断自己的身体状况、选择适合自己的练习内容和运动负荷、调节和控制运动负荷、进行身体恢复和怎样保证运动安全等，以提高学生的体育素养。充分调动学生的创造欲及表现欲，培养学生的创新意识与参与意识，给予学生充分的自主权，让学生自己选择音乐、自己创编动作。学生通过自编、自练、自己更新，不断获得成功的体验。实践证明，大课间体育活动不仅可以对学生紧张的学习起到调剂作用，而且对促进学生身心健康有明显的实效，这是保证学生每天一小时锻炼的最有效途径。

【实施建议】

第一，更新观念，提高认识。大课间体育活动，是素质教育教学当中不可缺少的一项重要组成部分，这项活动可以全面、有针对性、适时地锻炼学生的身体，所以在开展体育大课间活动过程中，需要全体教师更新观念，统一认识，为全面地提高大课间的质量献计献策，与各部门紧密配合，保证大课间体育活动能够在日常教学过程中顺利有效地实施。

第二，不断创新学校大课间体育活动的项目与内容，以激发学生积极参与活动的热情。

第三，在强调大课间体育活动的观赏性与整齐性的基础上，要同时考虑运动时间和运动强度，以达到锻炼学生身体的目的。

【案例推介】

我的课间我选择——清华附小的"健身大课间"①

一、"课间操"到"健身大课间"质的改变

健身大课间：我校体育团队的教师认为，既然是体育课程改革，我们就要从根本上进行大幅度的改变。首先从名字改起。在窦校长的带领下，我校体育团队大胆改革，大胆创新，凸显我校"1＋X课程"理念。"健身大课间"成为上午活动时间的代名词，我们摆脱了以往集中做大型广播操的传统，改变机械化的运动，让学生们充分活动起来，在运动中体验乐趣，让学生们觉得有趣，能出汗，并且能学到技能，这也和我校的课程理念不谋而合。那么，怎样才能让我们的学生在活动中感受到快乐呢？首先是项目的多样化，让学生有选择的空间，其次是做他们喜欢的活动，玩他们喜欢的游戏，只有这样

①　齐章飞、李群生：《我的课间我选择——清华附小的"健身大课间"》，载《体育教学》，2014(7)。

他们才会感到真正的快乐。于是，体育团队的教师对我校全体学生进行"你最喜欢的运动项目"的调查，通过整理、分析数据，我们体育教师总结了学生最喜欢的一些项目，有足球、篮球、跳绳、健身球、踢毽子、攀岩等。同时健美操、棒球、板球、轮滑社团也会进行训练。由于场地有限，我们针对场地进行了规划，不同的项目在不同的地点进行活动，瞬间操场上"活"起来了，更"热闹"起来了；每一个学生都在体验着运动的快乐，处处都是欢呼声、加油声。

二、"健身大课间"成为孩子们的健身乐园

在健身大课间开始前，我们的主席台上都会进行"我行，我秀"的水木秀场。教师退到幕后，把舞台交给学生，在秀场中，学生们充分展示自己的绝活，大秀体育才艺。为了激发学生们的兴趣，我们每两周进行一次大轮换，项目场地是固定的，学生是灵活的。操场的西侧是足球场地，在这里学生可以围成圆圈进行"溜猴"的小游戏，或是几个学生一起踢小比赛；操场的东侧是健身球场地，学生们可以在这里大网颠球比高或者比多，还可以进行一网拍球比快的小游戏；操场东西侧的篮球场是我们的篮球活动区域，学生可以进行投篮比准以及运球比多或者几人一队进行比赛；轮滑场中央是踢毽子场地，在这里学生们可以进行各式各样的踢毽子比赛，有单人比多，围圈传毽子等；操场四周的墙壁是攀岩墙，攀岩墙主要练习学生的攀爬与协调能力，同时还可以锻炼学生的上肢能力，学生可以纵向攀爬，也可以横向攀爬；操场的跑道上是跳长绳和短绳的场地，跳长绳是一项团体性的项目，分为单8和双8两种，如果想要跳得好，那么就需要学生配合得很默契。另外，学校还有板球、棒球的击球笼可以供社团的学生练习；网球场是健美操社团活动的地点；轮滑场的跑道是轮滑社团练习的地方，每天健身大课间的时间，轮滑社团的学生都会在这里进行训练，或是单人，或是双人配合。

健身大课间已经成为学校的一种常态，成为体育团队甚至学校的代名词。我们认为，健身大课间就是我校的 X 课程，也是学生个性化体育锻炼的自主构建平台。我们要把健身大课间上升到课程，改变的不只是一个词语，更多的是终身锻炼意识的宣传、阳光体育计划的全面开展、教师课程意识的提高、学校资源的深度开发。"我的项目我做主"，是我们健身大课间的口号，通过这样的平台，学生们实现了自主锻炼、自主选择、自主发展。

第 23 条　建立常态化的校园体育竞赛机制，经常开展班级、年级体育比赛，每年举办全员参与的运动会。

【要点解读】

强化学校体育是实施素质教育、促进学生全面发展的重要途径，对于促进教育现代化、建设健康中国和人力资源强国，实现中华民族伟大复兴的中国梦具有重要意义。

建设常态化的校园体育竞赛机制，制定学校体育课余训练与竞赛管理办法，广泛开展班级、年级体育比赛，学校每年至少举办一次综合性运动会或体育节，通过丰富多彩的校园体育竞赛，吸引广大学生积极参加体育锻炼。

学校可充分利用课余时间，组织学生以争取优胜为目的，以运动项目、游戏活动、身体练习为内容，根据正规的、简化的或者自定的规则进行个人或集体的体力、技艺、智力和心理的相互比赛。

通过竞赛，学校可以及时检查和了解体育工作开展的情况，这有助于激发青少年力争上游、奋勇拼搏的竞争意识和开拓精神，培养学生良好的心理素质。集体项目的竞赛还有助于学生合作精神和角色意识的养成，激发学生的责任感。对体育竞赛优胜者的奖励，不仅能给学生带来精神上的满足和情感上的愉悦，激发他们锻炼身体和发展才能的愿望，而且，还能在一定程度上提高学生的运动竞技水平。

【实施建议】

第一，课堂教学与课外活动相衔接。学校以培养学生兴趣、养成锻炼习惯、掌握运动技能、增强学生体质为主线，完善国家体育与健康课程标准，保证课程时间，提升课堂教学效果。

第二，培养兴趣与提高技能相促进。学校充分利用现代信息技术手段，开发和创新体育教学资源，不断增强教学吸引力。学校应强化科学锻炼指导和课外练习，遵循教育和体育规律，以兴趣为引导，注重因材施教和快乐参与，重视运动技能培养，逐步提高运动水平，为学生养成终身体育锻炼习惯奠定基础。

第三，群体活动与运动竞赛相协调。学校要面向全体学生，广泛开展普及性体育活动，有序开展课余训练和运动竞赛，积极培养体育后备人才，大力营造校园体育文化，全面提高学生体育素养。

第四，通过组建运动队、代表队、俱乐部和兴趣小组等形式，学校积极开展课余体育训练，为有体育特长的学生提供成才路径，为国家培养竞技体育后备人才奠定基础。

【案例推介】

江苏省六合高级中学校园体育竞赛制度①

一、学校每学年应根据上级行政部门的运动竞赛计划及南京市校园足球工作手册，结合学校的特点，制订一套完整的体育竞赛计划，计划体现全校性、群体性、特色化和有利体育人才的选拔的精神。

二、六合高级中学足球、篮球赛事安排如下。

一是每个学期高一、高二年级必须由年管组和体育备课组负责组织年级的足球联赛和篮球联赛，高一和高二项目错时进行；高三年级依据年级的教学安排，适当时机可以进行班级与班级的友谊赛、技能挑战赛。

二是每个学期至少进行一次三个年级的友谊赛，校队与年级混合队的表演赛。每个选项足球的教学班，不定期地进行足球单项技能的小型竞赛。

三是每个年级的联赛第一阶段采用分组循环，第二阶段采用交叉比赛。

四是有关比赛的规则及要求一律依据《南京市校园足球工作手册》具体要求细则执行。

五是每个年级成立年级队，学校成立校队，分别由足球专业老师指导训练，每年积极备战市区各级比赛，并指定专人负责，要认真组织训练，努力争取好成绩。

三、全校的年度竞赛规划

每年9月举行全校的群体项目比赛，10月进行全校的体质测试运动会，11月举行校田径运动会，12月至次年1月举行冬季小型竞赛，3~4月年级的篮球、足球、等年级联赛，各个选项教学组的技能比赛穿插进行。

---

① 《江苏省六合高级中学校园体育竞赛制度》，http://www.lhgz.net.cn/list.asp?id＝1736，2018-05-20。

四、校内的各类竞赛要求

赛前必须有竞赛规程，报名程序组织严密，赛事过程合理，做好比赛过程的材料记录及收集，赛后汇编成绩册，并妥善保管资料，参加校外各级比赛，必须有相应的赛事记录。

第 24 条　落实《国家学生体质健康标准》，定期开展学生体检和体质健康监测，重点监测学生的视力、营养状况和体质健康达标状况，及时向家长反馈。建立学生健康档案，将学生参加体育活动及体质体能健康状况等纳入学生综合素质评价。

【要点解读】

《国家体育锻炼标准》是经国务院批准实施的我国重要的体育制度，《中华人民共和国体育法》明确规定：学校必须实施国家体育锻炼标准，对学生在校期间每天用于体育活动的时间给予保证。《义务教育学校管理标准》是《国家体育锻炼标准》在学校的具体实施，目的在于鼓励广大青少年自觉积极地锻炼身体，促使身体的正常发育和全面发展，增强体质，为全面建设社会主义现代化国家，为培养德智体美全面发展的建设人才服务。《义务教育学校管理标准》的实施不仅会促进学生积极锻炼，纠正和改变目前学生体质健康状况出现的突出问题，使学生拥有健康的体魄和健全人格，而且还是依法办学、依法执教的重要内容。

《国家学生体质健康标准》是积极贯彻落实《中共中央国务院关于深化教育改革全面推进素质教育的决定》所提出的"健康体魄是青少年为祖国和人民服务的基本前提，是中华民族旺盛生命力的体现。学校教育要树立健康第一的指导思想，切实加强体育工作"这一思想的重大举措，也是深化学校体育教学改革、推进素质教育的重要步骤。《国家学生体质健康标准》是学生体质健康的个体评价标准和学生能否毕业的基本条件之一，是激励学生积极参加体育锻炼、促进学生体质健康发展的一种教育手段。

《国家学生体质健康标准》的内涵是测量学生体质健康状况和锻炼效果的评价标准，是国家对不同年龄段学生体质健康方面的基本要求，是学生体质健康的个体评价标准。健康的概念包括身体健康、心理健康和社会适应。《国家学生体质健康标准》从建立和完善我国学校教育评价体系的目标出发，体现了学校体育的价值，回答了学校体育为什么要以"体质健康"为本和怎样以"体质健康"为本的问题，明确了"体质健康"不仅应是学校教育和学校体育追求的目标，而且还是学校体育课程存在的根本理由。

【实施建议】

第一，提高思想认识。学校要认识到学生体质健康水平对于学生健康发展的重要意义，学校应切实加强学校体育工作，促进学生身体健康素质的全面提高，激励学生主动自觉地参加经常性的体育锻炼。

第二，加强组织管理。组建由主管校长负责、教务处、学生处、团委、学生会、体育组、校医务室、班主任协同配合的组织体系。在实施过程中要做到，组织分工明确、计划具体易行、监督检查有据。

第三，重视数据分析。《国家学生体质健康标准》的测试结果和评价成绩，既是检查实施效果的重要指标，也是学生身体健康状况的"晴雨表"。学校要重视对这些数据资料的整理、收集与分析，将其作为监督学生、改进体育课程质量、丰富课外文体活动、拓展校内外群体工作的重要依据和参考。

【案例推介】

我国学生体质健康评价制度的演变和发展（节选）①

党和国家一直非常关心和重视广大学生的身体健康，原国家教委、原国家体委等有关部门从鼓励和推动学生积极参加体育锻炼，增强学生体质的目的出发，在不同时期先后制定了《准备劳动与卫国体育制度暂行条例和项目标准》《国家体育锻炼标准》《大学生体育合格标准》《中学生体育合格标准》《小学生体育合格标准》及初中毕业生升学体育考试办法等一系列制度，并于2002年开始在全国试行《学生体质健康标准》。这些制度的制定和实施，对于增强学生体质，促进我国学校体育工作具有积极作用，其突出地表现在以下三点。

一是对于贯彻落实《中华人民共和国体育法》《全民健身计划（2016—2020年》和《学生体育工作条例》，促进和保证体育课教学，以及早操、课间操和课外活动的开展起到了重要的促进作用。

---

① 《我国学生体质健康评价制度的演变和发展》，http：//www.csh.edu.cn/wtzx/bz/20141226/2c909e854a80abab014a8428886c0002.html，2018-05-20。

二是有利于学生按照要求参加体育锻炼，促进学生身体素质的发展和自觉参加体育活动行为习惯的养成。

三是通过这些标准的测试和评价，有效地促进了学校体育工作的展开，对于学校体育评价发挥了重要的作用，是学校体育总体评价的重要内容。

我国学生体质健康测量与评价制度的演变和发展，是与我国不同时期社会、经济、科技、文化和教育的发展水平相适应的；是与全国提高青少年的身体健康素质、满足国家对受教育者的全面发展和培养人才战略的基本要求相一致的。新的《国家学生体质健康标准》是在新的历史条件下，根据社会发展的变化要求，面对新的情况、新的问题所采取的积极措施。新中国成立以来，《准备劳动与卫国体育制度暂行条例和项目标准》《国家体育锻炼标准》《学生体质健康标准（试行方案）》的制定、颁布和实施，促进了学生体质健康测量与评价制度的发展和完善，为新的《国家学生体质健康标准》积累了丰富的经验，了解这些标准的演变和发展，以及当时的社会背景将有利于正确认识并实施新的《国家学生体质健康标准》。

……

进入 21 世纪以来，我国的综合国力有了极大的提高，人民的生活水平发生了翻天覆地的变化，越来越多的中国人开始享受科学技术和现代文明所带来的便捷、舒适的现代生活。现代文明在带给人们充分的物质享受的同时，也给人类的健康带来了新的威胁。由于精神紧张、营养过剩、运动不足、环境污染等因素所引发的非传染性疾病在全球不断蔓延，处于"亚健康状态"的人群不断地扩大。对于学生来说，升学压力大、睡眠不足正成为影响他们身心健康的重要因素；生活水平的普遍改善，热量、脂肪等摄入过多及食物结构的不尽合理，加之营养科学知识的宣传普及滞后，特别是沉重的课业压力使得学生余暇锻炼时间减少，导致了肥胖发生率的不断增加。2002 年学生体质健康监测结果显示，学生形态发育水平继续提高、营养状况继续改善、握力水平有所提高、几种常见疾病（低血红蛋白、龋齿等）的患病率继续下降；反映肺脏功能的肺活量测试继续呈现下降趋势；超重及肥胖学生明显增多，已成为城市学生重要的健康问题。

为了解决这些问题，适应社会发展以及人们对健康的迫切需要和对生活质量的不断追求，必须从青少年儿童的健康抓起。因此，2002 年 7 月由教育部、国家体育总局联合下发了《学生体质健康标准（试行方案）》，作为《国家体育锻炼标准》在学校的具体实施，并在第一条指出了它的目的和意义：贯彻《中共中央国务院关于深化教育改革全面推进素质教育的决定》提出的"学校教育要树立健康第一的指导思想，切实加强体育工作"的精神，促进学生积极参加体育锻炼，养成经常锻炼身体的习惯，提高自我保健能力和体质健康水平。

"健康体魄是青少年为祖国和人民服务的基本前提，是中华民族旺盛生命力的体现。"这是中共中央国务院在当前的历史条件下，从我国人才培养和可持续发展战略的高度出发对青少年学生提出的基本希望和要求，也为研制《学生体质健康标准》确定了明确方向，同时，青少年学生的全面发展以及增进健康的问题已成为全世界所关注的热门话题。《学生体质健康标准（试行方案）》根据学生的生长发育规律，将测试对象按照年级分组，小学一、二年级为一组，小学三、四年级为一组，小学五、六年级为一组，初中和高中每年级为一组，大学为一组。该标准从身体形态、身体机能、实体素质等方面综合评定学生的体质健康状况，在测试内容中，选择了与学生身体的发展及身体健康素质关系最为密切的一些要素作为测试的内容。例如，新增加了"身高标准体重"这一指标对学生身体的匀称进行评价，间接反映学生的营养状况，以引导学生及家长和全社会来关注少年儿童的身体形态和肥胖（或营养不良）状况。

......

第 25 条　科学合理安排学校作息时间，确保学生课间和必要的课后自由活动时间，整体规划并控制各学科课后作业量。家校配合保证每天小学生 10 小时、初中生 9 小时的睡眠时间。

【要点解读】

孩子睡眠不足的危害性是重大的、深刻的、持久的。尤其是中小学生正处在生长发育的关键时期，睡眠与孩子身体的成长、大脑的发育、免疫力的提高、性格的形成，甚至视力的健康都有极为密切的关系。剥夺孩子的睡眠，就是剥夺了孩子的成长。睡眠不足可导致精神不能集中，记忆力、注意力及理解力衰退，学习效率低下，还会影响机敏度；长期睡眠不足还会导致内分泌失调、心理异常等，引起心慌、胃肠功能紊乱、血压波动、情绪不稳、焦躁、心烦意乱等症状，这都会对学生的身心健康造成严重影响。事实证明，睡眠不足正在不可修复地透支中小学生的青春和健康。国外一家研究机构多年的跟踪调查表明，孩子的睡眠与他们的智力发展紧密相关，那些每晚睡眠少于 8 小时的孩子，有 61％学习跟不上，39％成绩平平，而每晚睡眠在 10 小时左右的孩子，只有 13％学习落后，76％成绩中等，11％成绩优良。因此，充足的睡眠是少年儿童健康成长的重要保障，必须保证学生有足够的睡眠时间。

事实上，我国《学校卫生工作条例》早已规定，学校应当合理安排学生的学习时间。学生每日学习时间（包括自习），小学不超过 6 小时，中学不超过 8 小时。学校或者教师不得以任何理由和方式，增加授课时间和作业量，加重学生学习负担。

《中华人民共和国未成年人保护法》首次以立法的形式保证了学生睡眠时间。该法规定，学校应当与未成年学生的父母或其他监护人互相配合，保证未成年学生的睡眠、娱乐和体育锻炼时间，不得加重其学习负担。

【实施建议】

第一，树立、践行科学的教育理念，提高课堂教学质量，家庭作业提质减量，改革作业的形式和内容，切实减轻学生课业负担。

第二，逐步改变唯分数论的考试模式，增加日常表现考察、综合成绩考量和素质能力考评的比例。

第三，开展健康睡眠知识宣讲活动，通过专家讲解、视频学习、情景模拟等方式，培养学生良好的睡眠习惯。

【案例推介】

黑龙江："保证学生睡眠"写入政府工作报告①

"要在发展中不断提高保障和改善民生水平，研究推后中小学生早晨到校时间，减轻课外负担，保证学生睡眠时间和身心健康。"在今年的黑龙江省两会上，政府工作报告中的这段文字引起了热议。

对此，与会代表们纷纷点赞。曲焱代表说，省政府工作报告中的这一提法特别具体，针对性强、操作性强，这种暖心的行动让学生家长切实体会到

---

① 曹曦：《黑龙江："保证学生睡眠"写入政府工作报告》，http://www.jyb.cn/zgjyb/201801/t20180131_950426.html，2018-05-20。

了省政府的为民情怀。

"学生们睡眠不足有各方面的原因，最主要的就是辅导班多、作业多、孩子做事磨蹭等。"刘丽代表建议，由教育部门拿出一个刚性的、可操作性强的措施来改变应试教育理念。要努力均衡教育资源并严格执行就近入学、对口直升的规定，严格限制辅导班的作业量。同时，学校主管领导要带领教务部门经常检查学生的睡眠情况，随时提出改善措施。

"上学时间太早是中小学生睡眠不足问题的主要原因。"赵丽君代表认为，目前中小学的上学时间大多在7点半至8点之间，为了按时到校，大部分学生要在6点左右起床。对此，赵丽君代表建议，应借鉴其他地区经验，把到校时间推迟半小时。

"学生睡眠时间不足，直接影响到他们的生长发育和身体、心理健康。"对于如何让家长协助孩子们养成良好作息习惯的问题，尤玲代表建议，家长一定要重视孩子的睡眠，要纠正晚睡的不良习惯，带动孩子早早入睡。

如何还给孩子们的睡眠时间？曲焱代表建议，教育部门要严格执行《黑龙江省规范普通中小学办学行为若干意见》相关规定，规范中小学生的作息时间，推后中小学生到校时间，加大对中小学生作息时间检查、抽查力度，坚决纠正随意侵占学生休息时间的做法，早自习和午自习不硬性规定学生必须到校，不得安排教师进行上课、复习、考试、集体辅导等教学活动。

第26条 保障室内采光、照明、通风、课桌椅、黑板等设施达到规定标准，端正学生坐姿，做好眼保健操，降低学生近视新发率。

【要点解读】

中小学生近视率居高不下的问题非常严重，必须引起高度重视。在预防学生近视方面，学校负有重要责任。

已有调查显示，目前我国各学段学生视力不良率继续上升并呈低龄化倾向，近视防治已经成为我国儿童青少年卫生工作的重点。已有大量的研究发现，读写姿势是学生近视的重要影响因素。长期不良的读写姿势可迫使睫状肌紧张、痉挛，晶状体变凸，眼球前后径变长，从而造成近视。因此，及早培养学生养成良好的读写姿势意义重大。

学生学习的大部分时间都在教室，课桌椅的舒适程度对于处在生长发育期的学生的身心健康成长有着重要作用。特别是中学阶段，学生的身高发育水平具有较大差异，导致学生的身高与课桌椅高度不匹配，这势必会对学生的健康造成伤害，如视力减退、脊柱弯曲等现象。因此，学校课桌椅、黑板等设施必须达到规定标准并及时调换。

此外，教室的光照环境与中小学生近视患病率也有密切关系。作为学生用眼时间长而且是大量连续用眼的场所，教室里过暗和过亮的照明、光照产生的眩光都容易让眼睛疲劳，这是导致中小学生视力不良的主要原因之一。原国家卫生部和国家标准化管理委员会在 2011 年颁布了国家强制标准《中小学学校教室采光和照明卫生标准》，对教室课桌面上的平均照度及照度均匀性、教室黑板面的平均照度和照度均匀性、教室照明灯光色温以及显示指数、教室的统一眩光指数等技术指标提出了强制性要求。学校应严格执行。

【实施建议】

第一，学校要将教室环境布置作为一项重要工作，在提升其教育功能的同时，更要注重教室的实用功能。大力宣传和倡导学生自觉维护教室环境，在教学楼楼道、教室和走廊的醒目处贴上宣传小标语。

第二，学校定期检查，消除教室里影响学生健康的各种隐患。例如，教室重新装修和粉刷造成的室内环境污染、教室更换新桌椅产生的污染等，教室要经常通风。

第三，课堂上，教师要及时提醒学生保持端正坐姿，保护视力，提高学习效率。在体育课和课外活动中，教师也要督促学生积极参与，纠正不良姿势，使学生养成身姿挺拔的良好习惯。

第四，学校要提高学生眼保健操的完成质量，改善学生视力，缓解眼部疲劳。

【案例推介】

学校全国爱眼日活动方案①

为增进同学们对眼睛的健康保健意识，6 月 6 日，结合我校常见病近视、

———————————

① 《学校全国爱眼日活动方案》，https://www.liuxue86.com/a/2785893.html，2018-05-20。

沙眼的具体情况，认真搞好"爱眼活动日"活动，特制定此方案。

一、活动目的

一是使学生了解近视的成因和危害，激发学生保护眼睛的意识。

二是培养学生保护眼睛的好习惯，从我做起，从现在做起，同时也要关注别人的眼睛健康，做好宣传，让每个人都学会保护眼睛的措施，共同关注心灵的窗户。

二、活动主题

这次活动的主题是"科学用眼，健康成长"。

三、活动内容

一是6月4日召开全体教师动员大会，布置爱眼日活动方案。

二是6月7日要求4～6年级学生制作手抄报，进行爱眼护眼知识宣传，并进行展评。

三是6月6日由曲主任进行一次爱眼护眼的卫生知识讲座。

四是6月6日第二十一个爱眼日启动仪式。

五是5.6月7日各班举行"爱眼、护眼"主题班会，对学生进行更加深入的教育。

六是各班级在班级微博中对第二十一个爱眼日进行宣传。

七是各班级把爱眼日活动照片发到班级博客中。

第四节　提高学生艺术修养

第27条　按照国家要求开齐开足音乐、美术课，开设书法课。利用当地教育资源，开发具有民族、地域特色的艺术教育选修课程，培养学生艺术爱好，让每个学生至少学习掌握一项艺术特长。

【要点解读】

学校艺术教育是实施美育的最主要的途径和内容。艺术教育能够培养学生感受美、表现美、鉴赏美、创造美的能力，引领学生树立正确的审美观念，陶冶高尚的道德情操，培养深厚的民族情感，激发想象力和创新意识，促进学生全面发展和健康成长。落实立德树人的根本任务，实现改进美育教学，提高学生审美和人文素养的目标，学校艺术教育承担着重要的使命和责任，必须充分发挥自身应有的作用和功能。

近年来，学校艺术教育取得了较大的发展，艺术教育的育人功效日益凸显，学生艺术素质普遍得到提升，高等学校和中小学相互衔接的艺术教育课程体系初步建立，课堂教学、课外活动和校园文化三位一体的艺术教育发展推进机制基本形成。

义务教育阶段学校根据《义务教育课程设置实验方案》开设艺术课程，确保艺术课程课时总量不低于国家课程方案规定的艺术课程占总课时 9% 的下限，鼓励有条件的学校按总课时的 11% 开设艺术课程，初中阶段艺术课程课时不低于义务教育阶段艺术课程总课时的 20%。普通高中按《普通高中课程方案（实验）》的规定，保证艺术类必修课程的 6 个学分。中等职业学校按照《中等职业学校公共艺术课程教学大纲》要求，将艺术课程纳入公共基础必修课，保证 72 学时。普通高校按照《全国普通高等学校公共艺术课程指导方案》要求，面向全体学生开设公共艺术课程，并纳入学分管理。有条件的学校要开设丰富的艺术选修课供学生选择性学习。鼓励各级各类学校开发具有民族、地域特色的地方艺术课程。

【实施建议】

第一，因地制宜创新艺术教育教学方式，探索简便有效、富有特色、符合实际的艺术教育方法，建立以提高艺术教育教学质量为导向的教学管理制度和工作机制，切实提高艺术教育教学质量。

第二，积极研发艺术教育的课程资源，充分利用周边的艺术教育资源，开发具有民族、地域特色的地方艺术课程校本教材。

第三，创新活动内容与形式，确保每个学生都能参与艺术活动。开展学生艺术活动要以育人为宗旨，面向全体学生，坚持社会主义先进文化导向，坚持勤俭节约和量力而行的原则。

第四，组织开展小型分散、灵活多样的学生艺术活动，因地制宜地建立学生艺术社团和兴趣小组，定期举办艺术节。

【案例推介】

上海市学校艺术教育工作规程实施意见（节选）①

为贯彻落实党的十八届三中全会决定关于"改进美育教学，提高学生审美和人文素养"的要求，进一步加强学校美育工作，推进学校艺术教育，提高青少年的艺术素养和整体素质，促进学生全面发展，根据教育部《学校艺术教育工作规程》和《教育部关于推进学校艺术教育发展的若干意见》的有关精神，特制定本实施意见。

一、提高认识，明确学校艺术教育的指导思想

（一）从提高国民素质的高度，推进学校艺术教育。当今世界科技进步日新月异，社会信息化、经济全球化快速发展，综合国力竞争日趋激烈。面向21世纪的上海要建设成为现代化国际大都市，要提高城市综合竞争力，塑造城市精神，这为艺术教育的发展提供了有利机遇，也对学校艺术教育提出了更高的要求。加强学校艺术教育是提高全民族思想道德素质和科学文化素质的一项战略任务，要从提高国民素质的高度，切实加强学校艺术教育工作。

（二）充分发挥艺术教育的重要作用，提高学生的艺术素养与整体素质。艺术教育是实施素质教育的重要组成部分，是学校实施美育的重要内容和途径，是校园文化建设和社会主义精神文明建设的重要抓手，对于促进学生全面发展具有不可替代的作用。为此，必须全面贯彻德智体美全面发展的教育方针，切实加强学校艺术教育，确立艺术教育在学校教育中的地位。通过艺术教育，使学生提高艺术素养，增强爱国热情，弘扬民族精神，培养感受美、表现美、鉴赏美、创造美的能力，陶冶情操，发展个性，启迪智慧，激发创造能力，全面提高素质。

（三）落实艺术教育的各项任务，坚持艺术教育实施的方针、原则。学校艺术教育工作包括艺术类课程教学，课外、校外艺术教育活动，校园文化艺术环境建设。学校艺术教育应贯彻面向全体学生、分类指导、因地制宜、讲求实效的方针，遵循普及与提高结合、课内课外结合、学习与实践结合的原则。

---

① 《上海市教育委员会关于印发〈上海市学校艺术教育工作规程实施意见〉的通知》，http：//www.shmbjy.org/item-detail.aspx？NewsID＝5002，2018-05-20。

（四）深化改革、坚持创新，促进艺术教育的发展。学校艺术教育要围绕素质教育的实施，转变艺术教育观念，深化艺术教育改革，坚持艺术教育创新，促进艺术教育发展。要加大普及力度，提高普及质量，"先一步、高一层、促改革、求发展"，开拓学校艺术教育的新局面。

二、加强领导，完善学校艺术教育工作管理体制和运行机制

（一）各区县、主管局教育行政部门、各级各类学校要加强对学校艺术教育工作的领导。要将学校艺术教育工作纳入本地区、本部门、本学校整体工作计划之中，并根据实际情况定期研究制订发展规划、实施意见和规章制度。

（二）要加强学校艺术教育管理网络建设。市、区县教育行政部门应明确分管艺术教育的领导，落实艺术教育的管理职能部门和专职管理干部，要加强对艺术教育的政策规划、宏观管理和统筹协调。各级各类学校要有领导分管学校艺术教育工作，负责研究、统筹、协调学校艺术教育工作。

（三）学校应充分发挥共青团、学生会、少先队在艺术活动中的作用。中、小学校可设立艺术教育总辅导员制度。

（四）各高校由艺术教育职能部门及教务处、宣传部、学工部、团委等部门共同组建艺术教育委员会，协助学校领导加强对全校艺术教育工作的管理。市区县由教育行政部门会同其他有关方面建立艺术教育委员会，协助行政部门加强对本地区艺术教育的管理。各级艺术教育委员会，要发挥协调、咨询作用，发动本市宣传、文化、艺术等方面和教育系统内各部门，支持、配合学校艺术教育工作。负责艺术教育委员会日常工作的秘书处归口部门应相对稳定。

（五）有条件的高校，特别是设有艺术教育本科专业的师范院校，可建立艺术教育研究所或研究室，以加强对学校艺术教育教学的业务指导和艺术教育的科学研究工作。市、区县教研机构必须配备专职音乐、美术和艺术学科教研员，组织开展教学研究工作。

（六）上海市艺术教育中心在上海市教委的领导和指导下，做好各类学校艺术教育的相关工作；区县青少年活动中心、少年宫应加强对中、小学校艺术教育课外、校外活动的指导。

（七）建立学校艺术教育工作督导、评估的制度。在高校精神文明学校评比和区县中小学综合督导评估时，应纳入艺术教育的内容，督导部门应根据教育评估指标定期进行艺术教育的专项督导，上海市艺术教育中心应积极参与艺术教育评估工作。艺术教育开展的状况应纳入对学校整体工作、学校领导工作考核内容之中。

（八）建立表彰奖励制度，促进学校艺术教育工作发展。评选一批上海市艺术教育特色学校，认定一批上海市艺术教育特色项目。区县相应评选一批区县级艺术教育特色学校和特色项目，并定期表彰学校艺术教育的先进集体和个人。

……

第28条　按照国家课程方案规定的课时数和学校班级数配备艺术教师，设置艺术教室和艺术活动室，并按照国家标准配备艺术课程教学和艺术活动器材，满足艺术教育基本需求。

【要点解读】

艺术是人类文明的重要组成部分。随着信息时代的到来，艺术不再局限于传统的剧场、剧院、音乐厅、美术馆，而是更为广泛地进入电视、网络等大众媒体，成为现代人日常生活和学习不可分割的部分。

学校艺术教育是美育的重要载体，艺术教育在人的培养与发展过程中发挥着重要作用。《国务院办公厅关于全面加强和改进学校美育工作的意见》指出，当前，"美育仍是整个教育事业中的薄弱环节，主要表现在一些地方和学校对美育育人功能认识不到位，重应试轻素养、重少数轻全体、重比赛轻普及，应付、挤占、停上美育课的现象仍然存在；资源配置不达标，师资队伍仍然缺额较大，缺乏统筹整合的协同推进机制"。具体而言，艺术教育依然是学校教育的薄弱环节，艺术教育的德育功能更没有得到有效挖掘。理论上，艺术教育在审美性和道德性之间徘徊；实践中，艺术教育具有功利化和技艺化倾向，艺术教育（尤其是农村艺术教育）课程开课不足、师资短缺，这些问题严重制约了艺术教育育人功能的充分发挥。①

【实施建议】

第一，学校要努力营造艺术教育健康发展的良好环境，保证落实艺术教学时间。

第二，艺术器材的配置是开展艺术教育的重要条件之一，也是顺利实施艺术教育的物质基础。现在各地都在认真推进义务教育均衡发展，可以以此为契机，提前进行谋划、科学地规划进一步加强农村中小学校的软硬件建设，合理利用教育资金，购置各类艺术教学器材，使学校的艺术教育器材配备全面科学合理。

第三，结合每年教师招录考试，通过严格筛选，学校选拔一些思想素质好，并具备一定音、美知识的年轻教师充实到中小学从事艺术教育工作。学校还可以通过"国培计划"或"音体美专项师资计划"等项目，帮助现有师资提升或转岗。

【案例推介】

中小学校艺术教育工作自评办法

教体艺〔2015〕5 号

第一条　为建立健全学校艺术教育评价制度，充分发挥评价的引导、诊断、改进、激励功能，特制定本办法。

第二条　本办法适用于全日制小学、初中、普通高中、中等职业学校。

第三条　学校艺术教育工作自评项目包括艺术课程、艺术活动、艺术教师、条件保障、特色发展以及学生艺术素质测评等。学校应在全面总结本校艺术教育工作开展情况的基础上填写自评报表（见附表）。

第四条　自评报表由自评项目、自评内容、自评记录、自评得分、存在的主要问题和改进措施等六部分构成，学校应根据自评项目内容如实填写。

第五条　自评结果以分数形式呈现，艺术课程 30 分，艺术活动 20 分，艺术教师 20 分，条件保障 20 分，特色发展 10 分；学生艺术素质测评 10 分

---

① 范国睿：《充分发挥艺术教育的德育功能》，载《中国德育》，2017(19)。

（加分项目）。90 分以上为优秀，75—89 分为良好，60—74 分为合格，60 分以下为不合格。

第六条　学校每学年进行一次艺术教育工作自评，自评工作实行校长负责制，纳入校长考核内容，确保过程规范、结果真实，不弄虚作假。每年 9 月底前将《学校艺术教育工作自评报表》报至当地教育行政部门。

第七条　学校艺术教育工作自评结果由当地教育行政部门官方网站信息公开专栏向社会公示，公示期为当年 10 月至 12 月。公示期内社会对自评报告的意见和投诉，要及时收集、处理，并通报处理结果。

第八条　地方教育行政部门要加强对学校艺术教育工作自评的指导和管理。教育督导部门要对学校艺术教育工作自评开展必要的督导检查。

第九条　本办法自发布之日起实施。

附表

中小学校艺术教育工作自评报表

_____省（区、市）_____市

学校名称（公章）：_____　联系电话：_____

学校类别：□普通小学；□普通初中；□普通高中；□完全中学；

　　　　　□职业高中；□九年一贯制学校；□十二年一贯制学校

教学班总数：小学_____个；初中_____个；高中_____个

在校学生总数：小学_____人；初中_____人；高中_____人

专任教师总数：小学_____人；初中_____人；高中_____人

自评项目	自评内容	自评记录	自评得分	存在的主要问题	改进措施
艺术课程（30分）	按照国家要求开齐开足上好音乐、美术等艺术课程。利用当地教育资源，开发具有民族、地域特色的艺术课程，推进教学改革，提高教学质量。	音乐：___课时/周； 美术：___课时/周； 综合艺术：___课时/周； 地方/学校艺术课程：___课时/周，列出课程名称_____			

自评项目	自评内容	自评记录	自评得分	存在的主要问题	改进措施
艺术活动（20分）	面向全体学生组织开展艺术活动，因地制宜建立学生艺术社团或兴趣小组，保证每周有固定的艺术活动时间，每年组织合唱节、美术展览和艺术节等活动。充分利用学校校歌、广播、电视、网络以及校园、教室、走廊、宣传栏、活动场所等，营造格调高雅、富有美感、充满朝气的校园文化艺术环境。	学校开展艺术节等活动场次：___场/年；每周开展艺术活动频次：___次/周；校级学生艺术社团/兴趣小组数量：___个，列出项目（如合唱、民乐、管乐、交响乐、舞蹈、戏剧、戏曲、美术、书法等）_____；艺术活动学生参与面（占学校学生总数比例）：___%；校园文化艺术环境基本情况：_____			
艺术教师（20分）	在学校核定的编制总额内，按照国家课程方案规定的课时数和学校班级数配备艺术教师，满足艺术教育基本需求，加强教师培训，提高队伍素质。	艺术教师总数：___人（含专职___人、兼职___人），其中：音乐___人、美术___人、其他___人；艺术教师生师比：___；艺术教师平均周课时：___课时/周；艺术教师缺额数：___人；本学年艺术教师参加县级以上培训人数：___人			
条件保障（20分）	设置艺术专用教室和艺术活动室，并按照国家标准配备艺术课程教学和艺术活动器材。	艺术专用教室/活动室：___个，其中：音乐___个、美术___个、其他___个（列出名称_____）；艺术场馆：___个，面积___㎡（列出名称_____）；是否按照国家标准配备艺术课程教学和艺术活动器材：_____			

续表

自评项目	自评内容	自评记录	自评得分	存在的主要问题	改进措施
特色发展（10分）	发挥本校艺术教育资源优势、依托本地民族民间优秀传统文化艺术资源，形成学校艺术教育发展特色。充分利用社会艺术教育资源，利用当地文化艺术场地资源开展艺术教学、实践活动和校园文化建设，学校与社会艺术团体及社区建立合作关系。	列举学校艺术教育特色发展成果：			
学生艺术素质测评（加分10分）	认真组织实施学生艺术素质测评	实施学生艺术素质测评的起始学年：___；本学年学生艺术素质测评的覆盖面（占学校学生总数比例）：___%；本学年学生艺术素质测评结果：优秀___%、良好___%、合格___%、不合格___%			
自评结果	总分_____；等级_____				

填报人：_____   联系电话：_____   填报日期：_____年____月____日

注：①请对应自评项目和自评内容进行自评，并认真填写此表。

②学校可另附自评报告。

③此表一式两份，报送当地教育行政部门一份，学校存档一份。

第29条　面向全体学生组织开展艺术活动，因地制宜建立学生艺术社团或兴趣小组。

【要点解读】

社团活动能在一定程度上提升学生的自我构建意识。在参与社团活动时，每个成员都有责任提出方案，管理社团的事物和活动，并且为了艺术社团更好地贡献自己的力量，这就激发了学生的自觉能动性，而不是被迫去贡献和参与，这可以充分体现学生的自主意识。这种形式能培养学生自强、自立、自尊的精神，促进学生对自我能力的渴求。

艺术社团或兴趣小组的活动还能促进学生团队协作能力的发展。团队协作能力是衡量一个人的重要标准，主要包括凝聚力、团队精神、组织协调能力、乐于奉献等内容。艺术社团或兴趣小组的活动，仅凭一人之力是无法完成的，还需要团队协作、组织分工。社团成员通过组织的社团活动在交流中体验合作，在心里认同彼此，产生认同感，增强了集体意识，从而最大限度地促进成员产生团队精神。艺术社团和兴趣小组的活动不仅能够加强团队的协作能力，而且能够增强学生的交际能力。相关调查表明，通过参加社团，大多数的学生都具有良好的人际关系，且善于交际。

艺术社团和兴趣小组的活动是学生与社会交流的纽带，在学生健康成长中起着至关重要的作用。学生通过参加艺术社团和兴趣小组的活动增强了团队协作能力和个人的交往能力，提升了思想道德素质，拓展了兴趣，还提高了自主意识。同时，学生在参加艺术社团活动时不断完善自己、协调自己、规范自己，让自己与社会、学校保持一种和谐的平衡状态。学校要重视艺术社团和兴趣小组活动的组织和管理，完善社团管理制度，从而增强艺术社团的灵活性和规范性。同时，学校也应该引入具有相对较强的指导能力、协调能力和责任心的专业教师对社团活动进行专业指导。

【实施建议】

第一，学校依据师资情况和学生需求组建学生社团并安排辅导老师。学校支持学生自发组织社团并聘请辅导老师，社团经学校批准后可以开展活动。社团名称可由学生和辅导老师共同讨论确定。

第二，社团应面向全体、以培养学生兴趣为主，让更多的学生体会参与的快乐。社团不能在各种名誉效应的驱使下，对成员的艺术技术水平提出较高要求，从而给零基础但是有兴趣的学生进入艺术社团学习、参与实践活动造成阻碍。

第三，艺术社团中的教学活动应与基本的教学大纲及日常艺术教学内容紧密衔接，学校争取在最大的范围内让学生体验学校艺术社团的魅力，获得艺术社团角色的存在感，让更多的学生接受艺术熏陶，而不是让艺术社团成为少数艺术特长生的特权或专享。

【案例推介】

教育部持续推进全国中小学中华优秀文化艺术传承学校创建活动

近日，教育部在第一批全国中小学中华优秀文化艺术传承学校（以下简称传承学校）创建的基础上，公布了第二批北京市昌平区流村中学等 1035 所传承学校，受到教育系统和社会各界的广泛关注。

在全国中小学开展传承学校创建活动，旨在全面贯彻落实党的十九大精神，以社会主义核心价值观为引领，根植中华优秀传统文化深厚土壤，传承中华文化基因，引导青少年学生在学习中华优秀传统文化艺术、参与丰富多彩的美育活动的过程中，培育深厚的民族情感，增强文化自信。

第二批传承学校创建工作于 2017 年 9 月启动，经学校自主申报、省级教育行政部门推荐、专家复核及公示产生。第二批传承学校体现了三个特点。一是实现了 31 个省（区、市）全覆盖。从东北平原到河西走廊，从东海之滨到天山脚下，从巴渝大地到冀中平原，从贵州苗寨到赫哲渔村，从客家山乡到内蒙古草原，从渤海之滨到南海岛屿，遍布 31 个省（区、市）（不含港澳台地区）和新疆生产建设兵团，包括小学、初中、普通高中、职业高中、中职中专和特殊教育等各种类型，实现了城区、镇区和乡村学校的全覆盖。二是传承项目种类丰富。各地各校依托当地人文环境和历史文化传统，充分发掘传统文化资源，培育传承项目，形成"一校一品""一校多品"。传承项目包括戏曲、书法（篆刻）、民族民间美术、传统手工技艺、民族民间音乐、民族民间舞蹈等多种类型，各级非物质文化遗产项目占比近 55%。其中，仅戏曲项目就包括了京剧、昆曲、评剧、越剧、沪剧、黄梅戏、豫剧等 58 个剧种。三是凸显育人特质。传承学校以教育教学为基础，积极探索开发校本课程。以实践活动为载体，组建兴趣小组、工作坊、艺术社团，开展丰富多彩的传统文化体验活动。以师资队伍建设为支撑，采取专兼职教师结合，聘请社会艺术工作者、民间艺人、非遗传承人进校园开展传承项目教育教学活动。以辐射带动为拓展，传承学校既要带动周边学校，又要辐射社区文化建设。以成果展示为助推，通过举办传承项目展演展示，营造向真、向善、向美、向上的校园文化。

第30条 充分利用社会艺术教育资源，利用当地文化艺术场地资源开展艺术教学和实践活动，有条件的学校可与社会艺术团体及社区建立合作关系。

【要点解读】

学校在开展艺术教育的过程中，可以充分利用社会艺术教育资源，不要过度拘泥于传统模式、依赖学校独立资源。由于历史欠账等原因，因此对于广大中小学而言，校内艺术教育资源匮乏的现象或在将来一段时期内长期存在，这就需要学校开拓思维，将学校艺术教育与教学与自然位置、所处环境相结合，充分利用当地的文化艺术场地和资源开展丰富有效的艺术教育和艺术实践活动，全面实施学校艺术教育工作。

社区因其拥有丰富的活动资源而受到学生青睐，成为学生除学校、家庭之外的第三个主要活动场所。随着社区规模和功能的日益扩大及社区各种活动日趋规范，社区活动对学校教育，尤其对艺术教育的推动作用非常明显。因为社区艺术文化活动是集娱乐、健身为一体的群众性文化活动，学生与家长生活在社区当中，浸染于社区文化，对社区活动有着高度的认同度和接纳度，社区资源是最佳的校外教育资源。

【实施建议】

第一，学校应有针对性地组织专人与社区合作，开发具有特色的高水平艺术教育资源，以拓宽艺术教育渠道，培养学生的艺术兴趣和爱好，提高学生的艺术欣赏能力。

第二，学校应确立开发社区艺术教育活动保障机制，创造条件，为学生搭建好活动平台。学校可以开发假日活动、兴趣课活动、培养学生骨干队伍等多种形式开发社区艺术资源。

第三，学校应开发社区艺术教育资源评价机制，建立和活动目标相匹配的评价体系，对学生的活动做出综合判断，从而激发学生自主有效地参与艺术活动，以培养艺术苗子，更好地推动学校艺术教育工作。

【案例推介】

山西省全面加强和改进学校美育工作实施方案（节选）

为深入贯彻落实《国务院办公厅关于全面加强和改进学校美育工作的意

见》（国办发〔2015〕71号），进一步加强美育在人才培养过程中的重要作用，推进全省各级各类学校美育教学改革发展，以实际行动培育和践行社会主义核心价值观，结合我省实际，提出以下实施方案。

一、指导思想

全面贯彻党的教育方针，坚持立德树人。认真落实全国文艺工作座谈会精神，按照国家及我省中长期教育改革和发展规划纲要要求，以培育和践行社会主义核心价值观为主线，深化美育综合改革，加强和改进学校美育工作，提高美育质量，引领学生树立正确的审美观念、陶冶高尚的道德情操，培育深厚的民族情感，激发想象力和创新意识，培养造就德智体美全面发展的社会主义建设者和接班人。

二、总体目标

全面加强和改进学校美育工作，2018年取得突破性进展。美育资源配置逐步优化，管理机制进一步完善，美育教师配备达到标准，开齐开足美育课程；加大对革命老区各类学校美育工作的扶持力度，关注农村、贫困地区美育教学条件的改善，全省城乡学校间美育教学水平差距进一步缩小。到2020年，初步形成大中小幼美育相互衔接、课堂教学和课外活动相互结合、普及教育与专业教育相互促进、学校美育和社会家庭美育相互联系、城乡学校各具特色的现代化美育体系。

……

第五节　培养学生生活本领

第31条　贯彻《关于加强中小学劳动教育的意见》，为学生提供劳动机会，家校合作使学生养成家务劳动习惯，掌握基本生活技能，培养学生吃苦耐劳精神。

【要点解读】

教育家乌申斯基说过："教育不但应当培养学生对劳动的尊敬和热爱，还需培养学生劳动的习惯，因为认真严肃的劳动经常是艰苦的。"教师和家长都要重视孩子良好劳动习惯的培养，通过劳动的教育和培养，让学生懂得劳动创造一切，使学生养成热爱劳动、珍惜劳动成果、积极参加劳动的良好习惯，成就学生一生受益不尽的优良品质。

学校要帮助学生树立正确的劳动观，让学生体会到劳动的乐趣。学校要通过对学生进行劳动教育，让学生明白劳动是实现自身价值的开始，是实现自立、自强的实践过程，从而产生参与劳动的主观愿望。

学校要注重对学生劳动习惯的培养，培养对劳动的情感。例如，打扫卫生、洗衣、做饭等这些简单的劳动，在学生反复参与的过程中，完全可以促使他们养成劳动的习惯，把劳动变成自觉行动。学生在服务自己、服务他人的过程中，磨炼了意志，体验了劳动的艰辛，更收获了快乐，从而产生对劳动的正确认识。劳动习惯的形成过程，也是学生乐于奉献、服务社会的过程。

学校要注重多种形式的劳动教育，让学生在劳动中有所收获。在教学过程中，要注意挖掘劳动教养的渗透点，给学生提供更多动手实践的机会；在劳动实践中，注重对学生的劳动技能的培训，让学生掌握劳动的技巧。

【实施建议】

第一，学校应逐步完善劳动教育基地建设，为劳动课和学生课外参加实践活动提供场所。学校尽可能使劳动教学内容、教学进度与当地情况相适应。学校把课外劳动小组办成一个生机勃勃的"研究小组"，并组织和引导学生进行研究性学习，培养学生劳动兴趣。

第二，家校合作培养学生的劳动习惯与意识，鼓励家长尽可能为孩子提供实践机会，可要求学生每周双休日帮父母做1小时家务活，让劳动观念最终内化为意识和习惯。

第三，学校根据学生不同年龄的特点，开展一些丰富多彩的"趣味型""知识型"和"艰苦型"相结合的劳动竞赛。学校劳动教育必须坚持用手与用脑、理论与实际相结合，将劳动教育与研究性学习整合在一起。

【案例推介】

家务作业，让学生养成爱劳动的习惯（节选）①

……

做家务成为一道作业。

自 2012 年开始，北京市第二实验小学、北京市海淀区第三实验小学便把家务劳动作为一道作业题来完成，让学生们每天登记自己做家务的内容和时间，每个月还要评选"家务劳动小能手"。为了提高学生自理能力，培养他们热爱劳动的习惯，每个学期，学校还组织"家务能手比赛""我是生活自理小能手"等活动，在小小的比赛中，让他们体会劳动的快乐。

据了解，家务能手的比赛活动一般以班级为单位，比赛项目有叠衣服、系鞋带、佩戴红领巾等。每次比赛，场面都十分热闹。参赛的学生全神贯注地做着家务活，观赛的学生激情高涨地呐喊助威。选手们灵巧的双手，把衣服折叠得有棱有角，把鞋带系得像翩翩起舞的蝴蝶，能熟练地折叠红领巾、按要求佩戴红领巾……

给孩子们布置家务作业，下发"家务劳动小能手"登记表，让他们将每天做的家务以及做家务的时间进行登记，然后统计每个月做家务的总时间，班主任再根据他们做家务的时间，评选出班级"家务劳动小能手"。

学生：一天没做家务就觉得少了什么。

倒垃圾、洗碗、拖地……这是北京市海淀区第三实验小学五(5)班陈嘉钰同学每天要做的家务活。9 月，她以做了 475 分钟家务的纪录，再次拿到了"家务劳动小能手"的奖状。陈嘉钰说，自从二年级开始，她几乎包揽了班里每个月的"家务劳动小能手"以及寒暑假"家务劳动小能手"。如今，帮妈妈做家务活已经成为一种习惯，如果一天没有做家务，她就觉得少了些什么似的。

……

教师：家务能力强的孩子学习成绩会更好。

北京市第二实验小学分管德育工作的副校长罗桂花接受记者采访时表示，

---

① 《家务作业，让学生养成爱劳动的习惯》，http://www.heyuan.cn/xw/20161023/141522.htm，2018-05-20。

自从实行家务作业制度后，学生们养成了爱劳动的习惯，在做家务的同时，默默践行社会主义核心价值观，让他们享受到劳动的乐趣，从而学会生活、学会学习、学会做人。她说，自从开展评比"家务劳动小能手"以来，学校也做过一些调查。调查发现，一些家务能力强的孩子，学习成绩也会更好。因为做家务，培养的不仅仅是一种能力，更是一种态度，正确对待家务作业，在学习上也会更自觉，让自己做得更好。

……

家长：为孩子的成长感到欣慰。

孩子的变化，家长看在眼里，喜在心上。陈女士的孩子在北京市第二实验小学读二年级，从一年级开始，学校每个月都会发一份孩子做家务登记表让家长如实填写，从上周开始，学校更是贴心地将登记表换成了一个登记本子，增加了孩子做完家务后的个人体会和家长评价一栏，设计新颖，更容易保管。"每天晚饭后，儿子都会抢着收拾餐具、洗碗筷，有时候奶奶心疼他，他反而做奶奶的思想工作，说做家务能让他健康成长。看到他这么懂事，我心里感到很欣慰。"陈女士说。

……

第32条　开齐开足综合实践活动课程，充分利用各类综合实践基地，多渠道、多种形式开展综合实践活动。寒暑假布置与劳动或社会实践相关的作业。

【要点解读】

综合实践活动是从学生的真实生活和发展需要出发，在生活情境中发现问题，转化为活动主题，通过探究、服务、制作、体验等方式，培养学生综合素质的跨学科实践性课程。综合实践活动是国家义务教育和普通高中课程方案规定的必修课程，与学科课程并列设置，是基础教育课程体系的重要组成部分。

每个学生都有自己的需要、兴趣、特长和个性，都有自己独特的认知方式和学习方式，每个学生的个性发展都具有独特性、具体性，他们的发展不只是通过书本知识的学习而获得的。学校课程应该为学生丰富多彩的个性发展提供机会，为学生自主发展创造条件。而学科课程以知识为中心，学生可以获得具有普遍性的知识技能，但在发展学生的兴趣爱好、体现学生的个性和差异性方面则不能很好地满足学生的需求。而综合实践活动课程却可以为彰显和发展每个学生个性创造空间。

综合实践课程强调学生综合运用各学科知识，认识、分析和解决现实问题能力的培养，旨在提升学生的综合素质，着力发展其核心素养，特别是社会责任感、创新精神和实践能力。本课程由地方统筹管理和指导，具体内容以学校开发为主，学校要积极引导学生从日常学习生活、社会生活或与大自然的接触中提出具有教育意义的活动主题，使学生获得关于自我、社会、自然的真实体验，建立学习与生活的有机联系。

综合实践活动课程的开设为学生打开了一个开放的时空，在这个时空里学生不仅能够主动地发现问题、提出问题和解决问题，而且在这个过程中学生也初步掌握了一种新的主动学习的学习方式，学会了如何质疑问难，如何主动探究，如何分工合作。这种学习体验和经验的获得不仅对于学科课程的学习会有很大的促进作用，而且对于学生的终身学习也会产生深远影响。

【实施建议】

第一，综合实践课程自小学一年级至高中三年级全面实施，在课程内容的选择上应鼓励学生从自身成长需要出发，选择活动主题，主动参与并亲身经历实践过程，避免仅从学科知识体系出发进行活动设计。

第二，在实施过程中，随着活动的不断展开，在教师指导下，学生可根据实际需要，对活动的目标与内容、组织与方法、过程与步骤等做出动态调整，使活动不断深化。

第三，在评价方面，提倡多采用质性评价方式，避免将评价简化为分数或等级。要将学生在综合实践活动中的各种表现和活动成果作为分析考察课程实施状况与学生发展状况的重要依据，充分肯定学生活动方式和问题解决策略的多样性，鼓励学生自我评价及与同伴的合作交流和经验分享，主要突出活动过程和结果对学生的发展价值。

第四，明确实施机构及人员、组织方式等，加强过程指导和管理，确保课程实施到位。在课时安排方面，小学一至二年级，平均每周不少于1课时；

小学 3～6 年级和初中，平均每周不少于 2 课时；高中执行课程方案相关要求，完成规定学分。

第五，学校根据实际情况灵活运用小组合作及个人单独进行的方式开展综合实践活动。小组合作范围可以从班级内部逐步走向跨班级、跨年级、跨学校和跨区域等。

【案例推介】

教育部关于印发《中小学综合实践活动课程指导纲要》的通知

各省、自治区、直辖市教育厅（教委），新疆生产建设兵团教育局：

现将《中小学综合实践活动课程指导纲要》印发给你们，请认真贯彻执行。

各地要充分认识综合实践活动课程的重要意义，确保综合实践活动课程全面开设到位。要组织教师认真学习纲要，切实加强对综合实践活动课程的精心组织、整体设计和综合实施，不断提升课程实施水平。

教育部

2017 年 9 月 25 日

第 33 条　指导学生利用学校资源、社区和地方资源完成个性化作业和实践性作业。

【要点解读】

个性化和实践性作业指包含学科、德育、体育、美术、劳技等实践性和开放性强、有助于促进学生全面发展的活动型作业。教师应指导学生利用学校资源、社区资源完成个性作业和实践性作业。

校园是学生成长和发展的主要环境，学校资源在帮助学生完成个性化和实践性作业方面有独特的优势。广义的教育资源包括学校场所、环境资源、图书资源、课程教学资源、信息网络资源、教师人力资源、社区家长资源和社区文化资源等方面，甚至包括学校与教育行政部门、学校与社区相关部门的关系，良好的社会关系也是一种教育资源。狭义的教育资源指学校教师为开展课程教学所需要的文本、工具、课件和网络类教学资源，大多数指学校内部的教育资源。学校教育教学资源建设应当体现科学性、系统性、开放性、实用性、服务性、互动性等要求，有利于学生使用是基本要求。

社区作为中小学生的生活空间与校外教育活动范围，蕴含着丰富的教育资源。例如，社区附近的地形地貌、树木花草等自然环境因素对少儿性格特征、自然意识的养成具有重要影响；社区的生活变迁对中小学生具有历史、文化民俗的熏陶与感染作用；社区中的产业经济、人际交往、公共活动对小学生丰富社会知识、培养社会技能、确立社会思想起着直接促进作用。

学校利用好社区资源能够激发学生对社区学习活动的兴趣和好奇心，使学生对其中有关知识内容提出探究性问题，并乐于和同伴一起参与在基地中进行的探究实践活动。

【实施建议】

第一，学校要整合校内教学资源，发挥社区资源的教育功能，开展符合青少年特点的社区教育活动。同时，学校要深入研究学校周边各类社会教育基地的课程资源，主要包括爱国主义教育基地、科技馆、博物馆、文化宫、体育馆、游泳馆、生态园等，为学生进行个性化研究和完成作业提供资源。

第二，学校要提倡终身教育及学习型社会的构建。推动学校所在的社区努力改善环境，包括社区绿化、卫生、治安、人际关系等自然环境和人文环境。

第三，教师尝试编制各类社会教育基地的教学活动指南，在指南中要对学生在基地开展实践活动提出具体目标、要求和"作业单"。"作业单"要具有针对性和可操作性。同时，教师要指导学生学会使用学校图书馆、媒体素材、网络资源库、校内各种专用教室等。

第四，教师要定期开展学生实践性作业的专项评比活动，发现利用学校、社区资源完成作业的典型成果，总结提炼相关经验，丰富学生实践活动，促进学生的综合素质发展。

【案例推介】

谈如何活化教学资源（摘录）①

社区服务与社会实践是综合实践活动的一个重要组成部分，它是指学生在教师的指导下，走出教室，参与社区和社会实践活动，以获得直接经验、

---

① 冯敏芳：《谈如何活化教学资源》，载《中国校外教育》，2017(16)。

发展实践能力、增强社会责任感为主旨的学习领域。它与研究性学习、劳动与技术教育以及信息技术教育共同构成我国基础教育新课程体系中的综合实践活动课程。这样，就要求学校要把学生的发展置于比班级、比学校生活更广大的社会背景当中。学习的场所需要从学校拓展至社区乃至整个社会。因此，在进行主题开发时，除了关注学校资源外，我们还可以积极开发校外资源。

作为学校资源的一个补充，社区资源展示了其独特的魅力。由于地理环境的制约，不同的社区有不同的设备与设施。这些设备与设施也可以成为孩子们学习的一个重要途径。我尝试开发了"我们的社区"综合实践活动主题活动。社区里的居委会、女青会对我们的活动给予了大力的支持。女青会作为一个社区的慈善机构，在活动前，特意邀请了他们的美国义工给我们的孩子与家长介绍他们机构的历史和在社区当中的意义。活动时，他们开放了自己的工作场所，让孩子们进行自由参观、提问，还为学生及家长印发了一些本中心的简章和一些活动的介绍，深受学生以及家长的欢迎。学生在活动前对于女青会的认知只限于能去这个地方游泳，现在通过参观、看资料和家长的讲解，才明白女青会的众多功能以及它为社区有需要的家庭提供的帮助。通过对社区的研究，孩子们还为社区的发展提出了很有价值的建议。同时，孩子们也提出了一些有价值的问题。例如，别的社区是怎么样的，社区的设备不完善可以找谁提意见，等等。"星星之火，可以燎原"，这些一点一滴的发现与收获，都为孩子长大后进行独立的研究打下了良好的基础。

第三章 引领教师专业进步

百年大计，教育为本，教育大计，教师为本。教师承担着传播知识、传播思想、传播真理的历史使命，肩负着塑造灵魂、塑造生命、塑造人的时代重任，教师是教育发展的第一资源，是国家富强、民族振兴、人民幸福的重要基石。

当前，科技革命日新月异，国际竞争日趋激烈，国内经济社会发展对人才的渴求越来越迫切，人民群众对高质量教育的期盼越来越强烈。基本实现教育现代化，实现两个一百年奋斗目标，实现中华民族伟大复兴的中国梦，亟须一批又一批"四有"好老师。

党的十八大以来，习近平总书记从实现中华民族伟大复兴中国梦的战略高度，深刻论述了新时代教师发展中带有根本性、方向性、全局性的重大理论和实践问题，形成了思想深邃、内涵丰富、系统完整的科学理论体系。

2018年1月国家发布了《中共中央国务院关于全面深化新时代教师队伍建设改革的意见》，这是中华人民共和国成立以来党中央出台的第一个专门面向教师队伍建设的里程碑式的政策文件。文件强调"全面贯彻落实党的十九大精神，以习近平新时代中国特色社会主义思想为指导，紧紧围绕统筹推进'五位一体'总体布局和协调推进'四个全面'战略布局，坚持和加强党的全面领导，坚持以人民为中心的发展思想，坚持全面深化改革，牢固树立新发展理念，全面贯彻党的教育方针，坚持社会主义办学方向，落实立德树人根本任务，遵循教育规律和教师成长发展规律，加强师德师风建设，培养高素质教师队伍，倡导全社会尊师重教，形成优秀人才争相从教、教师人人尽展其才、好教师不断涌现的良好局面"。全面加强师德师风建设、大力提升教师专业素质能力。

为此，学校要营造引领教师专业进步的良好校内氛围；构建民主、和谐的校园文化氛围，为教师专业进步提供良性支持环境；引领教师自我赋权，进一步提高教师专业进步的自觉性。

第一节　加强教师管理和职业道德建设

教师职业道德指教师在其职业生活中，调节和处理与学生、与社会、与集体、与职业工作关系所应遵守的基本行为规范或准则，以及在此基础上所表现出来的观念意识和行为品质。教师职业道德建设作为提高教师职业道德水平的系统性工程，对促进教师专业发展具有特殊而重要的意义。

教师的人格是其进行教育的基石，教师的职业道德不仅是个人意义上的品德问题，而且具有更深刻的社会意义。加强师德师风建设是教师职业发展的需要，是建设高素质教师队伍的内在要求，是改进教风学风的有力手段，更是当代社会道德风尚建设的必要内容。

2008 年，教育部修订了《中小学教师职业道德规范》，从爱国守法、爱岗敬业、关爱学生、教书育人、为人师表、终身学习六大方面对教师职业行为提出了统一要求。2012 年教育部印发了《小学教师专业标准（试行）》《中学教师专业标准（试行）》，2013 年教育部印发了《关于建立健全中小学师德建设长效机制的意见》，2014 年教育部又印发了《中小学教师违反职业道德行为处理办法》，2018 年 1 月中共中央、国务院又印发了《关于全面深化新时代教师队伍建设改革的意见》，对教师提出了要求，教师们应对照要求规范自己的行为，依法从教、以德施教、爱岗敬业，以特有的人格魅力、学识魅力和卓有成效的工作赢得全社会的尊重。

第 34 条　坚持用习近平新时代中国特色社会主义思想武装教师头脑，加强教师思想政治教育和师德建设，建立健全师德建设长效机制，促进教师牢固树立和自觉践行社会主义核心价值观，严格遵守《中小学教师职业道德规范》，增强教师立德树人的荣誉感和责任感，做有理想信念、道德情操、扎实学识、仁爱之心的好教师和学生锤炼品格、学习知识、创新思维、奉献祖国的引路人。

【要点解读】

2014年9月9日上午，习近平在会见庆祝第三十个教师节暨全国教育系统先进集体和先进个人表彰大会受表彰代表后，在北京师范大学强调全国广大教师要做"有理想信念、有道德情操、有扎实知识、有仁爱之心"的好老师，为发展具有中国特色、世界水平的现代教育，培养社会主义事业建设者和接班人做出更大贡献。

党的十九大报告指出："新时代中国特色社会主义思想，是对马克思列宁主义、毛泽东思想、邓小平理论、'三个代表'重要思想、科学发展观的继承和发展，是马克思主义中国化的最新成果，是党和人民实践经验和集体智慧的结晶，是中国特色社会主义理论体系的重要组成部分，是全党全国人民为实现中华民族伟大复兴而奋斗的行动指南，必须长期坚持并不断发展。"同时强调："全党要深刻领会新时代中国特色社会主义思想的精神实质和丰富内涵，在各项工作中全面准确贯彻落实。"

2018年1月20日，中共中央、国务院印发《关于全面深化新时代教师队伍建设改革的意见》。《关于全面深化新时代教师队伍建设改革的意见》提出"引导教师准确理解和把握社会主义核心价值观的深刻内涵，增强价值判断、选择、塑造能力，带头践行社会主义核心价值观"。《关于全面深化新时代教师队伍建设改革的意见》强调"健全师德建设长效机制，推动师德建设常态化长效化，创新师德教育，完善师德规范，引导广大教师以德立身、以德立学、以德施教、以德育德，坚持教书与育人相统一，言传与身教相统一、潜心问道与关注社会相统一、学术自由与学术规范相统一，争做'四有'好教师，全心全意做学生锤炼品格、学习知识、创新思维、奉献祖国的引路人"。

【实施建议】

第一，抓学习、明要求，组织教师认真学习《中华人民共和国教育法》《中华人民共和国教师法》《中小学教师职业道德规范》等关于师德师风建设的政策法规文件，认真贯彻文件精神，使全校广大教职工自觉地用教师职业道德规范指导自己的思想行为。

第二，各校要在学校公共宣传栏和教室、楼道等醒目位置张贴社会主义核心价值观 24 字，方便师生记住、理解、践行。

第三，以师德师风建设为切入点，开展形式多样、内容丰富、切合实际、富有实效的师德建设活动，做到活动载体、内容和效果的有效统一。县级教育局继续开展"师德标兵""师德优秀教师"评选活动。举办师德报告会和师德演讲比赛活动。"提师能、修师德、铸师魂"。

第四，学校要建立健全和完善师德师风建设的保障机制、约束机制、激励机制和负面清单制度，丰富和完善师德考核细则，建立教师个人信用记录，完善诚信承诺和失信惩戒机制，着力解决师德失范、学术不端等问题，把师德考核成绩作为教师综合考评、职务评聘、进修深造和评优奖励的首要依据，做到师德考核一票否决制。

【案例推介】

江西省鹰潭第一中学以道德讲堂引领师德风尚

鹰潭一中以加强社会公德、职业道德、家庭美德和个人品德建设为主线，以"身边人讲身边事、身边人讲自己事、身边事教身边人"为基本形式，建立起覆盖全校的"道德讲堂"网络。

学校制定具体实施方案，明确工作目标，细化工作措施，量化讲堂数量，把握工作进程，确保道德讲堂工作真正落实到位。坚持"七个一"规范模式，每一场讲堂要求师生做一次自我反省，唱一首主题歌曲，看一部短片，诵一段经典，讲一个故事，做一番点评，向"德"鞠一次躬，使道德讲堂具有仪式感、肃穆感。认真做到"六有"，即有标识，营造文化氛围；有机构，组织领导机构健全；有队伍，学校组织评选优秀党员、优秀教育工作者、优秀班主任和优秀教师，由他们"挂牌上岗"做宣讲员；有场地，设有专门的场所；有流程，按照"七个一"模式有序进行；有实效，参与者有感悟、受教育，得到提高。

通过开展"道德讲堂"活动，用身边的事教育身边人，传递正能量，弘扬传统美德，引导师生不断提升道德素养，形成从现在做起，从点滴做起的良好师德风尚。

第35条　教师语言规范健康，举止文明礼貌，衣着整洁得体。

【要点解读】

教师是人类灵魂的工程师，在推进社会文明礼仪、加强社会主义道德建设中担负着重要的传承和塑造的职责，发挥表率作用。教师语言是师生之间传播信息、表达感情、交流思想的重要媒介，是教学规范性、教育性和审美性的综合体现。在学生看来，教师是知识和智慧的化身，他的一言一行都是可以效仿的，因此，教师语言必须具有规范性。教师必须使用国家宪法规定的全国通用的普通话。教师的语言在遣词、造句方面不要有错误，尽量避免用词不当、语句不通、颠三倒四等语病。

教师语言的教育性要求语言本身要健康、文明、进步，禁粗俗、禁低级。这就要求教师无论在教育语言，还是在交际语言中都要对学生进行思想道德教育，即把德育渗透到全部语言实践中。教师的一言一行都会影响到学生德育的发展。

教师对学生的教育影响是多方面的，除了语言和行为外，教师外在形象的感染也是强烈的，教师的仪表举止也具有德育功能。

教师的外貌形象会给学生一个美好的形象，会使学生感到愉快，甚至可以提高教学效果。当然，教师容貌应保持自然本色，不宜牵强、不宜浓妆艳抹。教师的姿态要端庄，不能矫揉造作、轻率失常。

衣着在一般人看来是不足挂齿的小事，但对教师而言这不是小事。因为教师的一举一动都处于严格的监督之下，对于可塑性大、模仿性强的小学生来说，教师是他（她）直接模仿的对象。因此，教师的衣着打扮也要考虑到其对学生的影响，教师的仪表就应该做到：衣服合体，颜色和谐，美观，大方，朴素，整洁，教师的仪表要给学生留下有知识修养的印象。学生一眼看去，觉得你是一个可以信赖的、值得尊敬的师长。

教师的举止在教学过程中起着潜移默化的作用。"学高为师，身正为范。"教师要身正，在教育中显得尤为重要。其身不正，何以为师？教师是文明的使者，是人类灵魂的工程师，作为"授业解惑"之人，更应为人师表，以自己的高尚人格、模范行为来感染、影响并规范学生。教师也只有完善自身素质，才能让学生从高尚的人格魅力中汲取有益的营养。

著名教育家陶行知先生也曾说过："教师个人一举一动，一言一行，都要修养到不愧人师的地步。"

【实施建议】

第一，学校要统一思想，高度重视，切实加强工作指导，要与"师德建设"等工作紧密结合，把礼仪教育纳入工作议程，落实措施，每个阶段重点解决一个突出问题。做到人员到位、工作到位、责任到位、措施到位。

第二，学校结合实际，制定教师礼仪规范，使大家知礼、懂礼、明礼、用礼。要求全体教师按规范严格执行，学校要将礼仪教育作为师德建设的重要依据，纳入师德的考核和年度考核指标体系中。

第三，学校组织学习、培训号召全体教师内强素质，外塑形象，争做名师。学校要利用每周的业务学习时间组织全体教师学习礼仪知识，使教师从服饰、语言、行为上严格要求自己，做到服饰得体、整洁大方、语言文明、态度和蔼、行为举止为人师表，以实际行动构建和谐校园。

【案例推介】

崇文教师应当做好的 78 个工作细节（试行）①

为更好地融洽师生关系，激励学生学习的积极性；为了更好地践行新班级教育，将"教书育人、服务学生、促进发展"落到实处，在广大教师研讨的基础上，归纳梳理出"教师形象、教师沟通、班级管理、教学常规"四大类共78 条崇文教师应当做好的细节，具体内容如下。

教师形象(21 条)

一、言

(一)不大声训斥学生。

(二)主动问早、问好，给学生树立榜样。

(三)学生面前勤讲普通话，不说方言。

(四)教师间的交流要轻声，要尽量避开学生，不当着学生面对孩子、家长或同事评头论足，不讨论私事。

---

① 《杭州一城区推广"好老师"标准：不坐着上课，不长发披肩》，https://www.thepaper.cn/newsDetail_forward_2015152，2018-03-02。

（五）不在学生面前抱怨，向学生传递正能量。

二、型

（一）工作期间穿崇文校服，做到着装整洁、清爽，可根据不同季节，搭配围巾、胸针、领带、领结等饰品或崇文校徽，体现美感与气质。

（二）女教师不化浓妆，不涂颜色艳丽的指甲油，不长发披肩。

（三）男教师发不过耳，勤刮胡子。

三、行

（一）无特殊原因，教师不坐着给学生上课。

（二）学生出操集会时，教师之间不交头接耳。

（三）中午在学生餐厅就餐时，教师之间不说话，做好示范。

（四）及时整理自己的桌面，保持自己的工作台和抽屉干净整洁。

（五）不把自己的早餐等零食带进教室。

（六）校园里看到垃圾或掉落的物品都能及时捡起。

（七）在学生面前，不跷"二郎腿"。

（八）课堂上，不接听电话，不玩手机；会议时不使用手机等电子产品，专注倾听。

（九）爱护学生的书本、作业本，轻拿轻放，不乱丢。

（十）最后一个离开教室或休息室，主动关闭电源。

（十一）女教师穿高跟鞋走路，不发出比较大的声响。

（十二）放学带学生横穿马路时，如果马路上没有保安等人员指挥交通，教师要停留在横道线上指挥，待最后一名学生过马路，确保安全。

（十三）学校征求意见时，积极参与并提出合理化建议；学校活动时，积极参加志愿者行动。

教师沟通（23条）

一、师师沟通

（一）在学生面前，教师之间称呼要尊称如"某某老师"，不直呼名字或昵称。看到学生、同事、家长主动问好，给学生树立榜样作用。

（二）教师之间及时补位，班主任要在课堂上多表扬及感谢任教老师对班级的付出与关爱，树立各科教师在班级中的威信。

（三）教师交流时要相互尊重，教师之间有分歧和观点争论要回避学生，树立教师威信，维护教师形象。

（四）教师之间有不同意见，当面沟通，坦诚相见，不在背后和他人面前说不利于团结的话。

二、师生沟通

（一）与学生交谈时，不干其他无关的事情，如看电脑，用手机等。

（二）与学生交流时，请对方坐下，保持双方眼神位置以可以平视为宜，面带微笑，语言平和。

（三）请学生发言时，用手掌邀请，不用手指点；指导学生站立排队时，不拽着衣服走。

（四）对学生进行教育时，不用带有威胁、歧视性的话语，多用鼓励性的语句。

（五）表扬时，要想方设法让更多的人听到；批评时，最好只有"你"和被批评的学生两人知道。

（六）对学生所犯错误进行教育时，先要耐心听取学生的意见，让学生充分表达他的想法，不随意打断。批评要就事论事，不翻旧账。

（七）看到学生书桌掉落的物品，及时捡起整理，给学生无声的教育。

三、家校沟通

（一）和家长的沟通，方法要多样，《小海燕成长手册》、周反馈、阶段学情反馈、电话、面谈、家访等多种方式。沟通中要多一些表扬，少一些批评；先表扬再指出问题。

（二）需要家长参与班级活动时，要减少分配性指令，多调动家长积极性。

（三）增加个别化的语言沟通，避免过多的群发短信。

（四）发给家长的短信要设身处地多斟酌，不出现错别字，没有歧义或误解，多读几遍后再发出。

（五）非紧急事情，不在清晨和晚间休息时段（晚间9点以后）给家长发短信。

（六）非紧急事情，不让家长在上班期间给孩子送书、本子等学习用品。

（七）从家校沟通中获取的家长、学生信息，要为家长和学生保守秘密，保护隐私。

（八）与家长面对面交流时，要热情、亲切、专注、平等。

（九）放学后留学生补课或各项训练，需征得家长同意。

（十）向家长告知孩子的学习或行为的问题时，要给予一些方法的指导，体现教师的专业性。

（十一）如果学生未按时到校，第一时间和家长取得联系，了解原因；学生因病未能上学期间，及时慰问。

（十二）班级交接完毕后，不要再和原班级家长"经常联系""干涉原班级事务"，充分信任新班级教师。

班级管理（15条）

（十三）走进教室，给学生一个温暖的微笑。

（十四）每学期和每生有一次单独谈心。

（十五）不在学生面前乱发脾气，以平和的心态对待学生。

（十六）教室里做到办公桌面整洁，地面卫生，物品不凌乱。

（十七）对刚入学的学生，要耐心教会扫地、洗抹布、锁门、关窗、整理书包、整理抽屉等力所能及的劳动技能。

（十八）对刚入学的学生，教师要现场指导如厕、直饮水。

（十九）耐心教会学生一手拿勺子，一手托住餐盘，餐毕轻轻地用勺子把剩菜拨入桶内等用餐礼仪。

（二十）教室不设特殊学生座位，对学生一视同仁。

（二十一）教师要公平公正，让每一个家长和学生感受到教师的重视和关爱。

（二十二）多关注性格内向、不主动参与的孩子，积极为他们创造展示的机会。

（二十三）在颁章、颁奖时，注重仪式感，无论奖级高低，都要让获奖学生感受到荣誉和尊重。

（二十四）对班里比较闹的孩子，班主任要积极地帮助他们寻求健康积极的方式，如跑步、游戏的形式，设立为班级服务的岗位等。

（二十五）组织、指导家长开展亲子活动，提供亲子交流机会；每次组织活动之前要想清楚目标，不盲目，不应付。

（二十六）积极倡导班级开展假日小队活动，并在形式、内容上提供指导。

（二十七）经常给孩子推荐合适的课外阅读书籍，组织分享班级读书感受，指导阅读方法。

教学常规(19条)

一、课前准备

(一)提前2～5分钟到上课教室。

(二)到达教室后，检查学习环境和材料的准备情况。例如，场地有没有安全隐患、课桌椅的摆放是否符合教学要求、教室多媒体等要使用的设备是否已连接好。

(三)观察班级里同学的情绪，如体育课后，教师要帮助学生平复激动的情绪。

(四)关闭电脑中与上课无关的软件，如网页、视频播放软件等，不要在播放教学课件时弹出其他无关窗口，干扰正常教学使用屏幕。

(五)拉下与屏幕最近的窗帘，避免反光影响学生看屏幕的视线。

(六)课件的背景颜色要柔和一些；课件的字号要确保最后一排学生能看得清楚。

二、课堂教学

(一)给每个学生发言的机会。

(二)每一次板书，书写端正，让学生看得清楚。

(三)教师使用屏幕时要站在屏幕左侧，以免挡住学生视线。

(四)教师不倚靠在讲台上操作电脑课件。

(五)当学生发言时，教师面带微笑，注视学生，学生发言完，教师要说"请坐"。

(六)个别辅导时，教师要俯身或下蹲，声音要轻柔，以免影响其他同学。

(七)教师讲课和辅导时的行走路线不能只停留在一条线上，要能照顾到更多的学生。

(八)关注学生的写字、站立、听课姿势以及回答问题的礼仪。

(九)课堂中采用面批时，不要让学生排长队等候。

(十)下课不拖堂，微笑道别，注重礼节示范。

(十一)课后提醒孩子做好课前准备、上厕所或喝水等事宜。

三、批改反馈

(一)批改作业时把勾打得规范一些，少用叉，或把叉改成其他符号。

(二)综合学科的作业要及时反馈和评价，不能一做了事。

第36条　严格要求教师尊重学生人格，不讽刺、挖苦、歧视学生，不体罚或变相体罚学生，不收受学生或家长礼品，不从事有偿补课。

【要点解读】

尊重学生的人格，不仅是教师应具备的职业道德，而且是保证学生健康成长、获得良好教育效果的前提。尊重学生的人格要了解学生、充分信任学生，尊重学生的感情、学习成果，善待学生的错误，公平公正地对待学生，多赏识、表扬、鼓励学生，使学生获得全面健康的发展。

我国著名的教育家陶行知先生说过："真的教育是心心相印的活动，唯独从心里发出来的，才能打到心的深处。"从先生的话中，我们不难领会，离开了情感，一切教育都无从谈起。怎样才能使教育的过程成为师生情理互动的愉快过程，促进学生健康成长，进而收到良好的育人效果呢？几年的实践告诉我们最重要的一条原则——尊重学生人格，这是教育成功的一把钥匙。

教师的责任是善于发现学生身上的闪光点，诱导他们用积极的东西克制消极的东西，给予不同的表扬和鼓励，减少批评和叹息，使学生的自尊得以强化。即使学生犯了错误，也不伤害其自尊心，这是教师教育智慧的体现。教师注意保护学生的自尊，尊重学生的自尊，实际给予学生的是成功的自信。

自尊心人皆有之，渴望得到尊重是人们的内在要求。尊重学生，不仅是教师应具备的职业道德，而且是保证学生健康成长获得良好教育效果的前提。

尊重学生是学生接受教育的心理基础。尊重学生是教育学生的开始。尊重学生、关心学生、亲近学生，确保他们享受到各项基本权利，不轻视他们，不藐视他们，更不歧视他们，尊重他们的人格，做他们的知心朋友，他们就会尊重老师，就会相信老师，就会听老师的话，就会按老师的要求做。这样，学生也就有了接受教育的心理基础。

【实施建议】

第一，学校要加强师德教育，组织教师学习有关教育法律法规知识，让每一位教职工明白——作为一位人民教师应该努力做好什么，不能做什么，违反了教育法律法规应受到什么样的惩罚，而且每位教师都要有学习笔记，有心得体会材料。每年暑期组织一次师德培训，组织教师学习师德规范、时事政治、师德先进典型事迹，结合教师的工作和思想实际，开展师德讨论，提高师德修养的自觉性。

第二，每学期放假前，学校集中对全校教职工师德师风进行评议，通过教师自我总结和对日常工作情况剖析，查找学校师德师风管理和教师遵守师德风规范等方面的不足，制订整改措施，督促落实，提高教师的师德师风水平。

第三，学校大力推进廉政文化进校园活动，增强广大教师廉洁从教的意识，自觉按照清正廉洁的要求去做。

第四，学校要加强对教师从事有偿家教的监督，加强教学管理，监督教师按教学计划完成教学任务情况，保证正常教学进度，争取家长配合，定期向学生、家长了解教师教学情况。

【案例推介】

黑龙江省纪委下发通知 严查中小学教师违规收受礼品礼金和有偿补课[①]

通知要求各级纪检监察机关和教育部门严肃查处中小学教师违规收受礼品礼金和有偿补课问题。

通知指出，尊师重教是中华民族的传统美德，师德师风关乎青少年的健康成长。但一个时期以来，一些教师违背职业操守，违规收受学生及家长礼品礼金，有偿补课等行为屡禁不止，严重损毁教师教书育人、为人师表的形象，败坏了社会风气，引起群众强烈不满。为遏制和解决这些顽疾，营造风清气正的育人环境，各级纪检监察机关和教育部门要切实履行职责，严肃查处3个方面10类问题。

在违规收受礼品礼金方面，严肃查处四类问题。以任何方式接受或索要学生及家长赠送的礼品礼金、有价证券和支付凭证，包括通过银行转账或微信红包等新的手段收取好处，特别是借分班、调座等机会收受财物问题；让学生及家长支付或报销应由教师个人或亲属承担的费用等问题；参加由学生及家长安排的旅游、健身等各类消费活动问题；通过向学生推销图书、报刊、

---

① 王萌：《黑龙江省纪委下发通知 严查中小学教师违规收受礼品礼金和有偿补课》，https：//heilongjiang.dbw.cn/system/2017/08/29/057761651.shtml，2018-05-20。

生活用品、社会保险等商业服务收取好处的问题。

在有偿补课方面，严肃查处 3 类问题：中小学教师组织、推荐和诱导学生参加各类有偿补课等问题；中小学教师为校外培训机构和他人介绍生源、提供相关信息收取好处或为补习机构上课并收取费用等问题；中小学教师在课堂上不完成教学任务、课后办班并收费以及打击报复不参与有偿补课学生等严重违纪、败坏师德的问题。

在乱办班、乱收费方面，严肃查处 3 类问题：中小学校利用公共教育资源或与校外培训机构联合办班并收费以及不具备资质的"黑补课班"问题；中小学校和教师违背自愿原则以及在评议公告范围之外强制订购教辅材料等问题；中小学校各类违规服务性收费和代收费等问题。

第 37 条 健全教师管理制度，完善教师岗位设置、职称评聘、考核评价和待遇保障机制。落实班主任工作量计算、津贴等待遇。保障教师合法权益，激发教师的积极性和创造性。

【要点解读】

教师管理制度是教师队伍建设的重要环节和制度保障，是提高教师队伍整体水平、维护学校正常教学秩序、提高教育教学质量、促进学生健康发展的必要前提。

教师职称承载的是教师教育教学的能力，反映的是教师教育教学的业绩。2015 年 7 月出台的《关于深化中小学教师职称制度改革的指导意见》明确指出"随着中小学人事制度改革的深入推进、素质教育的全面实施和教师队伍结构的不断优化，现行的中小学教师职称制度存在着等级设置不够合理、评价标准不够科学、评价机制不够完善、与事业单位岗位聘用制度不够衔接等问题"，要逐步进行解决。

《关于实行专业技术职务聘任制度的规定》《中小学教师职务试行条例》《关于深化中小学教师职称制度改革的指导意见》中对各岗位教师的任职条件都给出了明确的规定，实现中小学职称评审制度与岗位聘用制度的有效衔接。

班主任队伍是中小学日常思想道德教育和学生管理工作的主要实施者，是实现立德树人目标的关键。为鼓励优秀骨干教师积极主动承担班主任工作，我国 1979 年建立了班主任津贴制度。但是，此津贴制度已经严重滞后，不利于班主任队伍建设。现行津贴标准已 39 年未更新，与班主任的实际工作量不相匹配。班主任工作边界模糊，工作量大，尤其是安全责任巨大。班主任是学校管理体系的基层工作者，归口执行学校对班级的德育、教学、安全、文化、宣传、卫生等各项工作要求，工作边界模糊，工作量大。多数班主任在满课时工作量的基础上，"兼职"担任班主任，工作负担繁重。尤其是实践中班主任成为学生安全责任的承担者，在学生安全事故中，班主任教师往往难辞其咎。班主任工作任务重，安全责任过重，物质待遇低，这导致了教师从事班主任工作的意愿很低。

保障教师合法权益首先要保障《中华人民共和国教师法》规定的教师权利。《中华人民共和国教师法》规定教师享有六大权利：一是进行教育教学活动，开展教育教学改革和实验；二是从事科学研究、学术交流，参加专业的学术团体，在学术活动中充分发表意见；三是指导学生的学习和发展，评定学生的品行和学业成绩；四是按时获取工资报酬，享受国家规定的福利待遇以及寒暑假的带薪休假；五是对学校教育教学、管理工作和教育行政部门的工作提出意见和建议，通过教职工代表大会（以下简称教代会）或者其他形式，参与学校的民主管理；六是参加进修或者其他方式的培训。

教师考核评价工作是学校管理工作的重要环节。教师考核评价的方式包括领导评价、同事评价、教研组长评价、学生评教、家长评教和教师自评等。无论哪方面评价，都要对具体的操作内容和程序进行细化和科学化，以确保评价结果的公正客观。

学校管理的核心是人的管理，学校管理能否调动教师的积极性和主动性是学校领导管理成败的关键。学校进行教育改革，推进素质教育，主要靠教师的积极性，靠调动教师内部的动力。学校领导必须认识到教师在学校工作中的主体地位。教师只有以健康、幸福的心态从事工作，才能把健康、幸福的心态传递给学生，才能真正尽到教书育人的神圣职责。因此，在当今教育工作环境并不完全尽如人意的情况下，调动教师的积极性、激发教师的创造性、最大限度地发挥教师的潜能，是学校管理者必须正视和要努力解决的问题。

【实施建议】

第一，学校要进一步完善中小学岗位聘用管理办法，在科学设岗的基础上，按照竞聘上岗的有关规定择优聘用人员，订立聘用合同，合同期限一般为3年。聘用合同应包括聘用岗位、岗位职责、合同期限、工资福利、工作纪律、考核标准、违约责任等基本内容。

第二，学校要树立以师为本的管理理念。学校的发展需要教师的支持，树立师本理念，实行民主管理，营造"我们一起干"的氛围，高度重视和关注教师的学习、工作和生活，创造学习机会，改善工作条件和生活环境，为他们排忧解难，为他们提神鼓劲。学校领导要视教师如亲人，工作中是同事，生活上是朋友，通过情感的沟通交流，形成一种工作上互相支持、生活中互相关心的生动和谐局面。例如，每逢教师喜庆之日，学校主动上门祝贺；教师有困难，学校主动帮助解难。一束鲜花、一条短信、一句问候，都倾注着学校对教师的一片真心和爱意。

第三，学校应当根据本单位实际，广泛征求教师意见，制定可量化、可操作的考核标准，全面考核教师的工作表现。考核分为平时考核、年度考核和聘期考核，考核结果作为岗位聘用、职称评审、绩效工资分配以及续订聘用合同的主要依据，逐步形成竞争择优、能上能下的岗位动态聘用机制。

第四，学校要进一步加强政策宣传，切实转变广大教师的思想观念，努力形成能者上、庸者下的用人机制和激励先进、鞭策后进的良好氛围。努力做到制度管人、环境育人、以诚待人，凝聚民心，形成合力，进一步提高教育教学质量，促进教育事业全面快速均衡发展。

【案例推介】

安徽省：创新中小学教师管理制度①

【具体措施】

一、教师"无校籍管理"

在诸多改革方案中，教师"无校籍管理"的推行尤其令人关注，根据方案，教师将不再仅属于某一所学校，而是区域共享资源。由县级教育行政主管部

---

① 《安徽省：创新中小学教师管理制度》，http：//www.sohu.com/a/121343364_100974，2018-05-20。

门在编制内统筹管理，由学校根据需要按期聘用，动态调整，合理流动。这也意味着，教师将从"学校人"变成"系统人"。

二、教师资格编制改革

按照"省考、县管、校用"的原则，新任中小学教师实行全省统一公开招聘考试，同时对中小学、幼儿园教师资格实行五年一周期注册，打破教师资格终身制。逐步实行城乡统一的中小学教职工编制标准，按照生师比或生师比与班师比相结合的方式核定农村中小学校教职工编制，对农村寄宿制学校、村小和教学点实施师资特殊配备政策。

三、加强农村薄弱学校教师队伍的建设

在方案中，安徽省明确建立县域内教师轮岗交流机制，每年义务教育阶段教师交流人数占教师总数的比例不低于10%。推进城区学校间、农村学区学校间的教师定期交流，实行县域内城镇教师到农村学校任教服务期制度，引导、鼓励优秀教师到乡村薄弱学校或教学点工作。

四、完善农村学校教师绩效工资制度

完善农村学校教师绩效工资制度，强化绩效考核，发挥好绩效工资的激励作用。对长期在农村基层和艰苦地区工作的教师，特别是村小和教学点教师，适当增加绩效工资总额，增量部分用于发放其生活补贴。

【实施效果】

这种改革有利于在编制和岗位限额内及时补足配齐教师。教育、机构编制主管部门对县域内中小学教职工编制实施余缺调剂，对于整个农村教师师资的补充与完善均具有积极作用。

【制度创新】

加强教师队伍建设举措贵在创新，重在落实。安徽省在三个方面下了功夫。一是细化政策，制定农村教师队伍建设、幼儿园教师队伍建设、中小学新任教师招聘省级统一考试等配套文件。二是推进改革，全面实施中小学教师资格考试改革，积极稳妥地推行县域内中小学教师"无校籍管理"，逐步建立中小学教师"省考、县管、校用"制度。三是加强保障，新增财政教育经费把教师队伍建设作为投入重点之一，切实保障教师培养培训、工资待遇等方面的投入等。一系列的创新对于农村教师队伍建设起到了积极作用。

第38条　关心教师生活状况和身心健康，做好教师后勤服务，丰富教师精神文化生活，减缓教师工作压力，定期安排教师体检。

【要点解读】

学校的生命力在于教育质量，提高质量的关键在于教师。一名教师不仅要具有先进的教育理念、扎实的专业知识，而且要有健康的身心素质。现实中，很多教师的身体状况并不乐观。慢性咽炎、颈椎病等职业病，心脑血管病、恶性肿瘤等都在威胁着教师的健康。据有关部门抽样检测表明，教师中普遍存在不同程度的心理问题，只不过由于受传统封闭的、自我保护意识的影响，他们普遍认为，承认自己心理有问题是件难以启齿且很不光彩的事情，甚至有人还认为如果教师真的有心理健康问题岂不有损于人民教师的形象，并因此讳言，但事实上，教师心理健康欠佳这一问题已是毋庸回避之事。因此，改善教师身心素质，提高教师心理承受能力和健康水平，已是当务之急。

教师精神文化，是学校教师共同的价值体系与行为规范的综合体，是内存于教师内心深处的理想信念、思想观念、情感态度、人生价值观，以及外显于行为方式中的不计得失、不甘落后、爱生如子、依法执教、敬业奉献的基本精神的总和，是当今学校精神文化的核心内容。构建积极向上的教师精神文化，是提升学校综合办学水平的重要保证。教师的精神文化，直接反映出一所学校教师的综合素质和学校对外的整体形象。

【实施建议】

第一，学校应建立合理的评价方式和科学的评价标准，多角度全方位地对教师的创造性劳动做出综合评价，不要使应试分数束缚教师的手脚、消磨教师的热情。

第二，学校要协调好校内各项工作，并对上级各部门布置的任务进行整合，努力减少教师在事务性工作上所花的精力。要多为教师提供学习的机会和展示才能的舞台，鼓励教师大胆工作、开拓创新，提高教师的心理满意度，调动教师的工作积极性。

第三，学校领导要树立为教师的身体健康服务的意识，思想上重视，行动上落实。学校应多为教师提供闲暇的机会，做到时间保证、经费落实，使教师放松心情、调节情绪、恢复体力、增强凝聚力。工会要多为教师提供身体保健类知识培训，提高教师的自我保健和锻炼意识；有条件的学校要设立教师健身房，供教师在课余时间进行锻炼，要经常性地组织教师开展健康有益的集体活动，为教师提供锻炼的机会，还应认真做好教师的休养工作。

第四，营造宽松的医疗环境，健全教师健康检查制度。有关部门应明确规定体检时间与体检经费如何落实，以健全一年一度的教师健康检查制度。医院要为教师建立健康数据库，实行长期的跟踪体检、定期疗养，为他们构筑一道健康屏障。

第五，教师要提高自己的健康意识。就教师自身而言，应当保重自己的身体，养成有规律的生活习惯，要学习心理保健和预防心理疾病的知识，采取适当手段进行自我调节和控制，保持良好的心境，形成良好的心理素质。教师应该主动扩展自己的生活空间，广泛接触社会。教师应积极为自身健康努力，提高身心健康水平，增强锻炼和自我保健意识。

【案例推介】

怎样维护教师心理健康①

重庆南开中学是全国首批心理健康教育特色学校，学校在维护教师心理健康、促进教师健康成长方面主要做了以下尝试。

一、"微培训"提升心理素质

心理培训采用萃取原则：少量多次，每月一次，每次短至40分钟。话题切口小，内容浓缩，以教师自身存在的心理问题或班级管理、课堂教学、师生关系方面存在的心理需求为主。例如，怎样陪伴有抑郁情绪的学生？学生大考前，身为教师的我很焦虑，怎么办？面对屡次故意违纪的学生如何调节生气的情绪……让教师们学会科学地助己助人。培训的形式有讲座式和参与体验式，由学校的专职心理教师运用团体辅导的理论和方法进行。教师们都很喜欢这种"微培训"，说是既能帮助他们宣泄情绪，还能解决实际问题，能够切切实实地感觉到心理服务就在身边。

---

① 田祥平、薛玲玲：《怎样维护教师心理健康》，载《中国教育报》，2014-09-14。

二、教师沙龙促进同伴互助

教师经常面临工作节奏快、生活负担重、学生难管等问题，每个教师在人生的不同阶段都不同程度地承受着来自社会、教学、升学、人际关系以及自身家庭的压力。适当调节释放压力，可以减缓职业倦怠，提高工作效率，改善师生关系以及促进教师的身心健康。我校通过定期举办教师沙龙，帮助教师宣泄紧张情绪，保持轻松愉悦的心情，获得身体精神上的充分放松。每一期的沙龙有专业人士的引领，有同事之间高质量的思维碰撞。

三、心理档案助力动态观察

学校心理辅导室每周三下午面向全体教职员工及其家属开放，提供入职适应、亲子沟通、人际交往、情绪调节和生涯规划等方面的辅导，并为每一位被辅导教师建立心理健康档案，持续关注其成长状况。对于遭遇危机事件的教师，学校第一时间安排专业人员陪伴，帮助其疏导情绪，直到教师情绪平稳。后续定期提供心理关怀直到教师完全康复。对于个别有心理问题的教师，学校及时安排专业的心理辅导教师为其做心理辅导工作。

四、人文关怀滋养教师心田

新教师入职之初，便会在校级领导的陪伴下用脚步丈量校园，熟悉环境，学习校史，增强归属感。我校指导教师制度第一条就要求指导教师关注新教师的职业适应和心理健康状况。

我校通过培养教师的职业幸福感、帮助教师进行职业发展规划两个方面的努力，关爱教师心理健康，促进教师专业发展。如校长、优秀班主任组成"讲师团"与年轻班主任分享工作经验，用亲身经历告诉他们如何平衡"现实与理想、兴趣与工作、压力与责任"之间的矛盾，如何在生活中保持激情，保持趣味。

学校正在探索充分整合学校的艺术教育资源，把师生的心理健康教育与学校美育相结合，让学生和教师在歌唱、剪纸、陶艺、扎染、瑜伽等艺术活动中，释放自己、调节压力、陶冶情操、共同成长。

第二节　提高教师教育能力

教师教育教学能力指教师从事教学活动、完成教学任务、指导学生学习所需要的各种能力和素质的总和。同时，它也是由教师从事教育教学工作所需的知识、技能构成的一种职业素质。具有较强的教育教学能力是对教师胜任工作的基本要求，教育教学能力的高低直接影响到教学的效果以及学生知识技能的掌握、运用和创新思维的培养。

提高教师教育教学能力是教师管理的永恒主题。教师教育教学能力的提升是一个系统化的工程，从本质上讲，提高教师的教育能力是加强教师队伍专业化建设的核心。

第39条　组织教师认真学习课程标准，熟练掌握学科教学的基本要求。

【要点解读】

课程标准是规定某一学科的课程性质、课程目标、内容目标、实施建议的教学指导性文件。课程标准与教学大纲相比，在课程的基本理念、课程目标、课程实施建议等几部分的阐述更详细、明确，特别是课程标准提出了面向全体学生的学习基本要求。

教师在教学工作中要努力学习新课程标准，熟练掌握新课程标准中对学科教学所提出的具体要求。如果教师不知道课程标准，那么教学就会不知道教到什么程度。有时教师教得过浅，考试时学生不会做题了；有时教师教得过深，或提前教了，就增加了学生的学习负担，且效果也不好；如果授课教师是出卷教师，那么就易超纲，达不到检测效果。所以，只有学透了课程标准，教师才能做到心中有目标，教学有方向，才能在教学中明确每一章、每一节课要教给学生哪些知识，才能在授课前把这些知识进行整理与融合，达到知识的融会贯通。

【实施建议】

第一，学校组织全体教师认真研读课程标准，高度认识学习新课程标准的重要意义，使教师充分认识到新课标是教学的航标，是教学的指南针，只有掌握新课标，教学才有针对性，才不会偏离方向。

第二，学校要有针对性地安排新课标的专题讨论，针对新课标的热点让教师展开讨论，鼓励各抒己见，提倡学术争鸣。

第三，备课组在进行集体备课时要对照新课标，探讨各章节、各单元在新课标中的要求，探讨如何落实新课标的要求、理念。

第四，学校应将课程标准学习与课堂实践结合起来。通过校本教研、学科教研或教学观摩活动，借助课例研究和专题研讨，学校应不断引导教师关注课程标准、研究课程标准，从而加深教师对课程标准思想的领悟，以便熟练掌握学科教学的基本任务和根本要求。

【案例推介】

"研读课标，把握教材，提升教学质量"教学研讨活动①

青岛宁安路小学为进一步提升学校的教育质量，提升教师队伍的整体素质和学生的综合素质，加强教师团队合作探究，语文、数学、英语学科于2017年9月20日下午举行"研读课标，把握教材，提升教学质量"教学研讨活动。

各年段的语文教师根据教研要求，就"课程标准中对本年级教学的目标要求"进行学习、分析，明确课标对学生语文学习能力、习惯的训练培养标准，并一起讨论交流了年级组本学期的教学训练重点、学生习惯培养点及教学中促进学生核心素养提升的主要策略等。根据本年段孩子的特点，老师们分享经验，提出许多好的教学策略，如一年级的"重儿歌教学，抓趣味识字"教学策略、二年级的"多次认读，化生为熟，逐步强化"识字教学策略、三年级的"重课外阅读，仿写指导促写作能力提升"教学策略、四年级的"广泛阅读法"教学策略、五年级的"依托实践活动，深化阅读体验"教学策略、六年级的"单元系统研学法"教学策略，使年段教师统一了本学期语文教学重点，大家集思广益、共享共通、团结协作，为本学期的语文教学，为提升学生的语文素养做好准备，让孩子们在宁安一步一个脚印，踏实前行。

数学学科一至三年级学段的全体教师在研读课标的过程中，针对学生的年龄和认知特点，主要从以下几方面培养：①经历产品能够在日常生活中抽象出数的过程，理解、会用生活中常见的量，经历从实际物体中抽象出简单几何和平面图形的过程；②会独立思考问题的能力，数学语言表达能力，逻辑思维思考能力和数学眼光观察能力；③注重思维的培养和训练，重视认知过程的教学，鼓励多角度思考解决问题和质疑问难。同时对于低年级要扎实

---

① 《"研读课标，把握教材，提升教学质量"教学研讨活动》，http：//www.sohu.com/a/193847753_349507，2018-05-20。

地进行习惯的养成。四至六年级的数学教师在研读课标的过程中，主要把握以下方面：①经历从现实生活中抽象出数及简单数量关系的过程，掌握必要的运算技能并应用方法解决数学问题；②探索物体与图形的形状、大小、运动和位置关系的过程，了解简单几何体和平面图形的基本特征，掌握识图、作图等技能；③掌握一些数据处理技能，经历收集、整理、描述和分析数据的过程；④在综合应用中，能运用学过的知识解决实际问题；在实践活动中，初步了解分析研究问题的步骤和方法。同时，高年级要求学生有预习、有反思地去学，学会学习。

英语组教师首先就各年级的课程目标进行了交流，然后针对各年级课程目标，结合听说读写交流了有效的课堂教学活动。引导低年级学生进行自我介绍，训练学生敢于表达自己的能力；训练中高年级学生独立表演故事、对话的能力，并针对不同学段进行阅读语篇的训练。最后进一步讨论了如何更有效地设计课堂教学活动从而提升英语核心素养。

通过新课标的研读，全体语、数、英教师能根据教材的重难点更好地进行教学，提升学生的整体素养，提高教学成绩。

第 40 条　针对教学过程中的实际问题开展校本教研，定期开展集体备课、听课、说课、评课等活动，提高教师专业水平和教学能力。

【要点解读】

校本教研，就是为了改进学校的教育教学，提高学校的教育教学质量，从学校的实际出发，依托学校自身的资源优势和特色进行的教育教学研究。集体备课、听评课是教师教科研的主要形式之一，是学校常规教学工作落实的重要一环，对提高教学质量，对教师的专业化发展有重要意义。集体备课、说课、听课、评课是全面提升专业素养的一种有效的校本教研形式。

集体备课是教师之间实现教学资源共享，教法、学法共享，彼此取长补短，提高劳动效率，提升教学能力的一种重要措施。一般而言，集体备课的基本程序为：个人初备—集体研讨—修正教案—课后交流、反思。基本流程为确立课题—组内讨论—确定主备（讲）人（形成初案）—集体研讨（形成共案）—个性化设计（形成个案）—教学实践（跟踪）—课后交流、反思—二次备课—资料保存。

说课就是教师备课之后、讲课之前（或者在讲课之后）把教材、教法、学法、授课程序等方面的思路、教学设计、板书设计及其依据面对面地对同行（同学科教师）或其他听众做全面讲述的一项教研活动或交流活动。

听、评课制度是我国教研活动的一项传统制度。教师听课、评课可以加强对课堂的监督和检查，减少上课的随意性。学校鼓励和要求教师听课、评课，有利于教师之间互相学习、互相了解、沟通交流、共同提高。

评课主要关注七个方面。一是教学目标是否明确具体；二是教学内容是否科学准确；三是教学原则、教学方法和教学手段是否合适；四是教学重点、难点是否突出；五是教态、教学语言、板书是否规范；六是课堂教学管理是否规范严谨；七是教学效果如何等方面。

【实施建议】

第一，学校每学期要制订详细的教研活动计划，以教研组为单位，开展集体备课，确定研究专题，从备课环节加强合作，针对教学中的问题，提出改进策略。

第二，参与集体备课、听课、评课讨论时，每位教师必须端正态度，严肃认真，要充分发表个人见解，集思广益，勇于开拓创新。

第三，学校可以组织不同类别的公开课（如骨干教师示范课 、青年教师展示课、评优课、汇报课等），组织教研组、年级组教师观摩研讨。

第四，学校为教师购置不同版本的教材，教师以教研组为单位，对各种版本的教材进行比较研究，为教师优化教学提供文本资源。

第五，学校定期开展因材施教的专题研究，运用多种途径和科学方法了解学生，引领教师树立正确的学生观。

【案例推介】

校本教研十四法①

一、读书学习法

读书是教师专业成长最方便、最快捷、最有效的手段。读书对教师来说

---

① 陆雄：《〈校本教研十四法〉学习心得》，http：//blog. sina. com. cn/s/blog _ 9d834-eee01017mmy. html，2018-05-20。

具有特殊意义。书籍是教师创新的源泉，书籍是学校中的学校。读书让教师超凡脱俗，读书让"经师"成为"人师"，读书让"庸师"成为"高师"。在新课程背景下，教师要重点读好以下几类书。

（一）读好教育报刊——及时了解教育同行在思考什么、研究什么。

（二）读教育经典——以史为鉴，反思自我，不断创新。

（三）读专业书——跳出课本和教参的小天地，成为专业的行家里手。

（四）读中小学生的书——细心品读，走进学生的心灵。

（五）读人文书——开阔视野，丰富自我，使自己成为真正意义上的文化人。

（六）读"无字"之书——广泛采集课程资源，做创新型教师。

二、一人同课多轮法

一人同课多轮法就是让同一教师连续多次上同一课，内容重复，但教学方法、教学行为却不断改进，不断完善。具体程序如下。

（一）选定上课教师（特别是青年教师），由其独立钻研教材，独立备课、上课。

（二）教研组听课，针对课堂教学出现的问题进行分析、讨论、研讨。

（三）上课教师在大家研讨的基础上，吸取百家之长，形成新的教学方案，第二次上课。

（四）上课教师与教研组成员再次研讨、评课，指出进步的方面，分析存在的问题。

（五）上课教师再次修改教学方案，第三次上课。如此循环。

实践证明，一人同课多轮法对培养青年教师，提高他们的教育教学水平，帮助他们解决教学中的问题，效果明显。

三、多人同课循环法

多人同课循环就是教研组的教师同上一节课，内容一样，但教师不一样。具体程序如下。

（一）教师独立钻研教材，独立备课。

（二）第一个教师上课，其他教师评课。

（三）第二个教师针对第一个教师在课堂上存在问题改进的基础上进行第二次课。

（四）第三个教师针对第二个教师的问题进行改进，上第三次课，如此循环。

每次上课都是在教研组同伴共同参与、共同分析、研讨、反思的基础上进行的。上课的过程就是不断改进的过程、不断进步的过程。多人同课循环法的优点在于它能够让教师切实感受到课例研究、同伴互助的意义和魅力，能够激发教师对课堂教学境界的不断追求。

四、同课异构法

教师专业知识有高低，经验经历不同，人生阅历不同，对同一内容的课，各个教师有不同的理解，不同的构思，不同的教法。一句话，教师之间有差异，差异就是很好的资源。大家可以在比较中互相学习，共同提高教育教学水平。同课异构法的步骤是：

（一）教研组共同确定相同的教学题目；

（二）由多个教师分别备课；

（三）教师上课，教研组集体听课、评课。

同课异构法的好处在于教师可以在开放、多元的教学研究活动中，学习、借鉴他人的经验和做法，有利于形成自己的教学特色和风格。

五、自我反思法

一名美国学者说："反思是教师成长的翅膀。"教师只有不断反思，才能实现由经验型向学者型转变。促使自己进行教学反思的方法很多：

（一）写教学后记；

（二）做课后小结；

（三）搞课后专题研究；

（四）课后向学生征求意见，与学生座谈；

（五）用摄像机、录音机录下自己的一节课，课后反复"推敲"；

（六）写教学日记；

（七）同行共同研讨。

无论哪一种方法，教师既要总结成功的经验，又要找失败的原因；既要记教学活动，又要记学生的学习情况；既要记自己的体会和感想，又要构想下一次的教学。课后反思，虽然看起来点点滴滴，零零碎碎，但它来自自己的教学实践，出自自己深刻的思考，是教师真切的感受，非常珍贵。只要有毅力，有恒心——教育教学研究及时、长期地坚持下去，日积月累，定能增强教学能力，提高教育教学质量，不断完善自我，最终成为一名优秀的教师。

六、主题研讨法

主题研讨法是指从工作实际中筛选出教师最关心的或最困惑的教育教学问题，并组织教师进行专题研讨，从而达到解决教育教学疑难问题，提升教师专业水平的目的。一般程序如下。

（一）征集、筛选问题。如何研究均始于问题，没有问题就谈不上研究。要通过多渠道征集问题。征集的问题必须是教师最关注和困惑的教育教学的热点问题、重点问题、难点问题，必须具有典型性和代表性，同时一定是教师最感兴趣的问题。

（二）主题研讨的准备。一是参加研讨的人员构成，要考虑研讨的范围、主题的内容及学校的具体情况，参加人员要有代表性；二是参加研讨的人员一旦确定，要让与会人员围绕主题学习有关理论，参阅有关资料，写成发言提纲；三是要选好主持人。

（三）召开研讨会。研讨会要做到主题突出，切忌话题散乱；要做到联系实际，切忌空谈理论；要逐步深入，切忌就事论事；要营造氛围，激发研讨欲望。

（四）总结交流。研讨会后，要及时进行归纳提炼，形成文字材料，分发有关人员，以达到点上研讨、面上收益、成果共享的目的。

七、学术沙龙法

英国作家萧伯纳说："你有一个苹果，我有一个苹果，彼此交换还是一个苹果；你有一个思想，我有一个思想，彼此交换就是两个，甚至是两个以上的思想。"作为校本教研的学术沙龙是指学校可以根据教师的兴趣爱好和工作需要，定期或不定期举行各种形式的读书报告会、教育教学经验交流会、研讨会。其目的是给教师创造一个相互交流的机会，共享教育教学的经验和成果。学术沙龙可由学校组织，也可由教师自发组织，可以是同一学科的教师交流，也可以是跨学科的教师交流。

学术沙龙的基本程序是：①确定学术沙龙的研讨主题，明确活动的重点；②沙龙的准备工作（包括发言人、主持人、地点、时间、形式等）；③会议召开，力求实效，给教师带来实惠；④做好会后的总结与拓展，使其在更大的范围内得以宣传和交流。

八、专家引领法

虽然说校本教研是以学校教师为主体开展的，是围绕"本校"的实际和问题进行的研究，但它不仅仅依靠本校的力量，还需有关专业研究人员的参与和引领。专家引领的实质是理论对实践的指导，是理论与实践之间的对话，是理论与实践关系的重新构建。可以说，只有教育教学方面的专家的参与和引领才是校本教研向深入开展的保障。专家引领的形式有以下五种。

（一）学术专题报告。

（二）理论学习辅导讲座。

（三）教学现场指导。

（四）教育教学专业咨询。

（五）教师座谈。

九、案例研究法——教育教学叙事研究

所谓案例，就是事件，是对一个实际情景的描述。教育案例，就是对教育教学实际中发生的一个有疑难情境或某些决策行为的真实描述。它通过一个引人入胜的故事，向教师提供具体的背景、人物、场合、事件和结果。

一个好的案例往往代表一类典型事件，蕴含着深刻的教育理念和教育教学技能，有利于教师分析和反思。内容上教育案例可以是学生学习中的有趣故事，可以是教育教学中遇到的突发事件，可以是师生交往中的经历，也可以是教师、学生成长的经历。案例的采集和写作过程不仅仅是记录自己的教育教学经历，还可以使教师更为深刻地认识自己在工作中的重点和难点，促进教师对自身行为的反思，提升教育教学专业水平。同时，案例交流为教师之间分享教育教学经验、加强沟通提供了一种有效的方式。

十、课题研究引领法

开展课题研究，一要坚持校本研究为主，紧紧围绕教育教学中的实际问题展开，要善于将教育教学的问题转化为课题；二要坚持微观研究为主，力争小题大做，切忌小题大做；三要应用研究为主教师要不断从备课中、从教学中、从学习研究中发现问题，认真思考研究这些问题，从中确定自己的研究课题，这样课题与本职工作结合起来，干什么，研究什么，相互促进；四要坚持行动研究为主的方法。

课题可以由教师个人独立完成，也可以以教研组和由几个教师组成课题小组。课题研究的最终目的是提高教师素质，促进教师专业成长，从而提高教育教学成绩。课题研究的主要程序如下：

（一）确定研究课题；

（二）设计研究方案；

（三）开展研究；

（四）总结研究成果；

（五）开发应用研究成果。

十一、研训一体化

从宏观上讲，研训一体化学习发展方式是指广大中小学教师在教育教学实践过程中把对学科知识和教育理论的学习与教育教学研究紧密结合在一起，进而提高职业岗位能力的基本方式，也就是教育教学实践、培训进修提高、教育教学研究三结合的教师学习发展方式。

从微观上讲，研训一体化可以理解为将专家（或教学骨干）引领讲座培训与集体研讨相结合的教研形式。

十二、磨课研究

一是备课活动中的磨课研究。以备课组为单位，在选择课题—确定方案—研磨修改—定型操作中进行教学行为的自我培训，教师通过撰写微格教案、一案多磨、多案筛选等活动，改进自己的教学行为。二是教学电视实录研究。教师借助教学录像开展"自省""内参""交流"或"展示"活动，自我研究或观摩教学精彩画面，然后自我规范教学行为。三是案例研究。开展全校性案例撰写活动，通过专家指导、范例引路、帮助修改、对话交流，引导教师修改案例；要求教师运用自主教育或探究性教学的理念剖析、评点，在案例成稿的过程中实现自我实践培训。四是撰写教学后记。教师将课堂教学中最满意、最遗憾、最意外的点写下来，并做简要分析。

教学后记的写作过程是课堂教学行为的自我反思过程。对不同年龄段的青年教师提出不同的要求，公开课、研究课、展示课的执教老师必须写好教学后记，教师在备课—上课—反思的过程中自我提升，达到了教师自我规范教学行为的实践培训目的。

十三、三课两反思

"三课两反思"流程如下：教师先独立备课，然后在集体备课会上说课（一课）；同组教师提出改进意见后，备课教师进行反思，二次备课（一反思）；二次备课后，教师上课（两课），课后由听课教师提出意见，教师进行第二次反思（两反思），再备课；经过两课两反思之后，教师在异班（带单班的教师可两两结合）上同节内容的课（三课）。

十四、无边界研讨

无边界研讨即针对教学问题进行的不分时间、不定地点的教学相关人员之间的即兴聊天、即时交流。无边界研讨是学校最常见、最便捷、最常态化的校本教研方式。

第 41 条　落实《中小学班主任工作规定》，制订班主任队伍培训计划，定期组织班主任学习、交流、培训和基本功比赛，提高班主任组织管理和教育能力。

【要点解读】

中小学班主任工作是一项复杂、细致，需要付出爱心、耐心和责任心，对学生健康成长起着重要作用的工作。它要求班主任教师具有良好的思想道德品质、较高的教育理论素养和专业知识水平，身心健康、富有人格魅力，善于做思想教育工作。班主任教师要适应新时期教育工作中出现的变化，及时改进班主任工作，在学校育人工作中发挥更大的作用。

为了进一步加强中小学班主任工作，发挥班主任在中小学教育中的重要作用，保障班主任的合法权益，全面推进素质教育，教育部于 2009 年 8 月印发《中小学班主任工作规定》，明确了班主任的配备与选聘、职责与任务、待遇与权利、培养与培训、考核与奖惩等内容，为政府和学校保障班主任的待遇、考核班主任的工作业绩提供了参考依据。

《中小学班主任工作规定》提出，班主任工作量按当地教师标准课时工作量的一半计入教师基本工作量。班主任津贴纳入绩效工资管理范围。在绩效工资与分配中要向班主任津贴倾斜。对于班主任承担超课时工作量的，以超课时补贴发放班主任津贴。

班主任作为班级的主要领导者、组织者、实施者、管理者，其工作能力将影响整个班集体的教育教学质量，更肩负着培养祖国接班人的重任，一个班级的班风和学风是否端正、是否向上与班主任的组织管理与教育能力有着密切的关系。

【实施建议】

第一，学校组织全体教师学习有关班主任工作的政策法规。这让班主任熟知自身的工作职责和方式方法，也让未担任班主任的教师了解班主任的工作内容和要求，更好地配合班主任做好班级管理和教育工作。

第二，学校每学期定期召开班主任论坛，精心选择主题，举办活动，就问题学生管理、激励机制创设、团队向心力打造、班干部培养等专题，由优秀班主任在论坛上发表观点，再现鲜活生动的管理案例，交流成功管理经验，分享创意妙招，提高班级管理效率。

第三，学校在落实教师待遇和薪资时，要科学合理地计算班主任工作量，发放津贴，对工作业绩突出的班主任，给予必要的表彰和奖励。

第四，学校要定期对班主任进行考核，并把考核结果作为教师聘任、奖励和职务晋升的重要依据。

【案例推介】

不忘初心，方得始终——九江六中开展班主任经验交流系列活动①

"满座宾客无不伸颈，侧目，微笑，默叹，以为妙绝"，在九江六中仰善楼会议室里，在班主任经验交流会上，班主任老师们的反应不亚于《口技》中的宾客。从 2017 年 4 月开始，九江六中政教处利用每周班主任例会时间，开展了一系列班主任经验交流活动，先后邀请楼绮红、余惠慧、郭亚、张雪萍、扈晶、邹彩虹六位班主任老师做主讲人，从德育论文交流到班级活动的开展，从班级管理模式到班会课展示，多方面多角度地介绍了经验，分享了成果。

楼绮红老师和我们分享了她的班主任工作札记《只等春风来唤醒》。从学生毕业时给她的充满感恩之情的短信中，从她与学生商定的班级宣传牌中的内容里，从她处理"熊孩子"打架的方式上，我们看到了一位温和、智慧、极

① 《不忘初心，方得始终 ——九江六中开展班主任经验交流系列活动》，http：//www.jjdlzx.com/ctype＿allcontent.htm？id＝282，2018-05-20。

富经验的班主任。

余惠慧老师用王国维的"人生三境界"来描述她初任班主任的心路历程。从最初的茫无头绪到现在的井井有条，我们看到了一位年轻、努力、不断成长的班主任。

郭亚老师用一张张照片展示了她班学生开展的各项活动，英语歌唱比赛、朗诵比赛、足球比赛照片中的孩子们精彩的表现、灿烂的笑容，让我们感受到了郭亚老师的阳光自信、乐观开朗、爱心与责任感。

张雪萍老师的主题是"因为爱，所以爱"。从她介绍的班级管理方法中，我们感受到了她带班工作的细致入微，感受到了她爱岗爱生的拳拳之心。

扈晶老师着重介绍了三点经验：一定要在学生入学初期养成良好的习惯；班主任要学会扮演多种角色；抓两头，带中间，要注重后进生的转化和培优工作。她用一个个生动的案例，让我们明白了学生为什么对扈老师既怕又爱。这样聪慧、负责的班主任，谁能不爱呢？

邹彩虹老师给我们展示了一节在市级比赛中获奖的主题班会课《做一个有责任心的人》。诗歌朗诵、玩游戏、看图片、看视频……新颖的形式让班主任们耳目一新，大家对邹老师的创意和用心深感佩服。

梁明校长、李英华副校长、潘志主任全程参与了这一系列活动，认真倾听，并做了精当的点评。

"他山之石，可以攻玉"，九江六中通过每年都开展的班主任经验交流活动，大力推广好的工作方法，分享好的教育资源，彰显了班主任的管理智慧，提高了班主任的工作能力，取得了显著的效果。

第42条 推动教师阅读工作，引导教师学习经典，加强教师教育技能和教学基本功训练，提升教师普通话水平，规范汉字书写，增强学科教学能力。

【要点解读】

"书籍是人类进步的阶梯"，教师读书是信息社会飞速发展对教师的需要，也是教师自身成长的内在需要。教师读书多、素质高，才会成为学生发展的榜样，才是学生学习的活教材。教师自己就是一面镜子，以自己高尚的人格和职业生涯中的实际行动为学生提供学习的楷模，如同春雨，润物无声。

教师教学基本功是教师履行岗位职责，胜任教育教学工作，完成教书育人任务所必需的专业知识和职业技能。中小学教师的教学基本功的部分内容包括理解课程标准和把握课程教材的基本功、备课基本功、运用教学语言基本功、板书设计基本功、运用现代教学技术基本功、学科专项基本功、组织教学基本功、教学评价基本功等。普通话是现代汉语的标准语，是一个社会里全体成员通用的语言和全民使用的交际工具。因此，每个人都有必要学好、讲好普通话。为使学生说好普通话，养成良好的读说习惯，做好普通话教学就显得尤为重要。

写字是一项重要的语文基本功，要求学生"正确工整地书写汉字，并有一定的速度"，其中，写得"正确"是最基本的要求。写得正确，要求字形规范，按照笔顺规则写字。如果教师不能按正确笔顺写，那么怎么指导学生写正确呢？教师书写时按笔顺规范写，学生受先入为主印象的影响，才容易接受正确的书写笔顺，才容易根深蒂固，如果教师书写时笔顺不规范，那么当然谈不上让学生正确书写了。

【实施建议】

第一，学校将提升教师基本功，尤其是将提升青年教师基本功作为促进教师专业发展的重要措施。通过专家培训、榜样示范、实践榜样、达标展示等系列活动环节，在校内营造重视基本功、练好基本功的专业发展氛围。

第二，在校内组织师生举行普通话朗诵比赛、汉字书写大赛等活动，引导学生重视说好普通话和规范汉字书写。

第三，学校每年针对全体教师和职员，开展学科教学能力培训，实现教师专业的发展和教育教学能力的提高。

【案例推介】

让读书点燃弋阳教育人的梦想①

教育梦·龟峰读书联盟，既是文化又是教育，为教师搭建了教育研究与交流的平台，充分运用"叠山书院论坛"、弋阳教育网络，通过九项常态活动

---

① 《吴惠英：让读书点燃弋阳教育人的梦想》，http：//www.jyb.cn/sq/2017cxpx/201711/t20171122_852195.html，2018-05-20。

的开展，激发弋阳教育人的学习热情，养成读书和习作的良好习惯，逐渐提升教师的专业素养，进而促进教师专业成长，成长了一批优秀的校长和教师。读书联盟各个分会读书活动开展得有声有色，深受广大读书爱好者的喜爱，读书的风气充溢每一所中小学校，使之成为学校的一种气质。教育梦·龟峰读书联盟被会员们称为弋阳教师的"星光大道"，"叠山书院论坛"已然成了弋阳教育文化的一张名片。以书为媒，有缘结识更多贤才，做志趣相投之事，携全民阅读公益活动而行！

2013年，弋阳县教育局提出弋阳教育发展的"三让"目标：让弋阳的教育走专业化发展的道路，让弋阳的孩子在家门口享受良好的教育，让弋阳的教育成为弋阳人的骄傲。目标振奋人心，亦是深入人心，教育要走专业化发展之路，教师的专业素养是关键。

为提升教师专业素养，弋阳教育局开展了大规模的教师培训，努力促进教师专业化成长。在强力行政推进教师培训的同时，更加注重对教师专业素养提升的内驱力的激发，那就是为教师的专业成长打开另一扇门——成立一个让教师自愿参加、乐于参与、主动学习的民间兴趣组织。2013年12月，"教育梦·龟峰读书联盟"应运而生。

这个组织的效果亮点有以下几个。

读书引领，活动有声有色。近年来，读书联盟喜迎会员近五百人，遍及城乡各校、县域内外，成为最受学校师生和家长喜爱的民间组织之一。坚持九项常态活动开展，各分会读书活动风生水起，各具特色。读书联盟成功承办了第四届叠山书院论坛——我的教育梦——从读书开始，参与指导第五届、参与了第八届叠山书院论坛。智慧阅读与专业成长主题演讲、诗词摄影采风大赛、为你读诗、新春诵诗会、喜迎十九大国庆中秋诗词大赛等，深受全县广大市民称道和喜爱，提升了读书活动的凝聚力和吸引力。

精神引领，学习硕果累累。近四年，读书联盟会员们在《中国教育报》《中国教师报》《教师博览》《江西教育》等省级以上教育主流媒体发表读写文章和教育心得200多篇。读书联盟自己编印了会员的作品，涵盖诗词、散文，教学感悟、工作随笔等共10本，会员叶华明创作和出版了6本诗集，成为全省有名诗人，还有诸多会员坚持创作达15万字以上。教育梦·龟峰读书联盟滋养了一大批青年优秀教师和知名校长，为弋阳教师专业化发展提供了坚实的智力支持和人才保障。

　　家有梧桐树，引得凤凰栖。因为读书氛围浓郁，2015 年 7 月，《教师博览》全国首届读书年会在弋阳举行，来自全国 22 个省市的读书爱好者共 1000 余人齐聚弋阳参与盛会，进一步激发了弋阳教育人的读书热情。大夏书系读书节 2015 弋阳专场 10 月 30 日在育才学校成功落幕，有数位全国著名专家学者亲临讲学，大力推进弋阳全民阅读，一场现代版的读书人的兰亭盛会，富有诗情画意。2016 年 12 月 28 日至 30 日，中陶会农村教育实验专委会 2016 年年会在弋阳隆重举行，来自全国各级陶行知研究会的专家、领导、教师等 500 余人齐聚弋阳红土地，推介弋阳乡村教育经验，共享弋阳教育硕果。大会得到了《人民日报》、中央电视台、《中国教育报》《中国教师报》《生活教育》《中国农村教育》《教育家》《江西教育》、江西教育电视台等多家省级以上主流媒体的高度关注。

第 43 条　提高教师信息技术和现代教育装备应用能力，强化实验教学，促进现代科技与教育教学的深度融合。

【要点解读】

　　教育信息技术以现代教育思想为指导，以现代信息技术为手段，以学习过程和教学资源为研究对象，其内容包括对教学过程、教学资源的设计、开发、应用、评价和管理的理论与实践。运用教育信息技术理论改变教育观念，改革教师传统的工作方式，引导教师运用现代教育信息手段与新课程整合，促进师生素质的提高，这是教育发展的必然趋势。而在这一进程中，教师是根本。

　　现代教育技术手段对教育的影响不可估量，它不仅给教育形式和学习方式带来重大变革，而且对传统的教育理念、模式、内容和方法等产生了巨大冲击，我们正面临着一场前所未有的教育大革命。然而，很多教育工作者与一线教育教学人员在信息化条件下仍用旧观念看待教育问题，不知道如何利用现代教育技术推进教育改革，不知如何发挥现代教育技术的优势来培养 21 世纪需要的高素质创新型人才。尤其是农村地区教育技术状况不容乐观，远远跟不上信息时代发展的步伐。问题主要表现为如下三点。

第一，虽然学校配备了较齐全的现代教育技术设备，但是由于教师运用现代教育技术设备的热情不高，信息技术水平较低，因此设备得不到充分利用，进而造成了教育资源的浪费。

第二，教师教育理念、教学模式、教学方法陈旧，墨守成规，不懂得怎样运用现代教育技术手段服务于课堂教学，优化教育教学环境。

第三，教师利用现代教育技术手段获取、处理、共享各种信息资源的能力差，教师的信息技术整体水平不高，这不利于教师实现"高效教学"和"轻松教学"，从而达到教学相长的良性循环。

2016年7月教育部印发的《教育部关于新形势下进一步做好普通中小学装备工作的意见》指出，"教育教学装备是教书育人的必要条件，是实现教育现代化的重要支撑，是培养学生创新精神和实践能力、促进学生全面发展的重要载体"。

"当前，我国已进入全面建成小康社会的决定性阶段。以'互联网＋'和'中国制造2025'战略为引领的新型城镇化、工业化、信息化建设进入关键时期，为装备工作改革发展提供了新的机遇、新挑战。迅猛发展的信息技术，丰富了装备的品种，优化了装备的结构，极大地提升了装备的品质。以云计算、物联网、虚拟现实及大数据等为代表的新兴信息技术在教育中广泛应用，促进了教育模式、教学方法和办学方式的转变。"

文件明确了"十三五"期间中小学装备改革发展任务，强调要贯彻创新、协调、绿色、开放、共享发展理念，建立与基础教育改革发展相适应，与学生发展核心素养培育相协调，与国家课程标准相匹配的国家装备配备和质量标准体系。推动实现装备配备标准化、管理信息化和使用常态化。提升基础教育质量，加快推进实现教育现代化。

【实施建议】

第一，加强培训，提高教师对教育信息化的认识。

教育现代化，首先是教育观念的现代化。因此，转变教师观念是首要任务。学校通过宣传教育、理论学习等各种途径，强化教师的现代化教育意识，树立现代化教育观，使教师认识到以多媒体和网络技术为代表的现代信息技术彻底改变了学生的学习方式，学生在学习过程中所接受的不再是单一的课本，而是集声音、图像、动画等为一体的信息（知识信息的重组、关联和建构），更加有利于学生对知识的掌握和运用。其次要加强全员教师的培训。培训内容主要是吸收新技术，掌握新方法，研究新动向；对全体教师的培训，主要是对日常教学及其办公管理的一般技术的应用操作，逐渐由易到难。对于年龄大的教师，接受起来比较慢，且易遗忘，可由一位年轻教师一对一辅导。此外，学校鼓励学有余力的教师自学、相互探讨，务必使各位教师从不同的角度得到技术帮助。

第二，课堂应用，推动信息技术与学科的整合。

鼓励广大教师将信息技术运用于课堂，以优质课、研讨课作为点，积累信息技术使用经验，为日常教学普及提供范例，带动日常教学课堂的面，真正让信息技术走入课堂，如用课件辅助教学。学校要求教师尽可能利用现有资源，运用多媒体技术进行教学的同时，鼓励教师收集资源，丰富学校信息技术资源库，从而为以后的教学提供方便。

第三，重视现代信息技术与教育教学的深度融合。

要积极探索以学生学习为中心的教学和学习方式，构建师生学习共同体，在这种学习共同体中通过教师的引导、师生的互动和学生之间的合作，实现教育目标。学校要改革传统的课堂教学模式，把重点放在鼓励和引导学生自主学习、合作学习、探究式学习上。

第四，加大力度，制定应用能力的评价激励方法。

学校通过评价和激励双向措施，使教师不得不使用信息技术。例如，学校把教师应用现代信息技术指导学生学习作为教师工作考评的内容；班级小管理员记录教师使用媒体设备的情况；学校开展一系列建立在信息技术平台上的教学大比武等活动，提高教师使用设备的频率，并真正提高使用效率。

【案例推介】

浙江省着力推进信息技术与教育教学的融合与创新①

2017 年 3 月至 12 月，浙江省教育厅组织专家组对全省第二批 117 所省数字校园示范建设项目进行了终期验收。经学校自评、设区市教育局初评和省

---

① 《浙江省着力推进信息技术与教育教学的融合与创新》，http：//www.zjedu.org/art/2018/1/10/art_724_33017.html，2018-01-10。

教育厅组织专家组现场验收，最终 8 所高等学校、10 所中等职业学校、90 所普通中小学校上榜。

据悉，为加快教育信息化步伐，进一步促进信息技术与教育教学的融合与创新，2012 年以来，浙江省坚持"应用驱动，融合创新，特色发展"的基本思路，按照"三条路径"（教育管理信息化、教学信息化和师生信息素养提升）和"四个突破"（形成特点、呈现亮点、突破难点、搞好试点），先后启动实施了两批省数字校园示范建设校建设工作，鼓励各地各校因地制宜，大胆探索和实践，努力创新育人模式，提高人才培养质量。截至目前，我省共有 26 个教育部第一批教育信息化试点单位、222 所省级数字校园示范建设校、1000 余所市县数字校园示范建设校和一大批数字校园达标学校，形成了国家、省、市、县、校五级示范建设体系。其中，共有 208 所学校被确认为"浙江省数字校园示范学校"；经教育部组织专家现场验收，浙江有 4 家单位被教育部列为典型案例，《省级教育资源与管理公共服务平台建设机制探索》等 10 个案例被列为教育部第一批教育信息化试点优秀案例，数量居全国第一。

数字校园示范建设工作旨在探索教育信息化发展路径、方法及信息化教育教学新模式。五年多来，各示范建设校紧紧围绕构建教育教学新模式、信息技术与教育教学的深度融合、优质教育资源的共建共享、智慧校园建设与应用模式探索和机制创新等主题，创新性地开展工作，逐步形成了教育信息化在促进教育公平、提高教育质量、建设学习型社会、推动教育教学改革等方面的有效模式和体制机制。试点工作取得了丰硕的成果，并在信息化教育教学环境建设、教与学方式创新、师生能力提升、教育管理精准化等方面涌现出了一批应用典型，起到了一定的示范带动作用。

一、夯实信息技术支撑基础，构建泛在学习环境

示范建设校通过升级改造校园网络、教育教学装备和公共支撑平台，构建标准化机房，集成服务器、存储及安全管理设施，建成恒温恒湿的机房环境，提供高性能计算和大容量存储空间，实现无线网络全覆盖和多媒体教学普及，夯实信息技术支撑环境，为深化校园信息化应用奠定基础。例如，浙江国际海运职业技术学院建成千兆主干、百兆桌面的网络接入环境，部署云桌面应用，开展教学考试、海事评估、安全环境的立体式监控。温州医科大学集成云主机、云存储、云桌面、虚拟广域网及视频云服务等一体化的校园

信息化基础设施。宁波市镇海区中心学校实现千兆到桌面的网络接入，全面升级校园智能门禁系统，实现刷卡考勤与智慧校园一卡通。龙泉市东升教育集团配备多功能报告厅、录播教室、微格教室、学科教室、移动终端教室、交互式电子白板、网络视频监控、校园智能广播等系列化的教育教学装备，实现校园出口千兆接入。

二、丰富教育资源供给，深化资源应用和共享

示范建设校积极开展网络课程、微课、名师网络工作室等特色校本资源建设，形成体系化的教育资源库，依托浙江教育资源公共服务平台及第三方信息系统，深化校本资源在教与学方式变革、网络教研中的应用，实现优质教育资源的区域共享。例如，宁波卫生职业技术学院建成康复治疗技术专业教学资源库，开展在线学习、辅助教学、资讯交流等，促进学生自主学习。余姚第二实验小学以"玩转数学"小学数学拓展课程教材为载体，以二维码形式嵌入教材，实现"教材内容"和"课程教学资源"的有机融合，打破课程与教材之间的边界，促进学生随时随地学习。宁波市海曙区广济中心小学建成创客中心，形成创客课程体系，通过在线平台与区综合平台对接，实现创客教育在校际之间的共享。上虞区实验小学建成"道德、平安、健康、品质"四大生活微课程体系，强化学生的生活力教育。普陀中学建成了一批网络拓展课程，打造实体与虚拟相结合的三合一创客培育工坊，为学生的选择性学习提供了保障。温州市瓯海区三溪中学开发《琦君散文选读》《走近琦君》等精品校本网络课程，弘扬光明、慈爱、博爱情怀的乡土文化，提升师生人文素养。

三、变革教与学方式，激发学习内驱力

示范建设校结合自身办学特色和优势，围绕教育教学中的难点和教育改革中的重点问题，在互动教学、自主学习、探究性学习和基于大数据的教学诊断和评价等方面积极创新，探索教与学新模式，激发学生的学习内生动力，满足个性化学习需求，提升学生自主学习能力。

探索课堂交互式教学模式，如杭州医学院依托"手机课堂"平台，有机融合移动终端、移动 App 及教学资源，开展上课签到、在线测试、随堂评教等应用，实现过程化的教学评价；嘉兴秀洲中学有机融合图形计算器、益思课堂系统和数字互动实验室等信息化环境，开展自主探究、实时反馈及互动体验等沉浸式课堂教学。

探索翻转课堂教学模式。例如，宁波市第三中学依托智慧课堂云平台，对课前导学、同步备课、互动课堂、在线检测、课后作业等环节进行信息化教学改革，引导学生自主学习；上虞区实验小学融合"电子书包"和智慧教室，开展课前学习、课中互动和课后检测的翻转课堂教学；东阳市横店镇中心小学依托第三方平台，开展课前导学、课堂测评、作业展评等教学活动。

探索空中课堂教学模式，如温州市第十四高级中学依托"空中课堂"，开展答疑式、强化式、拓展式和讨论式等教学辅导，拓展和延伸课堂教学；江山实验小学以教师个体为中心探索空中课堂教学，通过语文、数学等学科教学，把传统课堂向移动端拓展，打破教学时空界限；桐乡市高级中学依托省级选修课网络直播平台，开展同时异地、线上线下结合、跨校选课的网络直播课堂教学。

探索移动教学模式，如杭州市文澜中学依托网络教学平台和移动终端，开展移动教学和互动讨论等应用，拓展学生的学习时空；定海区城西小学打造以移动终端为核心的智慧教室，开展移动终端教学方式的实践和探索；金华市环城小学教育集团开展基于移动学习终端的未来课堂教学探索，尝试微课视读、教改实验、游戏性测试，提高教学效果测评的及时性和课堂指导的针对性；天台县实验小学应用校园统一备课平台，开展基于移动终端的课堂教学，激发学生的学习兴趣。

探索"线上＋线下"混合教学模式。例如，浙江海洋大学依托中国海洋生物数据库和海洋生物博物馆，实践线上线下融合互动的教学；江山市城南小学利用第三方成熟平台构建具有学校特色的移动学习环境，开展英语配音、南小好声音等线上线下相结合的互动学习模式探索，培养学生主动学习的习惯和分析解决问题的能力。

探索探究性自主学习模式，如桐乡市茅盾中学依托地球地质地貌模拟室、水文气象土壤实验室、人文地理活动室，开展验证实验、空间模拟和多维展示的地理学科教学，实现学科教学、课程建设、学科基地的有机融合；杭州市拱宸桥小学以"运河文化"为主线，结合"我与运河"特色校本拓展课程，运用虚拟展示、多屏融合、三维动画等信息技术，集成运河纤夫、运河水利、运河研究互动学习等体验区的古运河研究平台，开展数字体验、自主探究和合作学习；北海小学教育集团植物学习营集成校园植物资料库、微信二维码、学习评价试题库，开展植物鉴赏、美术教育、手工制作等拓展性活动，实现学生知识教育、技能训练和情感交流的有机结合，激发学生的创新活力；浙江省天台中学物理学科教室融合科技体验馆、数字实验室、现代物理技术馆等应用，促进学生探究性自主学习。

探索基于数据的个性化教学诊断评价模式。例如，杭州市建兰中学依托学情分析反馈系统，通过采集学生作业、考卷等学业信息，开展数学、英语、科学等学科的学情分析，面向管理人员、学科教师和学生家长的不同需求，提供精准的信息服务；宁波市奉化区新城实验小学童雅评价系统集成学习、测评、管理和研究等功能模块，实现导向、诊断、激励、监督相结合的学生行为举止及学习习惯的综合评价；丽水市实验学校依托教育质量综合评价数字化管理平台，通过采集学生作业、考卷等学业信息，开展学科的学情分析，有效支撑教师的针对性教学；玉环市城关第一初级中学依托教学质量精细化分析系统，有机融合学生学业、德行及素养等信息数据，开展知识点综合分析、错题本及学生报告等应用；永康市第一中学依托智慧教学平台，运用大数据、二维码、图像识别等技术，以物理学科为试点，通过手工阅卷、智能评价等方式，形成学科知识题库，进行知识点分类、数据分析评价、错题集管理、反馈练习等教学教研活动，跟踪学生学业成绩和知识结构。

探索理虚实一体化的教学模式。例如，临安市中等职业技术学校依托电子商务、机械制造、汽车检修等仿真实训环境，开展虚实仿真、理实一体讨论、视频直播等实践教学，探索虚拟运营、角色体验、视频再现等"虚实结合、多次循环"的教学形式；嘉兴技师学院建成集体验与展示、教学与实训、培训与集训、研究与孵化为一体的理虚实一体化实训室，有效解决工业机器人实训工位不足等问题。

探索虚拟仿真实训教学模式。例如，浙江国际海运职业技术学院建成集实训、教学和两创等虚实一体的航海虚拟仿真模拟训练中心，支撑开展虚拟仿真实训教学；温州医科大学整合学校、附属医院等教学资源，建立多学科虚拟仿真实验平台、虚拟临床资源平台和远程示教诊疗系统，开展医学 PBL 和 TBL 的教学模式探索，培养学生解决实际问题的理论思辨和临床诊治能力。

探索家校协同教育模式。例如，宁波市象山县石浦镇中心小学依托家长学校和博客平台，开展家庭教育培训和家长、教师、学生之间的博文交流，凝聚家校共育合力；临海市哲商小学依托学校微信企业号，面向教师服务，集成文件发布、故障报修、食堂订餐等应用，立足家长需求，提供学校公告、学业评价、家长学校等服务，促进家校的协同教育；湖州市南浔中学依托智能题库、网上阅卷、成绩分析和学业评测等系统，提供智能组卷、错题分析及个性化作业推送等应用，实现教师、学生、家长"三位一体"的协同教育。

四、推进教育教学精准管理，提供优质师生服务

示范建设校切实推进信息技术与学校管理、后勤服务等业务的深度融合，积极推进统一身份认证、数据中心、信息门户、校园一卡通等公共平台建设，全面开展学校核心管理系统的建设与应用，逐步实现学生入学、毕业、升学、转学、离校、出国审批等教育相关业务的网上管理与服务，在提高管理水平的同时，也为师生提供了便捷的校园服务。例如，浙江农林大学校园110可视化指挥平台融合视频监控、校园巡更、一键报警等应用，对接公安信息系统，实现校园测速及校门道闸的联动管理。浙江省杭州第二中学为师生提供请假、报修、点餐、家校互通等自助服务，构建家长、学生、教师"三位一体"的校园管理体系。宁波市北仑中学选课走班教学管理系统集成课程设置、学生选课、走班教学、成绩管理等应用模块，实现教师、学生和教务管理部门的工作协同，有效支撑高中课程改革和高考改革。宁波市第三中学智慧校园卡实现与市民卡、银行卡的绑定，整合就餐、图书借阅、考勤、超市消费等多个系统，方便了师生的学习与生活。安吉县孝丰镇中学集成校园安防、安全教育和班级监控等应用系统，构建了教师、学生、家长"三位一体"的校园云安全体系。嘉兴市辅成教育集团以跨校区校园网络为基础，依托校园信息门户网站，集成招生报名、故障报修、教师排课、视频直播等应用模块，有效支撑集团化办学。舟山职业技术学校建立学生德育管理评价系统，结合基于RFID的电子校徽及基于一卡通系统的智慧餐饮平台，实现精细化管理。丽水市遂昌县职业中等专业学校建成包含视频监控、广播、平安短信服务和一卡通门禁等模块的数字校园安防系统。金华市孝顺镇中心小学依托电子校牌、门禁系统和视频监控系统，对学生出入校园进行精准管理。临海市第六中学自主开发学校德育工作平台，集成值班反馈、违纪记录、日常管理等应用模块，形成覆盖奖惩、任职、考核、评优等信息的学生成长电子档案，有

效支撑学生德育的精细化管理。

五、构建网络研修共同体，推进教师专业发展

示范建设校利用网络平台开展学科组的网络教研活动，有效提升教师的专业能力，在带动青年教师专业发展、提升区域教师整体水平方面发挥了重要作用。例如，浙江省教育厅教研室附属小学基于智能录播平台，开展自诊、共诊、引诊的"自我问诊式"微格教学研究，通过教师自我剖析、教研诊断、专家引领等方式，促进年轻教师课堂教学专业能力的提升。上虞区实验小学依托网络资源平台、学科协作空间及个人工作室，开展网络课程建设、电视直播课堂、在线交流研讨等"问题导向式"和"任务驱动型"网络教研活动，塑造教师终身学习的教育理念，打造学习型组织。华舍中学依托网络研修平台，融合微课资源，开展线上预设、线下磨课、移动观评、智慧反思、数库整理五步课例的常态化网络研修。湖州市湖师附小利用视频嵌入、同步课件、评价索引相结合的视频案例技术，开发网络研修平台，开展网络备课、网上观摩、网上评课、专家远程指导的校本教研活动。莲都区梅山中学备课教研平台实现了网上备课及校际间的网络互动备课。苍南县宜山小学结合教师个人工作室，开展以教研组为单位的联合备课，促进教师教学水平的整体提升。探索教育信息化建设新创新，促进可持续发展示范建设校积极探索教育信息化建设新路径，构建信息化可持续发展新机制，形成了"校企合作""校校合作""学校行业合作""协同创新"等信息化建设模式以及"多方联动、协同推进"学校业务主管部门和技术部门密切配合、分工协作的联合推进机制等。例如，丽水学院采取招商遴选方式推进校园网建设与运维服务，探索由企业投入资金建设校园网的全新模式。温州市第三中学建立校本课程星级评价条例，完善资源建设及应用的激励机制。金华市环城小学教育集团采取"企业建应用，学校买服务"的方式，引入办公管理系统集成公务管理、总务管理、教学管理、科研管理、德育管理等应用。龙游县实验小学建立教学评价体系，采用"博雅积分"和"博雅超市"相结合的激励机制，提高学生的学习兴趣，激发课堂活力。

第三节　建立教师专业发展支持体系

教师专业发展是指教师作为专业人员，在专业思想、专业知识、专业能力等方面不断发展和完善的过程，即从新手型教师到专家型教师的转化过程。教师专业发展的内涵主要包括四点。一是教师专业发展首先强调教师是潜力无穷、持续发展的个体；二是教师的专业发展要求把教师视为"专业人员"；三是教师的专业发展要求教师成为学习者、研究者和合作者；四是教师的专业发展要求教师具有发展的自主性。教师的自主发展强调的是发展教师个体的个性和特长，使个体的潜质充分发挥出来。

教师的专业发展是教师个人的发展，更是学校的发展。只有坚持学校发展与教师专业发展的统一，才能使教师发展与学校发展相得益彰、相互促进，共同推动教育教学质量的不断提高。

在今天这样一个改革的时代，学校和教师面对前所未有的时代挑战和竞争压力，学校的发展需要教师的专业发展，教师的专业发展需要学校发展的支撑，只有将学校发展与教师专业发展结合起来，才能建立学校和教师双赢的发展机制。

2017年9月，中共中央办公厅、国务院办公厅印发的《关于深化教育体制机制改革的意见》中，明确提出了对教师的要求：把教师职业理想、职业道德教育融入培养、培训和管理全过程，构建覆盖各级各类教育的师德建设制度体系。

第44条　完善教师培训制度，制订教师培训规划，指导教师制订专业发展计划，建立教师专业发展档案。

【要点解读】

教育是民生之基。办人民满意的教育，关键是教师。当前，我国正处在全面实现现代化的关键时期。教师培训是加强教师队伍建设的重要环节，是推进素质教育，促进教育公平，提高教育质量的重要保证。

为建设高素质教师队伍，教育部2011年和2013年分别印发了《关于大力加强中小学教师培训工作的意见》和《关于深化中小学教师培训模式改革全面提升培训质量的指导意见》，主要针对当前教师培训中存在的突出问题，从增强培训针对性、改进培训内容、转变培训方式、强化培训自主性、营造网络学习环境、加强培训者队伍建设、建设培训公共服务平台、规范培训管理八个方面提出具体的指导意见，明确了当前和今后一段时间中小学教师培训工作的改革方向。

档案工作是中小学校管理工作的重要组成部分，也是衡量教育质量和管理水平的重要标志，加强教师业务档案建设是学校发展和教师个人专业成长的现实需要。教师业务档案建设的主要内容包括基本信息和学年定位情况、基本证件管理、日常工作记录、获奖材料、教科研材料、培训材料、教育教学的过程性材料和图片、声像、电子资料等。中小学校应采取切实有力的措施来加强业务档案建设，为教师的专业发展服务，促进学校教育教学质量的提高。

【实施建议】

第一，学校要加强领导、注重宣传。学校要成立以校长为组长的"校本培训领导小组"，以分管校长为常务组长，负责学校校本培训组织、管理、服务、教学、教研、科研资料积累等工作。学校要通过多种形式广泛宣传课改，让社会、家长、学生了解课改的目的、意义和要求，努力争取社会、家长、学生的理解、支持和配合。

第二，学校要按照本地区教育行政部门要求，选派教师参加国家级、省级、市级和县级教师培训，为教师培训提供保障条件。

第三，学校要完善教师校本培训工作计划，调研教师培训需求，对校本培训的课程、师资、内容、形式等进行精心安排，确保校本培训的实效性。

第四，学校要加强教师培训的针对性，满足教师专业发展的分层次需求，聘请专业师资，指导教师制订专业发展计划，为教师建立专业发展档案。

第五，学校应建立健全校本培训制度，以更新教师教育理念，提高教师教育教学能力、信息技术应用能力、课程开发能力等为重点，确立培训多维目标，整体促进教师队伍建设和学校内涵发展。

第六，学校建立充分调动教师参与校本培训积极性的激励机制，对工作中涌现的有突出贡献的先进集体和个人进行表彰奖励，对教学改革过程中的优秀成果进行及时推广。

【案例推介】

　　江西省鄱阳县高度关注特岗教师发展教师队伍建设典型工作案例①

　　一、创造舒适的生活环境，让特岗教师感受家的温馨。一是做好特岗教师的衣、食、住、行等后勤工作。建造教师周转房，未建周转房的学校也确保了每所学校的特岗教师都有房住，同时拨付专款为特岗教师提供必要的生活设施。学校尽一切力量让特岗教师有敞亮的房子住，有新鲜的饭菜吃，有洁净的开水喝，有热水洗浴。二是为特岗教师创造休闲娱乐的条件和场所，大多数学校都建立了"教师之家"，教师的业余生活因此变得丰富多彩。

　　二、提供展示才能的平台，让特岗教师体现自我价值。一是让特岗教师人尽其才。学校结合教师的所学专业和个人爱好安排工作，尽量避免专业错位，大材小用。二是对特岗教师充分信任，予以重任。让特岗教师担任把关教师、班主任、兴趣班辅导员，让教师在不断的挑战中实现自我价值。

　　三、不断提高教师待遇，让特岗教师感到无比荣耀。一是为特岗教师创造良好的生活环境和工作条件，让教师们生活舒适，工作顺心。二是不断提高特岗教师的待遇。提高教师的绩效工资，给农村边远湖区、山区教师发放特殊津补贴，报销特岗教师探亲的差旅费，等等。

　　四、建立平台展示成果，让特岗教师享受育人的快乐。一是为特岗教师提供展示自己的平台，举办多种形式的特岗教师教学竞赛、才艺大赛，让教师多参加各级各类比赛。二是大力宣传优秀特岗教师，以提高他们的知名度，增强他们的成就感。

　　五、促进教师情感交流，让特岗教师找到爱的归宿。一是加强校与校、乡与乡教师之间的交流学习，如开展学科研讨、教学竞赛、集体备课、观摩学习等。让年轻教师在相互学习交流中多接触，多了解。二是根据各校教师男女结构特点，有针对性地分配年轻教师。三是在团县委的帮助下加强特岗教师与其他事业或行政单位未婚人员的交往，扩大选择范围，为特岗教师找

---

　　① 《江西省鄱阳县高度关注特岗教师发展教师队伍建设典型工作案例》，http：//www.moe.edu.cn/was5/web/search? channelid＝255182.html，2017-09-07。

到真爱牵线搭桥。

六、关心教师成长发展，让特岗教师充满希望。一是制定中长期发展规划，完善各项工作制度，加强学校内部管理，提高教育教学水平，树立良好形象，吸引广大年轻教师来校从教并愿意终生从教。二是大胆使用年轻特岗教师，让年轻教师们发挥出自己的聪明才智，实现自己的人生价值。三是给予优秀特岗教师发展机会，让他们觉得自己的汗水不会白流，自己的才能不会埋没，觉得自己就是学校的主人。

第 45 条　按规定将培训经费列入学校预算，支持教师参加必要的培训，落实每位教师五年不少于 360 学时的培训要求。

【要点解读】

培训是教师更新业务知识、提升创新能力，推进义务教育均衡发展的保障。

近年来，各级教育行政部门和业务主管部门高度重视教师培训工作，这是教师专业发展的必由之路。在现有条件下，有重点、有针对性地开展国培计划、"名师工程"、骨干教师培训、新教师培训、网络教师培训计划等行之有效的工作，有力地促进了教师队伍素质的提升。

但是，由于教师培训经费投入不足等原因，因此有些相关培训无法正常开展，特别是农村教师培训机会较少，导致了中小学教师发展不平衡，教师队伍整体素质依然不能完全适应新时期教育改革发展的需要。

加大教师培训经费投入，加强中小学教师培训及管理，成为教育事业科学发展的重要任务和紧迫要求。国家先后出台过多项教师培训经费文件。教育部《中小学教师继续教育规定》（教育部令第 7 号）、《关于大力加强中小学教师培训工作的意见》（教师〔2011〕1 号）、《关于深化中小学教师培训模式改革全面提升培训质量的指导意见》（教师〔2013〕6 号）等都强调中小学教师继续教育经费由县级及以上教育行政部门统一管理，不得截留或挪用。国家将教师培训作为对各地教育督导的重要内容。各地要将落实培训经费作为教育督导的重要内容，确保培训经费列入同级财政预算，中小学按照年度公用经费预算总额 5% 安排培训经费，保障经费投入。

为完善五年一周期的教师全员培训制度，进一步激发教师参训动力，促进教师终身学习，不断提升教师能力素质，2016年12月13日，教育部印发了《关于大力推行中小学教师培训学分管理的指导意见》，推行教师培训学分管理，深化培训管理改革；分层提供教师培训课程，强化培训内容的针对性和系统性；建立教师培训学分认定规范，实现学时学分合理转换；严格教师培训学分审核认定，规范培训考核评价；探索建立教师培训学分银行，推动非学历培训与学历教育衔接；强化教师培训学分应用，促进教师专业发展；推进教师培训学分信息化管理，提升培训管理效率；加强组织保障，落实教师培训学分管理职责八部分。学校通过加大培训，提升教师素质，促进学校内涵发展。

【实施建议】

第一，学校要高度重视教师培训工作，充分认识到做好新时期教师培训工作的迫切性，认为做好当前的教师培训工作是不断更新教师教育观念，深入实施素质教育的需要；是拥有高素质的教师队伍，实现学校自身生存和发展的需要。

第二，学校要制定教师培训安排的相关制度，协调好教师之间的任课安排，支持教师参加必要的脱产或半脱产培训。

第三，学校做年度预算时，要安排5%的教师培训专项经费，并严格执行经费计划，改善培训环境和条件。

第四，学校严格落实每位教师五年不少于360学时的培训要求，为完成培训课程的教师及时登记学分。

【案例推介】

江西中小学教师也要挣学分　职后培训每5年一个周期①

2018年1月，《江西省中小学教师培训学分管理办法（试行）》出台，全省幼儿园、特殊教育学校、普通中小学、各级教育研训机构中持有教师从业资格证的在岗人员，参加的所有培训项目均实行学分管理。

据介绍，中小学教师参加的培训具体涵盖三级两类培训。三级指国家级

---

① 《江西中小学教师也要挣学分　职后培训每5年一个周期》，http://jx.sina.com.cn/news/m/2018-02-14/detail-ifyrmfmc2437772.shtml，2018-02-14。

和省级培训、设区市和县（区、市）级培训以及校本级培训。两类培训，一是统筹培训，即各级教育行政部门按年度培训计划统筹安排的各类培训项目；二是自主培训，即各中小学校（幼儿园）根据自身教师队伍发展的状况和需要，自主组织实施的校本级培训。

全省中小学教师可通过参加统筹培训项目（不含试用期内的新教师培训）及学校自主组织的培训项目获得相应学分；也可通过参加多元提升活动冲抵相应学分。多元提升活动包括学历提升、各级教育行政部门组织开展的各类专业竞赛获奖、承担师范类学生职前培养或教师职后培训任务等。

全省中小学教师职后培训每 5 年为一个周期。在一个培训周期内，教师需至少累计获得 36 学分且每年至少获得 2 学分。退休前最后一个培训周期，对培训学分不做要求。为调动教师的参训热情，满足培训的层次化和多元化要求，在一个培训周期内，教师需分级分类按比例获得相应学分。教师参加学历提升学习、参加专业竞赛获奖、承担师训工作以及参加相同项目时，均可冲抵学分。

江西省规定，中小学教师完成参训任务并经考核合格后，由承训机构上报、对应层级教育行政部门认定，方可获得相应培训学分。各级教育行政部门和学校（园）要严格认定、充分使用培训学分。将培训学分取得情况与教师职务（职称）评聘、绩效考核、评优奖励及教师资格定期注册挂钩，并作为校（园）长考核、任用、晋级的必备条件和重要依据。凡学年培训学分未达最低要求的，本学年培训考核不合格；凡周期届满时，未达最低要求的，视为周期培训考核不合格，其教师资格不予注册。

第 46 条 引进优质培训资源，定期开展专题培训，促进教研、科研与培训有机结合，发挥校本研修基础作用。

【要点解读】

培训资源指一切可以运用于教师培训的人、财、物资源。具体而言，培训资源包括培训的课程资源、教学资源、教师资源、社会资源等。其中，优质培训课程资源是最重要的资源。教育部《关于大力加强中小学教师培训工作的意见》（教师〔2011〕1 号）指出，要加强培训课程资源建设，"采取政府购买、组织开发、引进等方式，形成多样化的优质培训课程资源……建立优质教师培训课程资源库，促进优质培训资源共建共享"。教育部《关于深化中小学教师培训模式改革全面提升培训质量的指导意见》（教师〔2013〕6号）指出："国家制订教师培训课程标准，建立资源共享平台，促进资源共建共享。各地要加强优质课程资源建设，重点建设典型案例和网络课程资源，积极开发微课程。"文件还明确要求："要推动网络研修与校本研修整合，推进高等学校、培训机构与中小学结对帮扶，引进优质培训资源，建立校本研修良性运行机制。丰富研修主题，通过集体备课、观课磨课、课题研究等方式，促进教研与培训有机结合，切实发挥校本研修的基础作用。鼓励各地建设教师培训创新实验区，推动培训模式综合改革。"

教师在教学活动中遇到的现实问题，通过教育科研活动解决；教育科研活动中教师遇到的疑惑与困难，通过培训加以解决。三者的区别是：校本教研从方法层面解决实践中遇到的问题，即解决"怎么做"的问题；校本科研从理性的层面解决实践中提出的问题，即解决"应该怎么做"和"为什么这样做"的问题。校本培训从理论、知识、方法、技能层面，提高教师专业水平，以提高教师校本教研和校本科研的能力。"三位一体"模式有利于促进教师教育科研成果向实践转化，有利于促进教师教的方式和学生学的方式的根本变革，有利于教师专业化发展。从具体运作过程看，校本教研是核心，校本科研是引导，校本培训是保证。

【实施建议】

第一，校本培训课程安排应以实践性课程为主，将中小学教师专业标准、师德教育和信息技术教育、国家安全教育、心理健康教育等内容作为通识课程，列入培训必修模块。

第二，校本培训常规化、主题化、科研化、团队化。

校本培训常规化是把培训与学校的各项工作结合起来，挖掘工作中潜在的教师教育的功能因素，使培训深入工作，工作贯穿于培训，时时不忘教师素质和能力的培养与提高。

校本培训主题化是指培训是一项系统的、立体的、全面的、目的性很强的工作，不是学习几篇文章就行了，需要有明确的主题，合理组织培训内容，融观念与理论、科研与教研、教学与活动相结合于大培训系统中，使校本培训更具有目的性和实效性。

校本培训科研化是说校本培训要用教育科研的方法来开展。培训的目标、内容、方法、要求，都应用科研的思想来指导，要经过科学的决策，不能人云亦云。

校本培训团队化指校本培训是教师在学校发展的共同愿景下进行的，要形成校本培训的团队。每一位教师在团队中结合自己的工作，自主、自愿地学习，结对子互助学习，在团队中交流学习，积聚团队队员的智慧，整合团队的资源，达成共识与共享。

第三，中小学校积极参与当地师范院校、教育科研所建立合作关系，定期选送教师参与高校的教育学术研讨活动，定期将高校专家团队请进学校，参与学校教育教学改革实验。

第四，坚持校本培训与教研相结合，与科研相结合，与基本功训练相结合，与优化课堂结构相结合，这四方面的结合是相辅相成、互为条件、相互促进的。我们以课程改革和学校教学改革的需要为依据，确定校本培训内容，做到校本培训与教研相结合，以体现校本培训的针对性。教研中的问题转化为科研课题，教师参与课题研究，在学习中研究，在研究中学习。

【案例推介】

威海市第十三中学坚持研训一体，引领教师发展①

威海市第十三中学结合实际，提出了将教育科研与校本培训有机整合，实施"研训一体"的工作思路，根据教研过程中教师的需求进行培训，由原来的计划培训改为按需培训，使教师由被动地接受培训改为主动地要求培训，进一步提高了培训的效果。

一、教研为培训提供资源

学校开展"做教学的有心人"主题系列活动，要求广大教师关注"细节""小事"，从教学中的"小现象""小问题"入手，进行改善教师理念、行为的"大研究"；做总结学科规律，探索教育教学策略的"大文章"。

① 《威海市第十三中学坚持研训一体，引领教师发展》，http：//ssz. whjqedu. cn/ListInfoSum. aspx？cId＝1，2018-01-24。

（一）教师做教后记

不强求多少，贵在坚持与积累，教研组利用教研日进行交流，把优秀的经验在全校层面进行推广交流。

（二）教师写教育故事

记录自己学习、感悟的喜悦，讲述自己与学生交往的故事。通过"做教学的有心人"主题活动，分享自己的快乐，带动大家共同成长。

（三）"问题即课题"，开展小专题研究

着眼于小问题，学校引导教师积极致力于课题研究，发挥小专题研究时间短、见效快的优势，积累成功的经验，寻求由量到质的飞跃。学校开展的"随堂小测"策略的研究，不仅让师生都尝到了甜头，改变了观念，同时在校园网上建立"随堂小测"资源库，越来越系统，大家渐渐有了成就感。

（四）抓主题教研

学校提出六大主题为贯彻始终的经线。一是学生良好学习习惯的养成；二是课堂上如何进行学生管理；三是如何掌控各个环节的时间；四是师生之间、生生之间如何进行有效的交流与合作；五是如何进行有效的反馈；六是如何运用评价调动学生的积极性。在实践过程中，各教研组就根据各自学科学生的实际，围绕着"课堂教学策略""学科规律"等进行了校级课题的研究，构成研讨的纬线。经纬交错的研讨，为教师清晰地展示出了课堂教学探索道路上的每个突破点。

（五）抓课例研究

学校定期分学科推出一节有代表性的课堂实例作为案例，如录像课或公开课，供教师研讨、反思，写体会、谈收获，促使教师学会反思与总结，实现理论水平与实践能力的不断提升，学校称之为"照镜子"活动。

（六）抓常规教研

学校把开展常规性教研的落脚点放在提高课堂实效上，本年度的主要工作就是以"三环四步"模式为载体，研究"目标、评价、教学"的一致性，整合课程，探索学科规律，研究教学策略，打造课堂文化。

二、培训为教研提供保障

为满足教师开展教育科研所需的理论与技术层面的需求，学校按需给教师提供服务性培训。

（一）健全研训制度，规范研训活动的开展

建立业务例会制度。每周四业务领导要针对本周教育教学工作的问题进行总结，查找原因，寻找对策。建立教研组长例会制度。每周一教务处组织教研组长总结反思上周工作，共同研究本周工作安排。规范每周教研日活动。学校每个学科，每周集中安排半天的教研日活动。进行集体备课、听评课、集体学习等，中层以上领导要包组参与其中。

（二）加强基本功培训，提高教师的综合素质

养成良好习惯。学校采用了集中培训与分散研究相结合，专家引领与自主学习相结合的形式，通过多种途径，引领教师的价值取向与教育理念。学校一方面通过专家讲座，或者挖掘身边的"草根"专家进行引领，另一方面启动教师读书自助活动，开放阅览室并在二楼和三楼的楼梯口开设了"校园图书角"，要求教师依据"必读一本书"与"推荐一篇文章"相结合的方式，养成良好的学习习惯，提升自己的综合素质。加强基本功培训。要求45周岁以下的每位教师写好粉笔字、钢笔字、电子白板、微课制作。学校通过基本功达标活动，激发了教师练习基本功的热情，定期开展书法比赛，陶冶教师的情操，提升个人素养。培养问题意识。学校通过主题式反思活动，如如何培养学生学习习惯、如何构建和谐的师生关系、如何实施小组评价等，引领教师要学会做一个有心人，经常琢磨，学会在没有问题之处发现问题，增强对问题的敏锐性，善于发现问题，培养自己的问题意识。

第47条　鼓励教师利用网络学习平台开展教研活动，建设教师学习共同体。

【要点解读】

当代知识传播的方式已经发生巨大变化，网络已经成为传播、影响知识的重要载体。网络教研已经不是新鲜事物，也许不久教师在各学校之间奔波听课就成为历史，网络教研替代传统的教研方式已成为必然，它不仅可以节约教师大量的时间，而且让教师在网络上敞开心扉，大胆地陈述自己的观念，而不再是一两个专家的"一言堂"，只有这样，教研活动才有它真正的活力与生命力。

随着网络越来越多地走进人们的工作和生活，我们利用网络学习来加强教研活动的广泛性、实效性、即时性、交互性，帮助教师实现远程学习和交流。这是今后教研工作的一个发展方向，网络教研今后将成为一种重要的教研形式。网络教研不仅激发了教师的学习热情，而且促进了教师的专业发展。网络教研增强了教师的教科研意识，使他们积极主动地参与到网络教研中来，并形成充满活力的学习团队，不断实现从超越自我到自我超越的转变，大胆地把自己在平时教学实践中的所感、所想与大家进行交流。教师依托网络资源，开展扎实有效的教研活动，同时创建优秀团队。每次青年教师的汇报课，各组都齐心协力，个个出谋划策。每次上课都深入听课、分析、讨论，并提出改进意见，通过不断地实践、反思、再实践、再反思，提高了教师的教学水平。创建和谐团队，强调个人效益、荣誉与其所在的团队是不可分割的，形成了合作共享、互相学习、彼此支持、共同成长的氛围。

"学习共同体"指一个由学习者及其助学者(包括教师、专家、辅导者等)共同构成的团体，他们彼此之间经常在学习过程中进行沟通、交流，分享各种学习资源，共同完成一定的学习任务，因而在成员之间形成了相互影响、相互促进的人际联系。在传统教学中，教师、学生同时在一个教室中参与教学活动，彼此之间可以很容易进行面对面的交流，可以自然而然地形成一定的学习共同体。例如，一个学习小组、一个班级乃至一个学校，都可能成为一个学习共同体。而在基于网络的远程学习环境中，学习共同体必须经过有意识的设计才能形成。

教师学习共同体的特征及类型有三个。第一，自愿性。它是人们自愿参与的群体，通过氛围与情感作为维系共同体成员的纽带。第二，同一性。共享共同确定的实践、信念和理解。第三，发展性。以创造与传承知识为主要路径，以促进成员的专业发展为最终目标。

【实施建议】

第一，通过多种形式组织教师开展网络教研活动，如建立"教研博客"、建立教学资源库、网上"集体备课"、网上"同伴互助"、网上"课题研讨"、网上专家引领、网上"自我反思"等，教师之间互相借鉴，共同提高。

第二，以制度建设引领教师学习共同体的发展。构建教师学习共同体研究的支持系统，保证发展中学习共同体研究的有效运行，如建立引领者学习研究工作制度、主管者学习研究工作制度、共同体成员学习研究工作制度等。

第三，完善教师学习共同体活动模式，提升质量。一是学校采取立体化、多层次的学习模式，针对不同层次的教师、不同需求的教师学习共同体的学习内容和方式。二是学校以体验式培训为切入点，注重教师学习共同体学习研究方式的创新性。三是学校以教学课例、教育案例为载体，提高教师学习共同体学习研究的实效性。

【案例推介】

植入文化基因打造现代化的数字"百草园"①

浙江绍兴鲁迅小学校长近年来基于鲁迅"立人"教育思想，将学校办学理念、文化与科技有机融合，走出了一条独具特色的学校信息化发展之路，促进了教师专业成长和学生综合素质发展。学校着力强化基础建设，培育数字化校园的优质土壤，建成了校园全覆盖的无线网络，打造集成化、个性化、动态化的校园门户空间，开通了学校官方微信公众号，建成了数字教务、数字录播、数字办公、数字安防等完备的信息化服务体系，基本实现了教学与管理业务的全数字化运行；以数字课程为载体，开启互联网学习的童趣乐园，建成了"百草园"数字课程平台，上线涵盖三味书屋(悦读)、朝花夕拾(乐写)、疾风野草(健体)、水乡社戏(风雅)、现代闰土(劳作)、"风筝"记忆(实践)、上天入地(创新)、童年如画(尚美)八大版块共50余门网络课程，平台注册用户达6000余人，总访问量超过110万人次；积极探索基于创新实验室的未来课堂教学模式，学校于2016年初启动"百草园"创新实验室建设，确定了独立娃机房、独创娃工坊、独特娃书房、独秀娃秀场及校外活动基地五大创新空间，并创新实验室建设中注重体现童趣与百草园的特色，拥有"碧绿的菜畦""高大的皂荚树""叫天子窜向的云霄"等丰富的百草园元素，为学生的学习与活动营造出了一个充满生机与活力的空间。教育部基础教育司和中央电化教育馆有关领导认为，鲁迅小学利用地域文化资源，结合学校文化特色，走出了一条有品质内涵、有特色创新的学校信息化发展之路，这一做法值得各地区和学校借鉴。

---

① 《绍兴市鲁迅小学在全国基础教育信息化应用典型案例交流会上作典型发言》，http：//www. zjedu. org/art/2017/12/5/art _ 724 _ 32751. html？ from＝timeline& isappin-stalled＝0，2017-12-05。

第四章　提升教育教学水平

　　提升教育教学质量是学校管理的根本任务。《国家中长期教育改革和发展规划纲要（2010—2020年）》指出，到2020年，实现提供更加丰富的优质教育；教育质量整体提升，教育现代化水平明显提高；优质教育资源总量不断扩大，更好满足人民群众接受高质量教育需求的目标。

　　提高教育教学质量是中小学的中心工作。学校要把管理作为提高教育教学质量的重要抓手，作为育人的重要途径。教师作为学生学习的引导者，要运用自己的专业知识和技能，激发学生的学习动机，帮助学生取得最佳学习效果，并促进学生主动、全面、有个性地发展。教师要掌握以学生为中心的教学方法，充分利用课程资源，设计有效的教学策略，组织学生积极参与课堂学习。学校要通过专业化的教师，实施渗透生活技能教育的课程，形成开放、互动、"研训一体"的教学支持系统。

　　提高教育教学质量要坚持以学生发展为本，要将是否适应学生发展需要作为衡量教育教学质量的主要标准，强调培养学生的学习兴趣和动机，提高学生的创新能力和问题解决能力。

第一节　建设适合学生发展的课程

　　课程是教育思想、教育目标和教育内容的主要载体，集中体现国家意志和社会主义核心价值观，是学校教育教学活动的基本依据，直接影响人才培养质量。

课程是一定学科有目的、有计划的教学过程。它也泛指学科总和、进程和安排，以及各个学科有目的、有计划的教育活动。课程改革后，课程内涵得以拓宽，侧重于过程，侧重于教师教学过程中的生成等，如认为课程是"内容、环境、人"等要素组成的。

第48条　落实国家义务教育课程方案和课程标准，严格遵守国家关于教材、教辅管理的相关规定，确保国家课程全面实施。不拔高教学要求，不加快教学进度。

【要点解读】

国家义务教育阶段课程方案是教育部根据国务院颁布的《基础教育课程改革纲要（试行）》的精神所制定的专项法规，体现了国家对学生发展的基本要求和共同的质量标准，各级地方政府和学校都不得任意更改，必须贯彻执行。国家课程能够体现基础性学力、发展性学力和创造性学力的统一，科学素质和人文素质的统一，基本要求和个性发展的统一，国际性与民族性的统一，科学思想、科学方法和科学知识的统一，智力因素和非智力因素的统一，自主意识和责任意识的统一。

国家课程标准是国家对基础教育课程的基本规范和质量要求，是教材编写、教学、评估合考试命题的依据，是国家管理和评价课程的基础。它规定了各门课程的性质、目标、内容框架，提出教学和评价建议，是教学的主要依据。

教材是经国务院教育行政部门组织专家或者委托有关专家机构审定的供中小学使用的国家课程教科书。学校要严格遵守教材管理的有关规定，规范地选用教材，既保障教学秩序和教学质量，又能够更好地适应不同地区教育教学需要。

教辅资料指除教材外的其他辅助教学资料。教辅资源如果被使用得当，那么可以起到巩固学生所学知识、开阔学生学习视野、强化学生对知识的理解、提高学生学科成绩和学科素养的作用。学校在中小学教辅材料的选用上，既要满足教学需求，又要保证维护正常的教育教学秩序。

【实施建议】

第一，学校应组织全体教师认真研读国家义务教育课程方案和课程标准，并将学习和落实义务教育课程方案和课程标准作为学校内涵发展的重点工作，制订具体可行的工作计划，科学设计和规划学校的课程改革，稳步推进学校课程改革和课程建设。

第二，学校要根据教育部的有关规定，确定课程安排，严格控制周课时总量，不得随意增减课时。学校要全面落实基础教育国家课程方案，要将综合实践活动、技术、音乐、美术、体育等课程的开设作为学校工作的重要内容。

第三，校长作为学校的第一责任人，应该承担起课程领导的责任。校长要严格执行有关基础教育课程文件，根据国家和地方的课程设置方案，组织制订《年度学校课程实施方案》和《校本课程规划方案》，并报上级教育行政部门备案。

第四，教材选用坚持适宜性原则。学校应当从教育发展实际情况出发，选用适合的教材。教材选用应当遵循科学、民主、公平、公正的原则，学校应充分听取一线教师的意见，并统筹考虑教材特色、售后服务等因素。

第五，坚持"一科一辅"，学校和个人不得强制或变相强制学生购买教辅教材，不得组织编写学生有偿使用的教辅材料。

【案例推介】

国家新闻出版广电总局　教育部　国家发展改革委

关于印发《中小学教辅材料管理办法》的通知①

各省（自治区、直辖市、计划单列市）新闻出版广电局及新疆生产建设兵团新闻出版局、教育厅（教委、局）、发展改革委（物价局）：

为规范中小学教辅材料管理，切实减轻中小学生过重课业负担和学生家长的经济负担，根据《中华人民共和国著作权法》《中华人民共和国教育法》《中华人民共和国义务教育法》《中华人民共和国价格法》《出版管理条例》等法律法规及国务院有关规定，国家新闻出版广电总局、教育部、国家发展改革委制定了《中小学教辅材料管理办法》，现印发给你们，请遵照执行。

国家新闻出版广电总局　教育部　国家发展改革委

2015 年 8 月 3 日

---

① 《国家新闻出版广电总局　教育部　国家发展改革委关于印发〈中小学教辅材料管理办法〉的通知》，http://www.moe.gov.cn/jyb_xxgk/moe_1777/moe_1779/201509/t20150928_211121.html，2018-05-20。

第 49 条　根据学生发展需要和地方、学校、社区资源条件，科学规范开设地方课程和校本课程，编制课程纲要，加强课程实施和管理。

【要点解读】

国家课程是由国家教育行政管理机构组织专家决策、编制的课程，它注重教育的基础性和统一性。它的开发周期长，缺乏灵活性，不能及时反映科技进步的成果，不能很好地适应地方社会生活、社会发展需求的实际变化，没有也不可能充分考虑到各地方、各学校的实际，更不可能照顾到众多学习者的背景及特点。而地方课程和校本课程的开发正是对开发国家课程时所遇到的挑战做出的实用主义的回应，它是在保证国家对教育的统一基本要求的前提下，尽可能地反映社区、学校和学生的差异性，及时融进最新的科技成果，充分考虑到教师的积极参与、学生的认知背景与需要、学校的主客观条件及其所处地区的经济与文化，以突出地域、学校自身特色等为主要特征，为学生提供多样化可供选择课程，它在一定范围内可以补充国家课程开发的不足。

当前，中小学多样化和特色化的趋势日益明显，而体现学校特色的重要因素之一的课程的多样化和特色化显得更加重要。以往统一的课程设置，难以反映不同地区、学校的实际情况和特殊需要。不少地方和学校在课程改革的实践中，从当地经济、文化特色出发，增强课程的地方性和灵活性的尝试已体现出了明显的优势，表现出了对校本课程开发的积极性，所有这些都对校本课程开发提出了迫切要求。在这种形势下，把课程编制权力部分下放到地方和学校，让一部分优秀校长和特长教师参与部分课程的开发任务，在确保国家教育整体质量的基本前提下，开发更多有特色的课程，使学校之间的距离适当拉开，并使条件较好的学校办出自己的特色。

校本课程开发赋予了教师一定的自主权，充分调动了教师积极参与课程开发的热情，为教师提供了发挥创造性空间和大显身手的机会。况且，教师参与课程开发本身，也是教师接受继续教育的过程，有助于提高教师的专业水平和课程意识，对实施国家课程和地方课程也有促进作用。

地方课程与校本课程的教学应该重视学生在所处的当地社会中获得知识

和能力，它的重点应该是如何利用当地的或者实际现场的知识、经验营造一个多样化的认识论环境和活动空间，帮助学生认识、理解和尊重这种知识和认识方式的多样性，摒弃"唯书""唯师"的"盲从"与"偏见"，使多样性的知识成为提高认识能力的途径，从学生自己所处的周围社会中学习更多的东西。地方课程和校本课程也给学生提供了比国家课程更加丰富的问题情境，更能激发学生积极思考和大胆想象，而且在活动中，学生会不断地接受各种新的刺激，遇到不同的问题，从而不断地变换思维方式和角度，培养和发展思维的广阔性、灵敏性、深刻性和敏捷性。由于地方课程和校本课程在内容上丰富多彩，在形式上灵活多样，在操作时间上因地制宜，因此地方和校本课程能够拓宽学生的学习领域、开阔学生的视野、丰富学生的生活，使学生在有限的学习时间内，在掌握有关知识和技能的同时，学会学习、学会生活、学会健康、学会创造、学会合作、学会关心，为其后续发展奠定坚实的基础。

【实施建议】

第一，校本课程的开发需要一个健全、民主、开放的组织机构。因此，学校应成立"地方课程资源开发利用与校本课程开发"领导研究小组。小组成员应由学校领导、课程专家、骨干教师、家长代表及学生代表等人组成。领导研究小组的主要职责是审议校本课程开发过程中的重大决策，指导制订有关的开发和管理条例，评估校本课程的实施情况。

第二，校本课程的开发应基于现有的课程资源，根据学校的自身优势和文化特色，从培养目标、学生需要、学校发展、社会需要四个方面对课程资源进行深层次的分析和评估，确定校本课程总体目标，构建学校校本课程体系。

第三，学校应为地方课程和校本课程的实施创建一种开放、宽松、平等和多样化的教学环境，以帮助学生在充分尊重对方并获得对方尊重的环境中通过彼此之间平等的交流、竞争和对话，发展出公正对待各种知识乃至自身经验的理性态度。

【案例推介】

国家课程校本化实施需要把握的几个问题（节选）①

本轮普通高中课程改革的核心是根据培养目标和办学特色对学校课程进行重构，而课程重构的重点则是国家课程的校本化实施。但在推进过程中，国家课程校本化实施遇到了不少的困难与问题，主要是"三无"，即"无底气、无组织、无思路"。首先是"无底气"，校长和教师对国家课程校本化实施有较强的畏难情绪，认为课程重构高不可攀，只有专家才行，普通教师没有这个水平和能力。其次是"无组织"。以前学校和教师只是国家课程的忠实执行者，严格按照课程的要求与结构安排教学，且已形成思维定式、管理机制和教学习惯，现在要进行重构，缺乏相应的经验和资源，虽然觉得重要，但主要还是依靠有主动性教师的"单打独斗"，缺乏在学校层面上的行政推动和有组织的实施。再次是"无思路"。很多学校和教师觉得课程重构无从下手，不知如何对国家课程进行校本化改造，在课程校本化实施上感到心有余而力不足。以上"三无"现象的存在反映出了我们的学校和教师在国家课程校本化实施上认知、理论和能力上的储备不足，反映出我们对国家课程校本化实施缺乏深入的思考与足够的勇气。

应该说学校特别是一线教师对课程结构、内容和学生实际是最为了解的，对课程的体验也是最为深刻的，是最有条件和基础进行课程重构的，关键在于我们应该勇敢地迈出校本化实施的第一步，并在实施中牢牢把握住以下几个方面。

第一，准确把握国家课程校本化实施的核心。所谓国家课程校本化实施就是"在坚持国家课程改革纲要基本精神的前提下，学校根据自身性质、特点和条件，将国家层面上规划和设计的面向全国所有学生的局面的计划的学习经验转变为适合本校学生学习需求的实践的学习经验的创造性实践"（徐玉珍《论国家课程的校本化实施》）。其核心就是要"因校（人）制宜"地对国家课程进行改造和重组，既不是死板机械地实施国家课程，也不是抛开国家课程另搞

---

① 《国家课程校本化实施需要把握的几个问题》，http：//blog.sina.com.cn/s/blog_13d9727400102xaga.html，2018-05-20。

一套。这就需要我们在深刻理解课程标准基础上对国家课程的再认识、再组合、再创造、再实践，在深刻领会国家课程标准和学校实际基础上，在实践过程中，通过对国家课程的重组、改造，从而实现对国家课程的创造性校本化的实施。

第二，始终坚持两个原则。首先是要坚持紧扣课程标准原则。国家课程总是要体现培养什么人、怎样培养人的根本问题，体现人才培养的方向、理念和规格，课程标准体现国家对不同阶段的学生在知识与技能、过程与方法、情感态度与价值观等方面的基本要求，规定各门课程的性质、目标、内容框架，提出教学和评价建议。正因为课程标准是国家意志的体现，是国家对国民素养或公民素质的基本要求，因此具有统一性、普遍性和强制性，要不折不扣地执行和落实，而不应因不同条件不同特色而擅自篡改和变动。其次是要坚持因校因人制宜原则。国家课程校本化当然要不折不扣地执行国家课程标准，坚持人才培养的大方向，但课程标准毕竟是方向性的、原则性的、纲要式的，需要我们在实施过程中加以具体化和项目化，这就为我们实施国家课程提供了较大的创造和实验空间，何况国家现在实施的是三级课程管理政策，为我们因校制宜、因人制宜地实施国家课程提供了政策保障和自主的空间。因此在实施过程中要充分利用这些政策和空间，在实施国家课程的过程中充分结合学生实际，突出学校特色，推动"教师在其教学生活现场依据国家课程改革的基本精神，了解和研究学生的学习需求，并在均衡各个教育要素之间的复杂的相互关系的基础上，对国家课程不断调整、补充、拓展和整合"（徐玉珍《论国家课程的校本化实施》）。

第三，做实三个"了解"。一是了解课程。要校本化地实施国家课程首先是要对课程有较深的认识与了解，不仅是要掌握学科的系统知识与技能、结构体系，更要掌握学科的思想方法、知识间的内在关联及学科的课程标准、教学目标和学习策略。只有这样才能对学科的把握做到高屋建瓴，胸有成竹，才能游刃有余地创造性地实施课程。二是了解学生。人们常说教学从了解学生开始，国家课程校本化实施也是要从了解学生开始，不但要了解学生的学业基础、学习特点，也要了解学生的智商、情商；不但要了解学生的过去和现在，还要了解学生成长的家庭生活环境和经常接触的各种人和事；不但要了解学生表现在外的优缺点和特长，还要了解学生的内心世界，包括他们的苦恼和忧愁。只有全面了解学生，才能做到因人制宜地实施国家课程，才能收到良好的教学效果。三是了解环境。这里的"环境"主要是指课程实施的人文环境和实施条件。首先是要了解当地的课程改革氛围和校长教师的现代教育理念的积累，如果没有浓厚的教改氛围，没有现代教育理念的武装和支撑，国家课程的校本化实施是无从谈起的。其次是了解学校特色。一方面学校特色是依靠课程培育和支撑的，另一方面，课程建设又可以彰显办学特色，国家课程校本化实施就是支撑和培育办学特色的有效途径。再次是了解实施的现实条件，主要是指教师的学科素养储备、课程知识储备、实施能力储备等，当然也包括设施设备等物质条件。因为国家课程校本化实施是一项综合性很强的工作，需要各方面的条件支撑，特别是人力条件的支撑。

第四，构建四种校本化改造的基本模式。国家课程校本化实施的核心也是难点就是对国家课程进行校本化的改造与重组，那么如何进行改造和重组就成为学校和教师首先要解决的问题。当前从我们学校和教师的实际能力出发，根据对课程本身的处置方式，有四种方式可以采用。第一种方式是调适课程。就是对国家审定的教材根据学校和学生的实际进行校本化的处理，使教材对教师和学生更具适切性，以提高教学的针对性和有效性，提高教学质量。

……

第50条 落实综合实践活动课程要求，通过考察探究、社会服务、设计制作、职业体验等方式培养学生创新精神和实践能力。每学期组织一次综合实践交流活动。

【要点解读】

综合实践活动课程，是基于学生的直接经验、密切联系学生自身生活和社会生活、体现对知识的综合运用的实践性课程。课程标准规定，综合实践活动主要包括信息技术、社会实践和社区活动、研究性学习、劳动技术教育。综合实践活动课程的开展，将加强学生与生活的联系，促进学生对自我、社会和自然的内在联系的认识与体验，发展学生与生活的联系，促进学生对自我、社会和自然的内在联系的认识与体验，发展学生的创新能力、综合实践能力以及良好的个性品质。

综合实践活动有利于增进学生对自然的了解与认识，逐步形成关爱自然、保护环境的思想意识和能力，有利于学生主动积极地参与社会和服务社会，增进对社会的了解与认识，增强社会实践能力，并形成社会责任感和义务感，有利于学生掌握基本的生活技能和劳动技术，具有自我认识能力，养成负责任的生活态度，有利于学生发展主动获得知识和信息的能力，养成主动获得信息的学习习惯和主动探究的态度，发展信息素养、探究能力和创造精神。

【实施建议】

第一，各校应充分利用青少年社会实践基地。学校要积极探索有效的工作机制。学校努力实现校外活动与学校教育的有效衔接，结合学校的课程设置，把组织学生赴青少年社会实践基地开展社会实践活动列入学校教育教学计划，切实提高活动的针对性和有效性。

第二，各校应高度重视学生的安全工作。学校与基地必须高度重视并共同负责学生的安全工作，明确责任、落实措施。学校成立由基地和学校双方人员组成的安全工作领导小组，使其全面负责学生综合实践活动的安全。建立健全安全管理规章制度，制订突发事件应急处理预案，确保学生的安全。各校应切实加强组织纪律教育。学校将加强学生的组织纪律教育，督促学生严格执行基地的各项规章制度，认真完成实践活动任务。

第三，各校应加强对学生的宣传教育。学校需帮助学生充分认识参加综合实践活动的意义，增强学生参与活动、遵守纪律的自觉性和主动性。学校需做好实践项目选择、学生食宿安排等相关准备及衔接工作。

第四，社区服务和社会实践是接触社会、服务社会的活动，教师要尽量将活动安排在社区或更大范围的开放性环境之中。展示活动是学生参与社会实践活动成果的交流与分享的平台。展示活动还可以使社区成员进一步了解学生的服务活动，并鼓励他们继续参与。每学期组织一次综合实践交流活动，使学生和教师从相互启发中受益，使学生在分享中学习，教师在交流中反思，综合实践活动课程在实施中得以不断完善。

【案例推介】

昆明中小学生职业体验第四季来袭①

2017 年 9 月 17 日，昆明中小学生职业体验第四季第一站来到昆明铁路局昆明客运段培训中心。50 名中小学生经过培训、面试及情景模拟选拔后，将有 6 名学生真正登上高铁，做一次货真价实的高铁小乘务员。

培训课一开始，50 名中小学生先了解了火车的历史演变，蒸汽机车、内燃机车、电力机车，再到如今的动车。"原来动车已经不是由单一的火车头提供动力，而是将动力分散到各节车厢，怪不得跑得那么快！"听完昆明客运段职教科长杨昆楠的讲解，一名学生感叹道。

高铁小乘务员需要的不仅仅是丰富的学识，还有标准的乘务礼仪。"左手在下、右手在上，大拇指回扣，不能让它露出来。双手指头绷紧，不然会变成肚子痛捂着肚子的动作……"学生们跟着昆明客运段高铁列车乘务员的手势、动作，学习乘务礼仪。

"我是高铁小乘务员"活动由昆明铁路局昆明客运段、云南省旅游发展委员会主办，昆明日报社、昆明教育微公号、小鬼游学记承办，也是昆明中小学生职业体验第四季的第一站。相比前三季的活动，第四季的职业体验不仅会让学生体验不同职业的乐趣，还会让学生亲自参与到其中。

经过第一次培训及笔试后，参与"我是高铁小乘务员·小鬼游学"活动的 50 名中小学生，一个星期后还将经过面试及情景模拟、网络人气投票等，最终综合评选出 6 名表现优秀的孩子获得高铁小乘务员的上岗资格。10 月 15 日，6 名高铁小乘务员将踏上前往玉溪的高铁列车，为乘客提供服务，其他参与活动的学生则可在专属车厢里一同感受动车的魅力。

第 51 条　创新各学科课程实施方式，强化实践育人环节，引导学生动手解决实际问题。

【要点解读】

课程实施是师生在具体的课堂情境中共同合作、创造新的教育经验的过

---

① 蔡晓磊：《昆明中小学生职业体验第四季来袭》，http://www.km.gov.cn/c/2017-09-18/2115157.shtml，2018-05-20。

程。真正的课程不是固化的而是生成的。课程实施本质上是师生在课堂具体情境中的共同创造和生长。

学习知识不是课堂教学的最终目的，课堂教学的终极目标是帮助学生借由知识的获得而发展出学习的能力、思考的能力以及解决问题的能力。因此，在课程实施过程中，教师应重视实践的育人作用，合理设计教学，帮助学生不仅能够在解决具体问题的过程中理解和获得知识，而且能够将知识应用于具体的实践，将静态的、固化知识转变为学生个体的、动态的、灵活的知识。

我国古代学者就提倡"学以思为贵"。学校和教师不仅是知识的传播者，而且应该是学生潜能和聪明才智的培育者。学生逻辑思维能力发展得越好，对事物认识的能力、自制能力、自学能力和自立能力就越强，这对学生的终身发展能起到很好的促进作用。

【实施建议】

第一，学校引导教师系统学习学科教学理论、课程理论，学习先进的教学经验，提高教育理论水平，树立正确的教学观、育人观和质量观，用正确的教学理念指导课堂教学，改进课程实施。

第二，学校进一步完善课堂教学评价标准，改革课堂教学评价方式。尝试构建课堂教学创新的相关制度和保证措施，健全工作机制，努力促进课堂教学创新的制度化。

第三，教师积极探索提高学生自主学习能力提升的方法和措施，引导学生主动探索、积极思考，增强学生发现问题、解决问题的能力。

第四，教师注重知识生成的过程性，强调发展学生的创新思维。教学不仅仅是为了掌握现成的知识结论，更重要的目的是将获得的知识迁移到新情境中，让学生创造性地解决问题。

【案例推介】

北京市呼家楼中心小学开展实践育人、项目育人（节选）[①]

"我到街上做问卷调查，开始很害羞，担心被拒绝。"北京市朝阳区呼家楼中心小学四年级(4)班的学生吕文博和小伙伴们，正在做"给北京汽车安个家"

---

① 《北京市呼家楼中心小学开展实践育人、项目育人》，http://news.enorth.com.cn/system/2017/05/25/033097503.shtml，2018-05-20。

项目。慢慢地，孩子们不但敢开口了，还总结出 3 条经验：不能找不开车的老人和小孩；不能选上下班时间调查；关键是要微笑，让人不好拒绝。

　　孩子们创新精神缺乏、实践能力差，这块"硬骨头"怎么啃？2015 年，呼家楼中心小学积极探索，提出了"PDC 实践育人理念"，即 project（项目）、drive（驱动）和 create（生成）。"'PDC 实践育人理念'试图通过项目育人、实践育人，来求解'为什么我们的学校总是培养不出杰出人才'的'钱学森之问'。"呼家楼中心小学校长马骏说。

　　实践育人求解"钱学森之问"。

　　"老师，您有要买的东西吗？"三年级（3）班的"促销员"姚雨昂热情地迎上前来，学校操场上的一间白色帐篷屋里，小超市"麻雀虽小、五脏俱全"。

　　三年级（3）班的"总经理"张开瑜是个行家，说起开店头头是道："我得先调查市场需求，然后还有消防验收、税务登记、招聘人员、进货……""如果让你促销方便面，怎么办？""促销员"姚雨昂想了想，不慌不忙地说："可以买一赠一呀！我薄利多销，让消费者少花钱，还能从厂家低价进货。"

　　"学生创新精神与实践能力弱化的问题长期存在，也是'钱学森之问'提出的思考。我认为，现在是教育改革最好的时机，有政策、有经费、有空间，必须承担起解决教育痛点问题的责任和使命。"马骏指出，"'PDC 实践育人理念'要实现的目标，就是从课堂到生活，重在培养孩子的实践能力和创新精神；从学校到社会，重在培养孩子的生活能力和社会适应能力。"

第52条　定期开展学生学习心理研究，研究学生的学习兴趣、动机和个别化学习需要，采取有针对性的措施，改进课程实施和教学效果。

【要点解读】

　　学习是在社会生活实践中，在社会传递下，以语言为中介，自觉地、积极主动地掌握社会和个体经验的过程。学生的学习应该是一个主动建构的过程，但他们的学习不是为了适应当前的环境，而是为了适应将来的环境，当学生意识不到他当前的学习与将来的生活实践的关系时，就不愿为学习付出努力。

尽管个体的心理发展遵循着颇为一致的规律，表现出与他人一致的共同性，但其发展又表现出相对特殊性，即个别差异。由于遗传素质、教育条件以及社会环境的不同，学生的心理发展也各不相同。各种心理机能开始出现和发展的具体年龄、发展速度、各种心理机能发展所能达到的最终水平以及各种心理成分在学生身上的结合模式都有所不同。因此，学生之间的个别差异现象是普遍存在的。如果教师忽视学生在智力方面的差异，只将眼睛盯在中等程度、中等发展水平的学生身上，那么其结果只能是，一方面，智力水平高、成绩优秀的学生由于不能以更高的速度前进，求知欲得不到满足，对课程教学内容缺乏学习兴趣；另一方面，智力水平低、成绩差的学生往往因跟不上进度，达不到教学要求，且屡遭失败而失去学习的信心。因此，教师在教学过程中，应该研究学生的学习兴趣、动机和个别化学习需要，采取有针对性的措施，以提高教学效率。

【实施建议】

第一，鼓励教师积极学习、了解学生心理发展规律，按照学生心理发展规律设计教学，使教学顺应学习发生发展的规律，提高学生学习效率。

第二，教师在师生互动过程中，在认知学生行为时，应注意了解在学校中教师容易对学生产生的偏见，不断主动调整自己的行为，使师生互动成为一个积极的、有利于学生发展的过程。

第三，教师要认真了解每个学生的特点，发现他们的长处，对每个学生都建立起积极的期待。教师对学生采用移情性的理解，即以同情的态度设身处地地理解学生的感情和行为，这样才能真正了解每个学生的长处。

【案例推介】

中学生考前心理辅导（节选）①

随着中考的临近，高中资源有限，中考竞争激烈，武汉市研子中学九年级的学生面临着巨大的压力，引起考前紧张、焦虑、恐惧等情绪问题，为了帮助学生们学会舒缓压力的方法，消除不良情绪带来的影响，武汉市逸飞社会工作服务中心驻研子社区社工通过对接研子中学资源，针对学生需求，

---

① 《中学生考前心理辅导》，http：//www.sohu.com/a/147165964 _ 796739，2018-05-20。

2017 年 6 月 7 日，在研子中学多功能会议室开展"中学生考前心理辅导"活动，共有 85 名九年级学生参加。

此次活动帮助中学生树立正确的认知观念，掌握舒缓压力的方法，消除负面情绪带来的影响，引导学生们用积极的态度面对生活和学习带来的压力，以平常心轻松应对中考。

第二节　实施以学生发展为本的教学

第 53 条　定期开展教学质量分析，建立基于过程的学校教学质量保障机制，统筹课程、教材、教学、评价等环节，主动收集学生反馈意见，及时改进教学。

【要点解读】

要实现学校人才培养目标，不仅要看教学结果，而且要加强对教学全过程的实时监控和管理。教学质量的保证依赖于完整的教学质量保障机制的建立及有效运行。一个有效运行的教学质量保障机制既能对教学质量进行评估、监督、考核，又能为学校的教学决策提供可靠的依据。

学校建立基于过程的学校教学质量保障机制，要统筹课程、教材、教学、评价等环节，建立一整套目标监控体系。计划、实施、检查（监控）、总结四个环节缺一不可。其中，学校把教学质量检查纳入整个教学过程之首，使之成为不断反馈、不断调节、不断改进的动态过程，以达到提高教学质量的目的。

教师需主动收集学生的反馈意见，及时调整和改进教学。学生反馈是学生评价教师教学，确保教学质量的一个重要维度。学生反馈一般在课程结束或对教师作出综合性评价时进行，学生可以通过填写有关教学成效评价的调查问卷开展。同时学生反馈还包括学生对课堂教学的反应、对所学内容的掌握以及对评价方式的理解。因此，学生反馈还包括学生通过电子邮件的方式进行询问或提出相关问题。因为这些行为能为教师提供有效信息，使他们了解学生掌握学习内容的程度和教学的实际成效。这些反馈是学生课堂学习中个人的真实综合经验，教师从中获取真实可靠的信息，使教师了解学生学习的情况，设计多种不同的可选择的方法，及时改进教学，提高学生的学习效率。

【实施建议】

第一，教学管理水平和管理机制创新直接决定着一所学校的发展潜力。科学的管理机制是学校可持续发展的保证。管理最基本的任务是强化制度建设，切实落实各项制度，形成教学质量保障制度体系。学校要建立教学质量保障的成效机制，除了在思想上对教学质量真正重视外，还要实现上下一心，以系统思维协调各部门工作，制定长远规划，完善相关制度，落实配套措施。

第二，学校建立监控机制，通过对教学各环节的过程进行管理，保证和提高教学质量。监控机构的建立，为建立教育教学保障长效机制提供组织保证。学校实行过程管理与目标管理相结合，积极开展形式多样、信息反馈渠道畅通的教学评价，实现评价方式的科学化、现代化。

第三，教师通过预警机制对质量保障机制进行自我诊断。通过各种监控手段，把握事物发展趋势和规律，从而实现自觉的调控，进而实现监控的最高境界。教师要注意质量保障机制中的关键环节，即将预警机制建立在有效监控与评价基础上，通过一系列的量化指标实现学校教育教学质量的自我诊断。

第四，激励机制的建立，为质量保障机制提供动能。激励中包括奖励和惩罚两方面内容。通过激励机制，教师分析教学过程各种要素相互关联与作用规律的本质，将激励机制的作用渗透到教学过程的各个环节和不同领域，实现教学过程持续、高效、有序地运行。

【案例推介】

期末检测"大变脸" 绿色评价创新意

——安徽省教育质量综合评价实验改革典型案例（节选）①

"纯笔试"的评价检测只能考察学生对基本知识点的掌握情况，不能全面反映学生的学业综合水平，一些动手操作、口语表达等能力测试通过简单的纸笔测试很难达成，研究和开发有效的中小学生学业水平评价模式就成为当务之急。2014 年寒假期末检测前，区教育局组织相关教研员、骨干教师开展

---

① 江玲：《期末检测"大变脸" 绿色评价创新意——安徽省教育质量综合评价实验改革典型案例》，http://blog.sina.com.cn/s/blog_149a32ac00102xa9y.html，2018-05-20。

实验研究，尝试在原有纯笔试的基础上寻求突破，探索进行学科面试评价。此项实验改革率先从小学语文、数学、英语三个学科开展，要求每个学科真正地按照课标设计考试形式。例如，小学语文学科对识字水平测评、朗读水平测评、口语交际能力的测评采用了面试的形式。在识字水平的测评中，学校将每个年级课标中要求认识的字全都打印在纸上，每名学生一张测试纸，学校语文老师与学生面对面进行测评，还邀请了能胜任测评的高年级学生参加，遇到学生不认识的字，评委就会用红笔圈画出来，最后合计学生的得分。朗读水平测评也是老师与学生面对面地完成，学生朗读专项得分，也会按百分比折合记入学生期末学业水平测试。数学学科的面试内容更是丰富，如让学生动手用两个三角板拼成指定度数的角，用彩纸现场做轴对称图形等，重点考察学生的动手操作能力和运用数学知识解决生活问题的能力，这也是传统笔试无法达到的。英语口语测评是三到六年级英语面试的一个重要内容，除重点培养学生"说"，还设计了单词拼写、对话现场等专项测评，全面地考查学生英语听、说、读、写的能力。

多种形式的面试评价，作为全区教育质量综合评价改革的突破口，成为课堂教学改革的一盏方向灯，使课堂发生了深度变化，促进了学生的全面发展及其学习方式的改良，推进了课改理念的全面贯彻与素质教育的落实，得到了学生、老师、家长的一致认可。

第54条　采取启发式、讨论式、合作式、探究式等多种教学方式，提高学生参与课堂学习的主动性和积极性。

【要点解读】

教学方式是在教学过程中，教师和学生为实现教学目的，完成教学任务而采取教与学相互作用的活动方式的总称。为了提高学生参与课堂学习的主动性和积极性，教师要依据教学目标、教学内容等，灵活采取启发式、讨论式、合作式等多种教学方式。

启发式教学——教师在教学过程中根据教学任务和学习的客观规律，从学生的实际出发，采用多种方式，以启发学生的思维为核心，调动学生的学习主动性和积极性，促使学生生动活泼地学习。启发式教学要求教师在教学中注重调动学生的主动性，启发学生独立思考，发展学生的逻辑思维能力，让学生动手，培养学生独立解决问题的能力，发扬教学民主精神。

讨论式教学——强调在教师的精心准备和指导下，为实现一定的教学目标，通过预先的设计与组织，启发学生就特定问题发表自己的见解，以培养学生的独立思考能力和创新精神。讨论式教学是从实践中发展起来的一种新的教学方式，它的目的在于为学生提供思考问题和讨论问题的机会，在学习过程中创设一种有助于探索的、开放的情境和途径，使学生围绕某一主题主动地搜索、选择、加工、处理信息，并应用知识解决问题。它不仅能使学生增长知识、开阔视野，有助于学生综合能力的提高，而且有助于师生共同探索、发现和研究，进而密切师生关系，促进教学相长。

合作式教学——先由教师提出具有挑战性的问题，然后根据学生实际情况组织学生以小组合作的形式对问题进行深入讨论，并在师生互动交流中寻求解决问题的最佳方法。其目的在于让学生在互相帮助、互相启发中培养学习的兴趣，学会合作学习的方法，掌握与人交往的技巧，获得沟通的能力等。合作式教学作为新一轮课程改革所倡导的教学方式之一，越来越被认为是一种行之有效的教学方法。

课题实施合作式教学可以充分调动师生思考问题的积极性，把看似枯燥的理论知识变得生动风趣。合作式教学对全面提高教学质量和培养全能型人才具有创新意义，它是一种促进师生产生情感共鸣，让师生在轻松愉快的课堂氛围中相互学习的有效的教学方法。这种方法将其丰富多彩的活动形式融入课堂教学内容中，有助于激发学生的学习积极性，同时为师生随时随地地进行合作学习提供方便，真正体现了学生是教学过程中的主体，让合作走进课堂，走进师生的心里。

【实施建议】

第一，实施启发式教学。教师要调动学生的学习积极性，将教师主导作用与学生积极性相结合，教师要遵循学生的思维发展规律，注重激发学生内在的学习动力，实现内在动力与外在学习动机的结合，强调理论与实践联系，实现书本知识与直接经验相结合。

第二，实施讨论式教学。教师要遵循学生主体性原则、启发性原则、循序渐进原则及和谐性原则，充分发掘学生的创造潜力，发挥学生的主动作用，教师要尽可能创设师生平等、和谐讨论的问题情境，最终形成讨论交流的教学氛围。

第三，开展合作式教学。教师要充分激发学生对所学学科的学习积极性，促进学生对所学的学科产生情感共鸣。合作式教学要求教师有准备地教、学生有积淀地学，将多种互动过程有机统一，在教师有计划、有目的、有组织的指导下，学生积极参与其中。合作式教学要求教师有计划、有目的、有组织的"导"先于学生的"学"，教师的"导"贯穿于课堂的整个过程，充分发挥教师的主导作用，把学生作为教学的主体，通过小组合作学习方式的训练，锻炼学生的团队合作、思维能力的全面发展。

【案例推介】

抛锚式教学的一个案例①

这是澳大利亚"门尼·彭兹中心小学"所做的教改试验，试验班为六年级，有 30 名学生，教师名字叫安德莉亚，当前要进行的教学内容是关于奥林匹克运动会。

首先，安德莉亚鼓励她的学生围绕这一教学内容拟定若干题目，如奥运会的历史和澳大利亚在历次奥运会中的成绩等问题（确定与主题密切相关的真实性事件或将问题作为学习的中心内容，确定媒体在解决这些问题的过程中所起的作用，并要求学生用多媒体形式直观、形象地把自己选定的问题表现出来）。

经过一段时间在图书馆和网上查阅资料以后，其中米彻尔和沙拉两位小朋友合作制作了一个关于奥运会历史的多媒体演示软件。在这个软件向全班同学播放以前，教师提醒大家注意观察和分析软件表现的内容及其特点。播放后立即进行讨论。一个学生说，从奥运会举办的时间轴线，他注意到奥运会是每 4 年召开一次。另一个学生则提出不同的看法，他认为并不总是这样，如 1904 年、1906 年和 1908 年这几次是每两年举行一次。还有一些学生则注意到在时间轴线的 1916、1940 和 1944 这几个年份没有举行奥运会，这时教

---

① 《抛锚式教学的一个案例》，http://blog.sina.com.cn/s/blog_58cc4a8701000at9.html，2018-05-20。

师提出问题："为什么这些年份没有举办奥运会？"有的学生回答，可能是这些年份发生了一些重大事情，有的学生则回答发生了战争，有的则更确切地指出 1916 年停办是由于第一次世界大战，1940 和 1944 年停办是由于第二次世界大战。经过大家的讨论和协商，认为有必要对米彻尔和沙拉开发的多媒体软件作两点补充：①说明两次世界大战对举办奥运会的影响；②对奥运历史初期的几次过渡性（两年一次）奥运会做出特别的解释。这时候有位小朋友提出要把希特勒的照片通过扫描放到时间轴上的 1940 年这点上，以说明是他发动了第二次世界大战。教师询问全班其他同学："有无不同意见？"沙拉举起手，高声回答说："我不同意用希特勒照片，我们应当使用一张能真实反映第二次世界大战给人民带来巨大灾难（如大规模轰炸或集体屠杀犹太人）的照片，以激起人们对希特勒的痛恨。"教师对沙拉的发言表示赞许。

从以上课例中我们可以看到，教师为这个教学单元进行的教学设计主要是让学生用多媒体计算机建立一个有关奥运会某个专题的情境，并以奥运历史或澳大利亚在历次奥运中的成绩这类真实性事件或问题作为"锚"（学习的中心内容），用以激发学生的学习兴趣和主动探索精神，再通过展开讨论，把对有关教学内容的理解逐步引入深入。在这个课例中，学生始终处于主动探索、主动思考、主动建构意义的认知主体位置，但是又离不开教师事先所做的、精心的教学设计和在协作学习过程中画龙点睛的引导；教师在整个教学过程中说的话很少，但是对学生建构意义的帮助却很大，充分体现了教师指导作用与学生主体作用的结合。

第55条　创新作业方式，避免布置重复机械的练习，多布置科学探究式作业。可根据学生掌握情况布置分层作业。不得布置超越学生能力的作业，不得以增加作业量的方式惩罚学生。

【要点解读】

家庭作业是教学的一个重要组成部分。学生通过做作业可以发现学习中存在的问题，以便及时补救。一般来说，作业做得顺利，正确率高，在一定程度上说明这部分知识掌握得比较好。如果情况相反，那么这说明这部分知识掌握得不好，就需要及时检查，寻找原因，及时补救。同时，作业还可以深化对所学知识的理解。通过做作业时的思考，可以加深对知识的理解，把易混淆的概念搞清楚，熟练公式的变换。课本知识是一种间接的、抽象的知识，通过预习、上课、复习，只能对知识有初步认识，学生之所以感到课本知识有些"严肃"和"死板"，是因为它那丰富的内涵和外延还远远没有展现出来。作业可以使所学的知识得到深化、强化、活化。

另外，作业还可以帮助学生形成各科学习的基本技能，如写作技能、绘图技能、操作技能及运用技能等。作业在使知识深化、强化、活化的过程中，必然会带动学生积极思考，从而使学生的观察能力、记忆能力、思维能力、想象能力及创造能力相应地得到锻炼和提高。

但是，教师应遵循科学、合理、艺术的原则布置作业，强调作业与相关知识和能力的恰切性，避免布置重复机械的练习，而代之以科学探究式作业，以激发学生完成作业的积极性和主动性。

【实施建议】

第一，教师根据学生的发展水平，设置不同水平层次的家庭作业，以满足学生不同发展水平的需要。例如，教师可以设置必做部分、选做部分，对完成必做部分尚有困难的学生应提供补偿教育的机会。

第二，教师应对所有作业进行规范批改，以作为诊断学生学习问题和实施个别化教育的依据。

第三，作业的目的不是让学生端端正正地坐在桌前计算和挠头，也不是干干净净的作业本，而是要学生掌握知识，懂得怎样应用到实际生活中。因此，家庭作业不能总是简单的抄写和计算练习，它可以是读书、听广播、看电影，或听邻居、长者讲故事，或是假日旅游，甚至去田野乡下做调查和测量等多种形式，包括发生在学校之外的有助于身心成长的经验。

【案例推介】

桃江县湖莲坪学校：特色家庭作业受欢迎①

"妈妈，您为什么对我那么好呢？又是为我做饭、洗衣，又是关心我的学习、身体……您所做的这一切，我该怎么报答呢？""停、停、停——"妈妈突

---

① 《桃江县湖莲坪学校：特色家庭作业受欢迎》，http://www.shanxiol.com/edu/2016-01/06134246.html，2018-05-20。

然喊道，"你到底想说什么？不会又给我闯祸了吧？今天怎么有点不对劲？""没有没有！""那到底是为什么呢？""你为我付出了那么多，我只想对您说一句'妈妈，我爱您'！"晶晶低着头红着脸郑重地对妈妈说。

2015年12月31日，桃江县三堂街镇湖莲坪九年一贯制学校七年级教室领导符边老师给学生布置了一道特殊的作业：对父母说"我爱你"。这是该班黄晶同学回家后完成"作业"的精彩一幕。

2015年上学期末，该县教育局召开德育工作专题会议，要求各中小学学校组织开展以"明孝道，行孝德，做最美孝心少年"为主题的"体验式德育"系列活动，本学期开学以来，湖莲坪学校七年级班每周周末都给学生布置了一道"特殊的家庭作业"——分担家务，感恩父母。

该班首先利用班会课，针对部分学生"大事做不来，小事不想做"，缺乏劳动锻炼，不会或懒于做家务，把洗衣、做饭、打扫卫生等事儿一股脑儿推给父母，养成了衣来伸手、饭来张口、依赖父母、不懂敬畏父母等不良习惯的现象，对学生进行热爱劳动、感恩父母教育，让学生明白"为学先为人""做人要有感恩之心""幸福不会从天而降，梦想不会自动成真"，要开创自己的美好未来，必须依靠辛勤劳动、诚实劳动，一分耕耘一分收获，有劳动才会有成功。要求学生周末回家感恩父母，要做到"八个一"：给下班的父母一句温暖的问候、一个热度的拥抱、倒一杯热茶、洗一次脚、捶一次腰背、唱一首感恩父母的歌、节日制作一张亲情贺卡、对父母说一声"我爱你"；要为父母分担家务劳动，诸如淘米、煮饭、洗菜、切菜、炒菜、扫地、擦桌、叠被、洗衣、洗碗、整理房间等。符边老师还制作了"特殊家庭作业完成卡"，要求父母要起到检查、督促作用，要定期对孩子完成作业的情况进行点评，并要求父母在卡上对"特殊作业"完成情况签字确认。

在近日的父母会上，父母们纷纷表示，孩子们通过一段时间的实践后变得懂事了，他们深刻体验到了父母的不易，更加体贴父母了。

"做家务这个家庭作业好，加深了小孩对劳动的认识，能帮助大人洗碗、扫地，能体会到父母的辛苦。"龙雨晴妈妈说，以前孩子放学回家后，经常要大人催着写作业。现在因为要做家务，孩子回家后就会自觉地先完成作业，然后和大人一起做家务。"每天做家务对我们的影响非常大。"范双双同学在发表感言时说，"现在我会主动做家务了，虽然有时做得不好，但我会尽力去完成"。她说，有一天放学时因为下雨路滑，摔了一跤，把衣服鞋子弄脏了，回到家后她对妈妈说想自己洗衣服鞋子。范双双在洗自己的鞋子的同时，也把妈妈、弟弟的鞋子洗了。妈妈看见她这么主动肯干，于是上前教她如何清洗。范双双学会后开心不已。"通过这件事，我知道了爸爸妈妈的不容易，以后我再也不会衣来伸手，饭来张口了。今后我要多做一点家务，让爸爸妈妈下班以后多一点轻松，多感受一份我的孝心。同时，我也知道了做每一件事都很不容易，学习也一样。所以，我要加倍努力学习，争取更大的进步。"范双双说。

做家务会耽误充电时刻吗？对此，符边老师笑着说，根据他的观察，会做家务的孩子学习反而更好。"家务做得好的学生，做作业速度也很快。可能是做家务提高了动手能力，也养成了专注做事的习惯。"

"分担家务能让学生体验到劳动的艰辛和快乐，并且学会感恩，充分体现了教育的本质，更是有力地推进了素质教育的落实。体验式德育，可谓春风化雨，润物无声。"符边表示，因这份家庭作业得到学生和父母的高度肯定，他会长时间推进该项作业的落实，让学生在实践中学会劳动，学会感恩。

第56条 对照中小学教育质量综合评价改革指标体系，进行监测，改进教育教学。

【要点解读】

教育质量评价具有重要的导向作用，是教育综合改革的关键环节。推进中小学教育质量综合评价改革，是推动中小学全面贯彻党的教育方针、全面实施素质教育、落实立德树人根本任务的重要举措，是引导社会和家长树立科学的教育质量观、营造良好育人环境的迫切需要，是基本实现教育现代化、加强和改进教育宏观管理的必然要求。

改革开放特别是21世纪以来，随着基础教育课程改革的实施，各地在改进中小学教育质量评价方面进行了积极探索，取得了一些进展。但总体上看，由于教育内外部多方面的原因，单纯以学生学业考试成绩和学校升学率评价中小学教育质量的倾向还没有得到根本扭转，突出表现在三个方面——在评价内容上重考试分数忽视学生综合素质和个性发展；在评价方式上重最终结果忽视学校进步和努力程度；在评价结果使用上重甄别证明忽视诊断和改进。这些问题严重影响了学生的全面发展、健康成长，制约了学生社会责任感、创新精神和实践能力的培养。要解决这些突出问题，适应经济社会和教育事业发展的新形势新要求，学校必须大力推进中小学教育质量综合评价改革。

实施中小学教育质量综合评价，有利于进一步落实基础教育"立德树人"的根本任务，促进政府和教育部门改进教育质量管理，推动中小学转变育人模式，全面实施素质教育；有利于建立科学的教育质量评价机制，准确反映区域和学校的教育质量状况，科学诊断存在的问题，提高政府部门教育决策的科学性，加快推进教育均衡化；有利于发挥教育评价的积极导向作用，引导社会树立正确的教育质量观，促进教育部门推进教育教学改革，规范办学行为，激励学校内涵发展。

【实施建议】

第一，各省级教育行政部门要组织本地区专业力量，在认真调研、科学论证的基础上，研究制定本区域小学、初中和高中学校教育质量综合评价指标体系，细化指标考查要点、评价标准和依据，开发评价工具，在省内开展评价。

第二，学校要建立体现素质教育要求、以学生发展为核心、科学多元的中小学教育质量评价制度，切实扭转单纯以学生学业考试成绩和学校升学率评价中小学教育质量的倾向，促进学生全面发展、健康成长。

第三，学校重视教育质量综合评价结果的反馈，通过对教育质量综合评价结果进行科学认真的分析，以改进教育教学、完善督导评估、引导社会舆论。

【案例推介】

潍坊市中小学教育质量综合评价改革实施方案（节选）①

······

二、具体内容

（一）构建中小学教育质量综合评价体系

1. 制定评价指标体系及评价标准

根据教育部《中小学教育质量综合评价指标框架（试行）》（以下简称《指标

---

① 《潍坊市中小学教育质量综合评价改革实施方案》，http：//blog. sina. com. cn/s/blog＿4e1d9c040102wd1s. html，2018-05-20。

框架》)的要求，对照学生品德发展水平、学业发展水平、身心发展水平、兴趣特长养成、学业负担状况 5 个方面、20 项关键指标，紧密结合我市中考改革、综合素质评价改革、学业质量监测、课业负担监测、学生体质健康监测等已有的体制机制改革，借鉴国内外先进的教育质量评价改革经验和做法，按照小学、初中和普通高中的不同性质和特点，制定基于学校实际、操作性强的评价指标体系，并建立健全相应的评价标准。

2. 改进评价方式方法

探索基于标准的教育质量综合评价方式，注重发展性评价和增值性评价。实行定量评价与定性评价相结合，建立科学的信息采集系统，注重全面客观地收集信息；形成性评价与终结性评价相结合，建立纵向、横向相结合的比较分析评价机制，注重全面考查学生进步程度和学校发展情况；内部评价与外部评价相结合，注重促进学校建立质量内控机制，实现学校自我评价、自我诊断、自我改进；完善社会参与，建立政府主导、社会组织和专业机构等共同参与的外部评价机制。主要通过测试和问卷调查等方法进行评价，辅之以必要的现场观察、个别访谈、资料查阅等。测试和调查全部面向学生群体采取科学抽样的办法实施，不针对学生个体，不组织面向全体学生的县级及以上统考统测。科学设计评价工具，开发易懂、易操作的教育质量综合评价工具。建立中小学教育质量信息数据库，构建网络化的"潍坊市中小学教育质量综合评价系统"，为科学评价提供技术支撑。

(二)积极实施评价工作

成立由国内、省内教育测量与评价专家、心理学专家及中小学校长组成的专家团队，对中小学教育质量综合评价体系的建立、组织实施及结果的呈现与使用等进行专业指导、监督执行、跟踪评价，准确把握改革动向，确保实验工作的专业性、规范化运作。潍坊市教科院具体负责建立中小学教育质量综合评价指标体系、开发评价工具，并组织开展评价工作。

成立小学、初中和高中三个项目研究团队，开展基于学校自评的教育质量综合评价改革研究工作。根据《指标框架》，结合学校实际，研究制定具体的评价内容、评价标准，不断检验完善适宜的评价和测量工具，推动学校对照检查改进教育教学。

在评价过程中，要科学设计评价流程，有序开展评价工作。变多头、单一、经验性评价为统一、多元、科学的教育质量综合评价；充分利用学生成长记录、学业水平考试、课业负担监测、学生体质健康监测等信息，测试和调查都要面向学生群体采取科学抽样的办法实施，不针对学生个体，不得组织面向全体学生的县级及以上统考统测，避免重复监测，加重学校和学生负担。

（三）完善评价工作机制

1. 定期调度

潍坊市中小学教育质量综合评价改革工作领导小组每季度专题研究、调度一次实验区工作推进情况；各项目研究团队每两个月集中研究一次工作进展情况；每年召开一次全市教育质量综合评价工作会议。

2. 评价激励

定期编发《潍坊市中小学教育质量综合评价改革实验区工作简报》，交流各县市区、项目研究学校最新工作动态和亮点做法；每年年底组织一次集中展示交流活动；对教育质量评价改革中涌现的典型经验及时通过文件、现场推介会、经验交流会等形式进行总结、推广和表彰。

3. 评价结果呈现

对各县市区的教育质量进行综合评价后，形成县市区教育质量综合评价报告，从品德发展、学业发展、身心发展、兴趣特长和学业负担五个方面分项给出评价结论，并对县市区的教育质量进行横向与纵向比较，明确县市区的优势与不足，提出改进建议。各项目研究学校每年的评价情况也要形成评价分析报告。

4. 评价结果的使用

对各县市区教育质量综合评价结果纳入对县市区的年度教育综合督导；作为校长职级制评定、高中招生指标生分配、义务教育均衡发展县市区评估以及市政府教学成果奖等评优树先的重要参考依据。对县市区评价结果通过市、县两级新闻媒体、教育部门网站等向社会公开。各项目研究学校的评价结果用于学校的自我诊断、自我改进、自我提升。

第三节　建立促进学生发展的评价体系

提升教学质量需要适合学生发展的评价体系作为支撑和保障，这种支撑和保障必须贯穿于教学的全过程。长期以来，我们更多考虑的是学生如何适合、适应学校和社会要求，较少考虑学校和社会如何适合、适应学生发展的需求。

在教育实践活动中，尤其在教育评价过程中，长期存在着过分强调评价的甄别与选拔功能，忽视改进与激励的功能，注重学习成绩，忽视全面发展和学生个体差异，过分关注结果而忽视过程，评价方法单一等问题。在评价功能方面，过于强调评价的甄别与选拔功能，在评价内容方面，过于注重对基本知识和技能的评价，在评价方法方面，过于注重纸笔测验，在评价主体方面，过于强调他人评价。

新课程改革以来，关注学生综合素质的评价研究成为一个热点领域，也取得了不少成效，注重综合素质的评价导向，开始改变学校教师、家长以及学生本人的观念，过程性评价、多元评价逐步为人们所接受。随着各地综合素质评价电子平台的建立，综合素质评价在促进学生全面发展方面发挥着越来越重要的作用。反映学生发展的"成长记录袋"等综合素质档案，也在学生发展评价中广泛运用。

构建适合学生发展的评价体系，需要重点关注以下五个方面。第一，在评价目的方面，学校积极营造适合学生发展的政策和制度环境；第二，在评价功能方面，学校大力提倡评价的引导、激励、赏识、改善功能，注重形成性评价和成长性评价；第三，在评价内容方面，学校更要注重综合性评价、多样化评价和差异化评价，最大限度地关注到每一个学生发展的实际需要和潜能。除了关注基本知识和技能之外，更要关注过程与方法，以及情感、态度和价值观；第四，在评价方法方面，注重量化评价与质性评价的统一，书面测试与实践考察的统一；第五，在评价主体方面，注重自我评价和他人评价的统一，由单一主体评价转向多主体协同评价。

第 57 条　实施综合素质评价，重点考察学生的思想品德、学业水平、身心健康、艺术素养、社会实践等方面的发展情况。建立学生综合素质档案，做好学生成长记录，真实反映学生发展状况。

【要点解读】

综合素质档案是学生档案的重要组成部分，它不仅是学校提高教学与管理质量、促进学生全面发展、有效拓展学生综合素质的重要信息资源，而且是提高学生综合素质的重要环节。

学生综合素质档案是学生管理部门或班主任把学生在学习、生活、社会实践等活动中形成的具有保存价值的文字、图片、音像等资料进行收集、整理，形成具有一定参考和开发价值的文书资料。它反映了学生个体成长发展的客观过程，也反映和体现着学校素质教育的水平和状况，它是学校教育教学与管理质量和水平的体现。

学生综合素质档案比较全面地反映了学生个体的学习状况、思想品德、身心发展、社会实践能力等成绩，成为学校考核、培养、奖励学生的重要依据，也是一所学校教育教学与管理的质量和水平的反映。

在将分数作为评价学生唯一标准的情境中，教师教学的目标单一而固定，就是为了让学生能够在考试中获得好的分数。因此，教师的教学方式只要能够满足这一简单需求，他们一般就不会主动地进行教学改革。综合素质评价的实施则可以改变这一现象。首先，它能够让教师主动地打破"分数至上"的传统评价观念，将促进学生综合素质的发展也纳入教学目标当中，这样他们就会在此基础上积极主动地进行教学改革。其次，实施综合素质评价以后，学生的主体意识将得到增强，学生的学习方式也将发生相应的变化。因此，即使遇到仍然不愿意进行教学改革的教师，学生学习方式的变化也会让他们认识到，要适应学生的变化就必须改变自己的教学方式。这样，不论教师在教学改革中处于主动地位还是被动地位，综合素质评价都可以切实地推动教学改革的进行。

考试分数的重要性，造成学校之间比升学率的多，比全面办学质量的少，往往出现学校之间抢生源、挖教师等恶性竞争。这不仅加剧了教育资源在学校间的不合理分配，而且也使学校在追逐考试成绩的同时逐渐丧失了自身的办学特色。实施综合素质可以促进学校彰显自己的办学特色，形成独特的学校文化。中小学综合素质评价突出发展功能，发展的重点在学生，学校是促进学生发展的直接参与者。因此，学校也需要根据自身的特色，开发能够促进学生"非学术能力"发展，且符合学生年龄特点和发展特点的校本课程及校本评价，以此来达到培养人、发展人的教育目的。同时，学校也能够在这一过程中发挥自身优势，促进学校自身发展，并且，不同学校之间还可以相互学习和借鉴，以整体提高学校的办学质量，形成学校间良性竞争的环境。

【实施建议】

第一，学校负责初中学生综合素质评价的具体实施。成立领导小组，根据学校实际，研究制定本校的学生综合素质评价实施细则和评价标准，组织实施记录、汇总、评定等级、公示等具体流程。

第二，教师要注重在日常教育教学活动中，指导学生及时记录、收集、整理有关材料，避免集中突击。

第三，学校加强对教师、学生的诚信教育，建立健全复核制度，对记入信息管理系统的事实材料真实性负责。

【案例推介】

清华附中学生综合素质评价主要内容①

一、诚信道德。包含道德奖励、失信扣分、纪律处分、违法犯罪、班级值日等十项内容。

二、学业水平。包含学业成绩、作业表现、课堂表现、课堂考勤、学业奖励、创新成果等十项内容。

三、身心健康。包含身体技能、运动技能、体育奖励等四项内容。

四、艺术素养。包括才艺奖励、艺术成果展示两项内容。

五、组织协调能力。包含校内任职、校团委学生会任职、学生社团任职、社会工作四项内容。

六、活动实践。包括活动实践奖励、党团活动、社团活动、生产劳动等

---

① 《综合素质评价系统案例介绍——以清华附中为例》，http：//blog.sina.com.cn/s/blog_c63bf2600102x5vw.html，2018-05-20。

六项内容。

七、个人成长。包括学术志趣及偏好发展、艺术特长、体质健康与体育锻炼、感动感悟与交流沟通、读书分享与人文思索、学习总结与个人反思六项内容。

八、集体奖励。包括班集体奖励和社会集体奖励两个维度。

第58条　控制考试次数，探索实施等级加评语的评价方式。依据课程标准的规定和要求确定考试内容，对相关科目的实验操作考试提出要求。命题应紧密联系社会实际和学生生活经验，注重加强对能力的考察。考试成绩不进行公开排名，不以分数作为评价学生的唯一标准。

【要点解读】

当下，人们习惯于把分数作为衡量学生能力的唯一标准，一切以分数说话，取得更高的分数成了学生的唯一目标。重视分数虽然在一定程度上有利于激发学生的学习热情和积极性，但是，当学生将分数作为唯一的追求时，其弊端是不可忽视的。一方面，"唯分数论"的盛行使我国学生的创新能力普遍不足。此种教育现状培养了一大批拥有极高应试技巧的人才。答题对他们来说，不过是一种套路。长此以往，中国学生的创新能力也日渐被抹杀。国家建设与发展需要创新型的人才，而不是那些只会按照常理出牌，熟谙出题人心思的状元。另一方面，一味强调分数会忽视学生的心理健康教育。学生时代是一个人三观成型的重要时期，如果教师不加以正确引导，那么很可能会导致悲剧事件的发生。如果教师、家长只关心学生的成绩，而很少去了解学生内心的真正想法，那么长期的压抑或受社会不良风气的影响，很可能会让学生误入歧途。

教育评价在引导学校实现教育目标方面起着指挥和定向作用。任何教育评价，都是通过制定评价的指标体系和评价标准，规定、引导着教育努力的方向。既然我们要落实新课程标准，实施素质教育，我们就必须制定能引领这一方向的标准和体系，使学校、教师以及学生的评价科学合理，才能起到正确的引导方向，才能使素质教育得以贯彻实施，使新课程理念深入落实。

教育评价还有一个不可忽视的诊断功能。通过科学的教育评价指标，不仅教育主管部门可以对一个学校的办学做出诊断，而且教师也可在教育教学活动中对学生的行为做出诊断。诊断的目的是及时调整，确保我们的教育过程扎实有效，具有较强的针对性。诊断可以通过各种方式，如问卷、测试、谈话等，目的是使我们的教学更具有时效性。教育评价既可以诊断个别学生或者是个性问题，也可以诊断整体或者共性的问题。

探索实施等级加评语的评价方式，就是希望通过对教育评价指标和形式的变革，引导学校树立正确的办学方向，对于素质教育的落实、新课程理念的实施，都起着至关重要的作用。

【实施建议】

第一，学校减少考试次数。音乐、美术等学科，只记下评语，或一学年考查一次，语文、数学等基础学科，可安排期中考察、期末考试，其他学科只安排期末考试或考察。将"压缩"出来的时间用于开展丰富多彩的活动，或者开辟"第二课堂"，促进学生的德、智、体全面发展。

第二，考试评价的结果解释应具人性化和质性化，教师在实施测验或考试前要引导学生做充分准备，以减少考试焦虑，成绩评定后不在班级随意公布和排名，尤其对学习成绩较差的学生要多鼓励和多关怀。对学业考试结果反馈不只用抽象的分数比高低，应当分析学生答卷的思考过程和特点，做出具有教育学意义或心理学意义的说明和注解。

第三，测验方法多样化，关注学生的多元智能，适应学生的学习个性和特长，作答题目的评分不能仅看答案结果而不看过程，对创造性思维的答题过程应当给予鼓励和加分。

【案例推介】

对学生考试成绩"不公开排名"何以说易做难？①

学校、教师和家长都有了解学生考试成绩的权利，绝对没有伤害学生教育权益的权利。严格执行教育政策，杜绝公开排名，还有赖于教育行政部门脚踏实地地抓起来，并作为一项教育督导内容，强制推行。

---

① 范军：《对学生考试成绩"不公开排名"何以说易做难？》，http：//views. ce. cn/view/ent/201803/07/t20180307 _ 28374415. shtml，2018-05-20。

教育部印发《义务教育学校管理标准》，要求义务教育阶段学校考试成绩不进行公开排名，不以分数作为评价学生的唯一标准。但目前依然有小学和初中对学生考试成绩进行公开排名。

禁令之下，对学生考试成绩进行公开排名的现象仍然禁而不止。上周，中国青年报社社会调查中心联合问卷网，对2001名受访者进行的一项调查显示，74.4％的受访者身边仍有公开学生成绩排名的小学和初中。"不公开排名"何以说易做难？

事实上，政策并不反对成绩排名，而是禁止对排名进行公布。学生可以了解自己的考试成绩，但成绩位次需要学校和教师"保密"。这么容易的事，很多学校和教师竟然做不好，"病症"就出在抱残守缺上，教育观念被"习惯性思维"紧紧捆绑着，自然对新政策无法适应，甚至不想去适应。

有人认为，只有找到新的评价依据之时，才是公开排名终结之日。这句话的言外之意是说，既然考试和成绩不能废除，成绩排名就必然存在，这样的思想显然是在为公开排名找借口。考试是教育评价手段之一，成绩也永远是一种衡量学习效果的重要手段，不可能废除。作为义务教育阶段的儿童，学习成绩很重要，但之所以禁止公开排名，旨在最大限度地保护学生的学习积极性和人格尊严，保障平等的受教育权益。一个不可否认的事实是，不少学生越学越厌学，大多是受了公开排名的伤害。公开排名实质是将学生分为三六九等，贴上优劣标签，这无疑对排名靠后学生造成了严重的精神负担，易使其产生悲观、自卑等负面情绪，进而被迫放弃学习。

禁止公开排名是对学生教育权益的尊重，有利于学生保持良好的学习情绪和生活情绪，更有利于学生的全面发展。学校、教师和家长都有了解学生考试成绩的权利，绝对没有伤害学生教育权益的权利。严格执行教育政策，杜绝公开排名，还有赖于教育行政部门脚踏实地地抓起来，并作为一项教育督导内容，强制推行。

第四节　提供便利实用的教学资源

教学资源是为教学的有效开展提供的素材，分为教学材料、教学环境及教学支持系统等各种可供利用的条件。

第59条　按照规定配置教学资源和设施设备，指定专人负责，建立资产台账，定期维护保养。

【要点解读】

在教学资源和设施设备的配置工作中，配备是条件，管理是手段，使用是目的，出发点和归宿都是满足实现教学的需要，为教学服务。学校教学资源建设中的重要工作是资源库的建设，包括教学资源库、学习资源库的建设。

教学资源库的服务对象主要是教师，包括各学科教案库、各学科试题库、多媒体课件库、教学改革研究信息库。对学校积累的优秀教案、集体备课的通用教案、教师个人的典型教案，以及各类教材参考、教学设计等分别建库。

【实施建议】

第一，各学校要加大经费投入，不断加强教学资源的系统建设。教学资源建设要重点关注以下四方面内容。一是素材类教学资源建设，主要包括媒体素材、试题、试卷、文献资料、课件、案例、常见问题解答和资源目录索引；二是网络课程建设，网络课程和素材资源的具体内容要千变万化，各具特色；三是资源建设的评价，对资源的评价与筛选；四是教育资源管理系统的开发。

第二，最有价值的教学资源是在教师日常教学中形成的资源。这种教学资源来自本校教师教育教学实践经验的积累，但容易被忽视。学校要通过对各个环节资源的积累，动态地对这些珍贵的资源进行保护。学校要对教学各个环节进行记录和管理，进而促进教学资源的"自动生成"。学校要通过对教学过程中备课、授课、教科研等各个环节进行记录和管理，对日常工作中形成的资源进行积累，通过知识管理，帮助教师不断地总结、完善、提高，从而动态地生成教学资源。

【案例推介】

南京：金陵中学实验小学感受智慧校园①

全校每月的出勤情况一秒钟就统计好，发出一条重要通知马上就能收到家长的反馈，当日课堂知识点不同孩子分别做哪些查漏补缺，课间看看班牌

---

① 谢婷：《南京：金陵中学实验小学感受智慧校园》，http：//www. caigou. com. cn/news/2017042052. shtml，2018-05-20。

就能知道去门卫取忘带的学具……家校之间堆积如山的信息，如今都能通过一台小小的手机及时查看与处理，学校、班级、教师、学生和家长之间随时随地互通有无。昨天，江苏省教育信息化会议及教育信息化成果展在南京举行，来自全省教育部门及南京中小学代表 500 余人齐聚金陵中学实验小学，见证了智慧校园建设的成果。

在焦点教育以场景化模式搭建的"智慧教室"体验区内，与会代表零距离体验了全新的智慧教学和智慧班牌。据了解，目前校园内最普遍的班牌，就是挂在各教室门口的班级合影，附带教师心得、同学签名等，未来，它将被一块 21.5 英寸的彩色屏幕取代。这块屏幕将同时展现校园文化、班级风采、优秀学生展示、课表发布、走班管理、德育管理、校园通知、家长留言等多种功能，还可以实现智慧课堂的延伸服务。学生在智慧班牌上刷一下智能卡，就能进入个人学习空间，回顾课堂学习内容并进行复习；教师也能及时了解上一堂课的教学全过程，以便调整教学节奏，有效提高教学质量。而且，智慧班牌承载的所有信息都可以通过云服务器联网，让学校和班级、教师和学生以及家长和学生之间形成互联互动，从而实现家校和谐共育。

针对教学资源不均衡、优质教学资源匮乏的现状，智慧校园的普遍运用，还将实现精准的教与学，通过区校一体化资源平台，推动优质教育资源的共建共享，缩小城乡、区域间的教育差距。

第 60 条　落实《中小学图书馆（室）规程》，加强图书馆建设与应用，提升服务教育教学能力。建立实验室、功能教室等的使用管理制度，面向学生充分开放，提高使用效益。

【要点解读】

图书馆（室）是学校的书刊情报资料中心，是为学校教育、教学和教育研究提供服务的信息机构，以培养学生的读书兴趣和阅读能力，提供教育、教学、教研情报、资料等服务为宗旨。图书馆在学校教学资源建设中占有重要位置，图书馆建设质量，直接影响学校的持续发展。为了向学生、教师提供充足的图书资源，学校应每年拿出专项资金用于购置图书，更新库存。图书馆（室）应建立健全各类管理制度，保存完整的档案资料。

实验室是学校教育教学工作的重要设施和功能室。在实验室的建设上，要结合新课程标准倡导的理念，加大对学生的开发力度，使之成为培养学生创新精神和实践能力的重要场所。

学校的功能教室具备综合功能，极大地提升了传统意义上实验室的一些功效。一是它具有传统医药教室的功能。二是它是教师的工作室、研究室。每个功能教室都为教师设置了一个专用工位，教师除了在功能教室上课外，还可以充分利用各种功能教学资源，开展学科教学研究。三是它是学生的探究室。学校把相关的资源搬进了这些教室，学生只要有时间就可以自由地进入这些教室，选择感兴趣的实验和书籍资源进行学习和探究。四是它还是学科博物馆。功能教室可以存放所有的学科资源，包括书籍、器材、学生的作品，教师的讲义、教案等，内容丰富。学校要建立健全各类管理制度，完善功能室档案资料，努力提升功能教室的使用率。

【实施建议】

第一，图书馆（室）应配备专（兼）职图书管理员，并做到人员相对稳定，以利于更好地开展工作。实验室有远期规划和近期目标，以年度为周期，年初有计划，年终有总结，平时有痕迹材料。学校实验室有完整的账册档案。所有仪器必须贴签、分类登记、造册。新购仪器应及时造册，按要求做好分类编号，贴签工作。管理人员认真做好实验仪器使用登记。科任教师必须积极配合管理员完善相关工作。

第二，实验室和功能教室应配备专（兼）职管理员，做到人员相对稳定。学校制定学生（实验）守则，实验室和功能教室管理守则、工作人员职责、借还赔偿制度、仪器室维修保养制度、安全保卫制度等。

【案例推介】

北京市第十四中学把图书馆搬到了教学楼①

走进北京市第十四中学的教学楼会发现，这里每一层都新设置了一个新书架。从 2015 年 3 月份开始，北京市第十四中学决定把图书馆的书陆续搬到教学楼的楼道中，让图书走近师生身边，让书香弥漫校园。

北京市第十四中学校长张琳在实地考察中发现，如果把图书放到厚重的

---

① 王刚：《北京市第十四中学把图书馆搬到了教学楼》，http：//news. 163. com/15/0619/03/ASELKM2L00014AED. html，2018-05-20。

图书馆里，学生和老师借阅起来都比较麻烦，借阅率不是像我们想象的那么高。所以提议把图书馆搬到教学楼的楼道里，在教学楼里设置开放式书架。学生和老师能够随时进行阅读，这样对他们的阅读习惯的培养、阅读水平的提高以及知识的积累会有很大帮助。学校提倡的阅读口号是：时间多时读一本，时间少时读一点。

刚开始的时候，因为高三马上面临毕业，要在最短的时间内能给他们提供最方便的教辅材料和电子查阅阳光高考网的条件，学校首先给他们建造了一个开放式书架。取名为"坚毅书桌"，谐音是"简易书桌"。在10天的时间内就给高三学生建成的"坚毅书单"，让学生们大呼方便，同学们可以很快拿到从初中到高中的全科教材、社会上比较流行的参考资料和高考信息等。为了方便高三学生，学校专门提供电脑来查询信息。

"线装书"走进校园。学校决定把图书馆的图书，组织语文、历史等学科组的老师进行分类挑选，针对学生不同的年龄和心理特征，分年级选择相应的图书，同时学校还会根据师生需要再购买一些图书。例如，围绕课本进行有效筛选：初一的孩子课本中有鲁迅的一些文章，老师会在初一年级书架上放帮助学生进行相应的拓展阅读的书籍。到了高中的时候，一些关于古诗文鉴赏、国外文学作品的书籍会更多涉及。

除了围绕课本做书籍的摆放外，老师还会放一些传统文化的书籍在上面，像《资治通鉴》《史记》《世说新语》等。尤其是要让"线装书"走进校园，线装书会给人一种古朴的感觉，让校园更有书香的味道。另外，学校还要围绕现当代文学，选择一些书籍，像莫言的作品。为了进一步创造校园读书的环境，学校在楼道拐角处还设立了"乐动吧"，把6台电子钢琴放在那里，中午的时候学生可以在这里弹琴，享受快乐的音乐。再看到操场的秋千、摇椅，校园的绿树浓荫，真的感觉北京市第十四中学是一所浪漫而有情怀的学校。

自由借，自由还。在开放书架上的图书损坏了，丢失了，怎么办？"首先先是不怕丢，不怕损坏，因为开展一项活动都会出现一些问题，如果因噎废食的话，就什么都不用开展了，以诚信培养诚信，相信孩子们，他们有这样的素养！"北京市第十四中学校长张琳说。学生们也表示："非常喜欢把图书搬到教学楼里，我们不会损毁的，管理书籍的工作我们愿意承担，自愿组成志愿者，每个班负责一天的值日。""原来借书比较麻烦，图书馆在行政楼，而且有时间限制，只能是中午半个小时开放。把图书放到楼道里，如果下课感觉比较累，不想写作业，就可以随手拿一本书来看。"高一（八）班的一位同学告诉记者："等图书上架后，我会比较关注哲学、科普方面的书。"

第五章　营造和谐美丽环境

　　学校是文化传承的场所，是文化建设的主阵地。学校文化作为一种环境教育力量，对学生的健康成长有着巨大的影响。学校文化建设，对理清学校办学思路，明确办学目标，促进学校管理，加强教师队伍建设，全面推进素质教育和提高办学效益起着关键作用。

　　优美的校园环境可以突出学校的文化底蕴。"环境育人"已是教育界人尽皆知的教育信条。校园环境建设是校园文化建设的重要环节。马克思说："人创造环境，同样，环境也创造人。"因此我们要绿化校园、美化校园，为学校文化的发展营造浓郁的文化氛围。一个和谐、健康的校园文化环境，可以陶冶学生的情操，培养学生的个性，增长学生的知识，启迪学生的心智，促进学生的全面发展。有位哲人也曾说过："对学生真正有价值的东西，是他周围的环境。"学校应该是一个历史博物馆，一个珍品收藏所，一个美好事物的集散地。民族文化的精华，本校历史的叙事，脚下这片大地的特色都应该在学校里体现出来。加强校园文化建设，学校的一草一木、一点一滴，都要体现学校文化。营造积极向上的学校文化，使学校成为师生舒展心灵、放飞想象的处所。教师怀着快乐的心情为学校工作，努力实现人生价值；学生怀着快乐的心情为自己学习，努力创造美好未来。让校园成为师生不断学习、交流和提高的场所，诠释一种幸福完整的教育生活，让师生为实现新教育的美好愿景不断奋进！

第一节　建立切实可行的安全与健康管理制度

"生命不保，何谈教育"，维护在校师生的安全与健康，是学校教育工作之本，是亿万个家庭的幸福之基，是社会和谐与进步之源。安全大于一切，责任重于泰山，学校任重道远！

当前学校安全形势总体稳定，但是，受各种因素影响，学校的安全工作还存在相关制度不完善、不配套，预防风险、处理事故的机制不健全、意识和能力不强等问题。

做好学校的安全工作是一项长期、艰巨的任务，绝不能寄希望于毕其功于一役，要持之以恒地建立保障校园安全的长效机制，实现安全工作的常态化和规范化。做好学校的安全工作需要建立、健全学校的各项安全管理常规制度，确保制度不折不扣地得以实行；需要加强学校的人防、物防、技防建设，构筑安全隐患的预警和防范体系；需要加强校园的安全检查和安全隐患整改工作，及时消除学生身边的危险因素；需要加强对学生的安全教育和安全演练，切实提高学生的安全意识和自我保护能力；需要建立校园突发事件应急处理机制，提高学校应对突发事件的能力；需要严格落实事故责任追究制度，让每一起事故都最大限度地发挥警示作用，使悲剧不再重演。

2018 年 3 月 1 日，在全国学校安全工作电视电话会议上，教育部部长陈宝生强调："要把安全工作摆在教育强国建设更突出位置，时刻把广大师生生命安全放在第一位。"他提出，要建立健全校园安全风险防控体系，将安全教育全面纳入国民教育体系。强化学校内部保卫力量的规范化建设，强化校内日常安全管理。

第 61 条　积极借助政府部门、社会力量、专业组织，构建学校安全风险管理体系，形成以校方责任险为核心的校园保险体系。组织教职工学习有关安全工作的法律法规，落实《中小学校岗位安全工作指南》。

【要点解读】

校园安全工作重于泰山，只有师生安全了，才能保证正常的教育教学秩序，维护校园的稳定和谐，提高教育质量，从而保障受教育权的实现。近年来，涉校刑事案件已持续下降，2016 年同比下降 19.6 个百分点，为近几年下降幅度最大的一年。全国 86% 的中小学、幼儿园已配备保安，70% 的校园安全防范系统建设达到了国家标准要求。非正常死亡人数每年同比下降近 10 个百分点，其中，溺水、交通、踩踏等事故灾难类死亡人数，每年同比下降近 15 个百分点。

根据相关机构近期对部分地区中小学校园潜在安全风险因素的调查，我国中小学校园的安全风险主要来自以下方面。

校园的选址和校舍建筑缺陷：①校园所处的地理位置易受洪水、泥石流、山体滑坡和地质塌方等因素威胁；②校园附近有严重的污染源，周边有集贸市场、加油站、铁路、车站、水库、河流、公共娱乐场所和其他治安复杂场所；③校区内有高压输电线穿越或者地下有易燃易爆等油气主管道通过；④校舍的抗震等级不符合要求，没有经专业机构鉴定并颁发《结构安全性检测鉴定报告》；⑤校舍二层以上的窗户和走廊过道防翻越和防意外坠落的功能不完善，没有安装全封闭防护栅栏；⑥存在严重安全缺陷的校园设施没有按要求进行加固或停止使用。

安全管理存在的缺陷：①校园没有配备法治副校长和法治辅导员，没有定期举行安全法制讲座；②没有实行门卫管理制度，没有配备专业安保人员或者数量配备不足及年龄老化；③校园没有实行封闭式管理或者周界围墙设施易被翻越入侵，没有实行来访人员登记和凭卡出入制度；④校园没有落实技防措施或者技防设施的覆盖范围和技术指标不符合要求，大门外没有安装治安联网视频监控装置；⑤校门口和周边道路没有设置交通警示标志和减速带，接送学生的交通工具存在安全隐患；⑥每天上学和放学时段校园周边没有派出所民警或治安协管人员协助维护交通秩序；⑦没有设立心理咨询室并定期对师生员工进行心理测试和辅导；⑧没有定期对涉教的矛盾进行化解，对高危人群展开隐患排查。

消防安全设施和管理缺陷：①校舍没有按要求配置消防系统设施和消防器材或者消防器材配置不足，没有制订消防安全制度和应急处置预案；②没有对师生员工进行消防安全宣传教育和培训，没有定期开展消防演练；③没有定期进行消防安全检查，或者没有对发现的消防隐患进行及时整改和报告，没有建立消防管理档案；④学生宿舍区没有实行通宵值班，没有建立用电安全管理制度；⑤消防经费没有专款专用，严重影响消防安全工作的落实。

饮食安全和管理缺陷：①食堂或小卖部没有按要求进行建设，卫生条件和食品存放没有达到卫生防疫标准，没有获得卫生许可证；②从业人员没有定期进行健康体检，没有办理健康证；③食品来源渠道不符合卫生安全要求，进货时没有随附食品卫生许可证或检验合格证复印件；④没有落实饭菜24小时留样和其他卫生管理制度；⑤师生员工饮用水没有达标，没有定期送当地卫生防疫部门检验。

其他风险和缺陷：①校园存有重要历史遗迹或者其他贵重资源；②校园设置有大规模化学实验室并存放有一定数量的易燃易爆易腐蚀的化学试剂和放射性物品；③校园设置在配套设施不完善的临时场所。

加强中小学校安全教育和管理工作，牢固树立"安全第一"思想是根本，明确并强化职责是核心，健全并落实制度是保证，狠抓措施落实是关键。教育部2013年颁布了《中小学校岗位安全工作指南》，每所学校每位教师都要对照指南结合实际明确本校各个岗位的安全职责，健全学校安全管理制度，落实各项制度措施，切实将安全教育和管理融入学校日常工作的各个环节，确保广大师生安全，确保校园和谐稳定。

【实施建议】

学校通过印发资料、集中培训、开展笔试竞赛等形式，广泛宣传《中小学校岗位安全工作指南》，让全校教职员工熟记于心、付之于行，让大家认识到每个人在完成"一个岗位的业务责任"的同时，还要承担起"安全管理的责任"。

第一，健全学校安全工作制度。学校要以安全法律法规为依据，逐步完善学校的安全工作制度，健全学校安全管理网络，形成学校、家庭、社会"三结合"的安全管理体系，梳理各类安全事故（险情）应急处置流程，完善各类安全应急预案，规范各类安全工作档案，从而使学校的安全工作走上制度化、规范化、精细化的轨道。

第二，抓好安全宣传教育工作。学校通过召开法纪安全会议，办宣传专栏、主题黑板报，播放专题片，悬挂标语，组织安全知识竞赛，开展法纪安全征文、手抄报创作比赛，发《告家长书》等途径多形式、多载体、多渠道地宣传安全知识，坚持天天讲安全，事事讲安全，时时抓安全，从而强化师生、家长的安全意识，让教职工、家长增强责任意识，让学生树立"我的安全我负责，他人安全我有责，公共安全我尽责"的意识，从而更加自觉地规范自己的安全行为，为维护自身安全、保障公共安全做贡献。

第三，提升技术防范保障水平。建立校园监控系统，实现对校园的全天候、全方位实时监控，为学校安全"保驾护航"。

第四，经常开展安全应急演练。结合校情，学校每学期都要坚持开展两次以上的综合性应急演练和多次专项应急演练，以增强师生的应急意识，提高学校处置突发事件的应急能力，确保发生事故或险情时师生的人身安全，把财产损失降到最低点。

【案例推介】

做好四则运算，求解平安校园工作效率最大值

南昌师范附属实验小学

学校以现代学校制度建设和综合治理能力提升为基础，建立新型政校关系；以社会环境开放融合和"三位一体"全面育人为旨归，探索平安校园建设工作的特质路径；在紧紧围绕创建平安校园的基础上，坚持"预防为主"的方针，以完善创建工作的体制机制建设，加强以基础设施建设、安全文化建设、师资队伍建设、防范体系建设、校园环境建设和师生思想道德建设为引领，概括地说，主要是做好四则运算，把好规范办学之舵，让学校的平安校园建设工作效率最大化。

机构＋机制＝一个"龙头"带劲

机构健全。学校高度重视平安校园建设工作，领导结构始终健全、高效，实行理事长、部长、校区三级管理模式。学校还设立了教师楼道岗、校园及校园周边志愿者服务队、雨天行政及党员值日岗等多支队伍，使学校安全防范的硬件和软件建设得到全面改善。

机制规范。在开展平安校园建设的过程中，安全稳定的常规管理进一步得到规范。学校安全稳定的各项规章制度、突发事故处置的各项工作更加完善，各个制度及时上墙。为确保这些制度的落实，集团进一步明确集团、校区、教师三级岗位职责，建立责任追究制度，层层签订责任状。要求各部门

"管好自家人、办好自家事、看好自家门"，坚持"谁主管谁负责"的责任追究原则，强化责任意识，实行综治安全工作一票否决制。

监督—自查＝一门"心思"落实

为保证平安校园建设工作取得成效，集团相应建立了七套监督机制：一是自觉接受上级有关部门的行政监督；二是充分发挥党支部对集团各项工作的保证监督作用，确保党的教育方针在学校各项工作中的贯彻落实；三是不断完善教代会制度，实行校务公开，实施民主监督，学校决策重民生，办事重民意；四是定期举行师生座谈会，设立投诉制度，广泛征求民主治校的群众意见，了解师生的心声，及时调整各项工作；五是设置家长开放接待日和家校互访制度，虚心听取家长对平安校园建设的建议和意见；六是设立党风监督和行风监督制度，聘请社会各界人士代表担任学校党风监督员和行风监督员；七是依法设立家长委员会，借助家长和社会的力量抓好平安校园建设工作。

学校×家、社＝一股"绳子"发力

校园纠纷调解委员会。学生的人身安全问题牵涉每个家庭。南昌师范附属实验小学教育集团现有四个校区，分布在赣江两岸，学生总数超过13000人，点多、面广、摊子大，有些矛盾纠纷若处理失当，不仅会对学校的正常教学秩序和管理秩序造成冲击，同时也会给社会带来许多不安全的因素。

为确保校园纠纷调解委员会发挥应有的作用，学校制订了详细的工作制度，各校区处室、各年级组每半个月报告一次矛盾纠纷排查调处工作情况，一些突出的矛盾纠纷则由领导包案，使一些原本争议严重的事情最终得到圆满解决，实现"小纠纷不出校区，大纠纷不出集团"。

平安校园建设工作共同体。学校在平安校园建设工作上巧借外力，与派出所、交警大队、城管、文化稽查大队等综合治理部门联合成立了平安校园建设工作共同体。集团各校区积极主动地与校区所在地的派出所、交警大队、城管、文化稽查大队等综合治理部门联系，在安全、交通、环境、文化传播等方面进行联席办公，极大地净化了校园周边环境，给全体师生创造了一个良好的学习氛围和育人环境。

法律顾问。学校聘请法律顾问，一是对教师在依法治教方面进行法治教育；二是对家长进行法治安全方面的宣传教育；三是与调解委员会一起及时处理集团各校区的学生伤害等法律纠纷问题。

平安校园建设工作活动÷月份＝"一月一育"式成长

学校把平安校园建设工作融入阅读教育主题，做到"一月一育"，通过开展平安校园建设工作系列活动，精心调制学校"平安校园建设工作盛宴"。

教师"学考评"。学校党委组织各社区党员带领教师认真学习《中华人民共和国教育法》《中华人民共和国教师法》《中华人民共和国未成年人保护法》和《江西省学校学生人身伤害事故预防与处理条例》等法律法规，通过各种方式加强对教职工的消防、安全、自救互救等培训。

每个月学校会组织全体教师参加"江西省百万网民学法律"网上考试和南昌市公民法律知识考试，教师的参与率达到90％以上，60％以上的教师的成绩都是满分。集团每学年都会进行一次"法治教育先进个人"和"综治安全先进个人"的表彰。通过学习和激励机制，增强集团广大教职工依法执教、依法治教的自觉性。

学生"听演练"。学校每个月都坚持校内法治安全教育与社会第二课堂教育相结合。各班级以"家长讲堂""模拟法庭"、演讲比赛、知识竞赛、小故事比赛等形式开展法治教育。

第62条　落实《国务院办公厅关于加强中小学幼儿园安全风险防控体系建设的意见》《中小学幼儿园安全管理办法》，建立健全学校安全卫生管理制度和工作机制，采取切实措施，确保学校师生人身安全、食品饮水安全、设施安全和活动安全，使用校车的学校严格执行国家校车安全管理制度。

【要点解读】

学校安全管理的实质是风险管理。学校安全风险管理本质上就是要消除安全风险，防止事故的发生，核心是学校的全面安全，即全体师生的健康、安全和幸福。为健全中小学、幼儿园安全风险防控机制，把校园建设成最阳光、最安全的地方，国务院办公厅2017年4月发布了《关于加强中小学幼儿园安全风险防控体系建设的意见》（国办发〔2017〕35号），江西省人民政府2018年1月颁布了《关于加强中小学幼儿园安全风险防控体系建设的实施意见》，将"风险管理"引入学校安全工作，实现了学校安全工作的三个转变，即由被动应对转向主动预防、由单一预防转向立体预防、由补丁式预防转向顶层设计预防，必将大大提高学校安全风险防控的水平和效果。

【实施建议】

第一，强化教育，定期开展形式多样的校园安全教育和安全防范演练。扎实开展安全知识宣传教育，不断强化师生员工的安全意识，努力筑牢从源头预防各类事故的思想防线。定期组织教职员工参加急救知识、管理业务和反恐防暴等业务培训，提升日常管理和应对处置各类突发事故的工作能力，组织师生开展安全逃生、自我救护演练，提高安全避险和科学救护能力。

第二，加大投入，进一步推动校园安全标准化建设。不断完善安全投入的长效机制，确保校园人防、物防、技防等方面符合相关规定，确保消防、供电、电梯等设施设备始终处于良好状态，对校园中使用的关系学生安全的设施设备、教学仪器、建筑材料、体育器械等进行全面排查，严格控制产品质量。进一步加强区校园安全云管理服务平台建设，不断扩大实时视频监控的覆盖面。

第三，完善机制，全面落实安全管理主体责任。着力构建风险管控和隐患排查双重预防工作机制，突出风险预控，落实安全管理"党政同责、一岗双责"规定，明确党政主要负责人为第一负责人，建立覆盖各层级的全员岗位安全工作责任体系，健全安全管理组织机构，不断完善内部安全管理责任体系，将校园安全管理的责任落实到具体岗位和具体人员。联合卫生、公安、交通、消防等部门定期研究和及时解决校园安全工作中存在的安全隐患和矛盾纠纷等问题，协同推动校园安全风险防控机制建设，形成各司其职、齐抓共管的工作格局。

第四，突出重点，切实抓好校车运行、食品安全、校园欺凌防范等工作。采取积极有效的措施，切实做好全区校车安全管理工作，确保校车运营安全和学生乘车安排工作的顺利进行，确保校车运营零事故。积极推进学校食品安全检测室建设和A级食堂明厨亮灶工程建设，加强学校食品卫生监控的科学性和实用性，加强对食堂工作人员的操作规范性教育，严把食品安全关。大力构建防控学生欺凌和暴力行为的有效机制，加强学生心理健康咨询和疏导。

【案例推介】

咸阳市坚持"六落实三进入"狠抓校园安全教育管理①

2015年以来，咸阳市教育局坚持"六落实三进入"狠抓校园安全管理不松懈，严格要求各县市区教育行政部门和各级各类学校认真学习贯彻《中小学公共安全教育指导纲要》，严格按纲施教，把安全教育和教育教学同安排、同部署、同考核，做到安全教育计划、课时、教材、教师、教案、考核"六落实"。充分发挥课堂教育主渠道作用，真正把安全知识进教材、进课堂、进头脑的"三进入"落到实处。充分利用班、团、校会、墙报、板报、升旗仪式、专题讲座、主题班会等方式，采取多种途径和方法全方位、多角度地开展安全教育，切实增强安全教育的针对性和时效性，提高了师生自我保护、自我防范的意识和能力。

大力加强校园安全"三化"建设。该市教育局细化校园安全"三化"举措，下发了《关于深入推进校园安全"三化"建设》的通知，推进校园安全监管网格化、行业直管专业化、学校管理精细化"三化"的建设，进一步夯实安全主体责任、部门监管责任和属地管理责任，实行安全监管组织机构网格化、监管责任网格化、责任人员实名化。落实管理制度精细化、过程管理精细化、岗位管理精细化、设备管理精细化、标准管理精细化"五个"精细化管理，实现全员、全过程、全方位、全时段安全管理，做到安全管理无缝隙、零缺陷。陕西省教育厅网站"热点聚焦"栏目对该市校园安全"三化"做法进行了报道。

开展了三项整治活动。一是开展食品安全专项整治。在全市中小学幼儿园开展了为期3个月的食品安全专项整治活动，进一步规范和健全食堂餐饮服务许可证、食堂卫生管理、从业人员健康体检、索证索票、清洗消毒、加工管理、食品留样、食品添加剂使用、食堂库房管理等制度，有力促进校园食品安全。二是开展了校园百日安全整治。结合全市中小学幼儿园冬季安全实际，该市教育局下发了《教育系统冬季安全百日整治行动实施方案》，对校园冬季安全工作进行了具体安排。按照整治内容学校自查自纠的基础上，建立安全隐患台账；县市区教育局要对学校隐患整改情况逐校逐园进行检查验

---

① 张洪启：《咸阳市坚持"六落实三进入"狠抓校园安全教育管理》，http://www.snedu.gov.cn/jynews/sxjy/201505/17/48613.html，2018-06-19。

收，检查督查情况每 15 天通报一次。该市教育局成立由局领导带队的 6 个督查组，深入 13 个县市区对校园百日安全整治情况进行全面检查。三是深化校园火灾隐患整治。该市教育局深入查找校园内的火灾隐患，把教学楼、实验室、多媒体教室、文印室、图书室、阅览室、电脑房、危险化学品保管室、学生宿舍、食堂、配电房、锅炉房等场所作为排查整治的重点部位，发现隐患及时下发整改通知书，认真消除火灾隐患和死角。

加大校园安全检查力度。该市教育局成立由局领导带队的 6 个校园消防安全督查组深入 13 个县市区对校园火灾隐患整治情况进行全面检查。该市教育局采取领导包片、干部和教研员包县市区的工作责任制，下派检查人员 45 人，分综合管理和教育教学两个检查组，随机检查中小学、幼儿园 167 所，对开学安全工作进行集中检查和指导。检查前召开培训会，明确检查内容和工作要求。检查结束后分别召开开学综合工作和教育教学工作检查情况汇报会，下发了两个检查情况通报。各县市区也采取领导包乡镇、干部包学校的工作责任制，共下派干部 572 人，对每所学校开学工作进行了蹲点检查。

推广安全教育管理经验做法。该市教育局下发《关于学习推广安全教育与安全管理经验做法》的通知，对武功县教育局建立的家校互动、一月一反馈联动机制，兴平市教育局西吴初中采取的周周寄语、感悟生命安全价值的安全周记的做法，泾阳县教育局逸夫小学精心组织实施安全教育的做法，彬县教育局校车安全管理的经验做法在全市范围内进行推广，要求各县市区教育局相互学习借鉴，不断构建安全教育管理长效机制。

切实加强校车的安全管理。该市教育局制订出台《关于进一步加强和规范校车安全管理》的办法，组织开展校车安全隐患大排查大整治活动，对辖区内所有校车全部检查一遍，确保不漏过一辆校车，不漏一处安全隐患，做到逐镇、逐校、逐园、逐车排查安全隐患，建立台账，对存在的隐患及时下发整改通知书；对不具备校车条件的或检测不合格的车辆，坚决停用；对不符合校车驾驶人资格的坚决辞退；对非法接送学生的车辆坚决取缔。要求凡未在教育行政部门和公安交管部门登记备案、未办理校车标牌的车辆，责令停运。排查校车安全技术情况，对外观标志不规范、座位数与登记信息不一致、安全装置配备不全、应急设施不具备、超出有效检验期的车辆，立即停运。加强了对民办学校接送学生或幼儿车辆的安全监管，明确民办学校校长或幼儿园园长是校车安全管理的直接责任人，加大对民办幼儿园接送学生车辆的查处力度，有效制止超载超速等违法行为。

第63条　制订突发事件应急预案，预防和应对不法分子入侵、自然灾害和公共卫生事件，落实防治校园欺凌和暴力的有关要求。

【要点解读】

"突发事件"是指学校或学校周边地区突然发生的、对师生的生命健康、教育教学秩序或社会秩序构成威胁的公共事件，包括违规办学、自然灾害、事故灾难、公共卫生、国家教育考试、网络和信息安全、学校社会安全等突发公共事件。

校园突发事件按其影响大小和危害程度划分为一般性、重大、特大三个级别。

一般性校园突发事件指致人重伤，或对人身和财产安全、学校教学和科研、工作和生活秩序、家庭和社会稳定造成一定影响，以学校为主进行处置，或可以由相关部门协调解决的校园突发事件。

重大校园突发事件指致人伤亡，或对人身和财产安全、学校教学和科研、工作和生活秩序、家庭和社会稳定造成严重影响和重大危害，需由市委市政府协调解决，党校参与处理的校园突发事件。

特大校园突发事件指死亡3人以上，或对人身和财产安全、学校教育教学工作和生活秩序、家庭和社会稳定造成特别重大危害并产生恶劣影响，出现跨学校甚至向社会蔓延扩散的态势，或按有关规定应确定为特大级的紧急情况，需由政府处理解决的校园突发事件。

要构建校园预防各种突发事件发生的长效管理机制，提高快速反应和处置能力，将防患和处置工作纳入法制化、科学化和规范化的轨道，建立统一指挥、职责明确、运转有序、反应迅速、处置有力的应急处置体系，最大限度减少突发事件的危害，维护和确保学校的稳定，保障学校教育教学工作的正常进行。

【实施建议】

第一，各个学校应当将卫生保健工作纳入日常的安全管理范畴，在人、财、物、组织以及制度建设等方面予以充分保障，并建立校园突发公共卫生事件应急机制，提高校园卫生保健水平，有效保护在校师生的生命安全和身心健康。

第二，加大对学校防治校园暴力工作的人力、物力、财力等方面的投入。

完善学校安防监控系统。在必要的地方加装监控摄像头，让校园暴力"无处可躲"；这样即便在发生校园暴力后，也能够最快地还原真相。

支持学校加强保卫处的建设。在校园警卫的素质、人手及装备等方面加大投入，特别是巡逻警卫及应急警卫一定要人手够且综合素质高。

支持学校加强心理辅导系统的建设。做好学校心理辅导室的建设。开设校园心理健康课程。请经验丰富的心理健康教师给学生讲授心理健康课，帮他们树立正确的人生观、价值观，引导他们在面临心理困惑时，能够做出正确的选择。

学校要加强对教师队伍的培训。特别是一些青年教师，缺乏防治校园暴力的经验，无法及时发现校园暴力事件的苗头，更无法对突发的校园暴力事件做出迅速而正确的反应。所以应对教师队伍加强培训，让他们熟知校园暴力事件的应对流程及相关规定，并掌握一定的处理技巧。处理得当，也许就能防止一部分校园暴力事件的发生；也能够在发生校园暴力事件后，最大限度地减少对当事学生身心的伤害。

第三，要积极预防学生欺凌和暴力，要依法依规处置学生欺凌和暴力事件，强化教育惩戒的威慑作用，要切实形成防治学生欺凌和暴力的工作合力。

第四，学校与家庭加强联合教育、充分沟通，及时发现问题，防止校园暴力事件的发生。加强对校园暴力事件的社会公众舆论的正面引导。

【案例推介】

预防校园欺凌，打造"和谐育人"品牌

江西省高安市第四中学

高安四中强化校园安全保卫机构队伍建设，规范校园安全工作行为，特别是通过"五个掌握""六个必访"、分类帮扶，有效地预防了校园欺凌的发生，用爱谱写出了"和谐育人"品牌。

一、研判生源，制订方案，立足于预防校园欺凌

由于学校学生大多数来自农村，整体素质偏低，时常有学生出现打架斗殴、夜不归宿、毁坏公物、吸烟等不良行为。针对这些问题，学校采取了以下措施。

一是"五个掌握"。学校安全工作领导小组要求年级组、班主任在每学期开学的两个月之内，全面掌握所有入学新生的家庭现状、家长的思想动态、学生的日常行为习惯、学生的身体状况、学生的困难求助和需求等基本信息，逐一登记，报保卫科。

二是制订方案。在掌握好学生的基本信息后，筛选出留守学生、残疾学生、孤儿、单亲家庭学生、家庭经济困难学生、患有心理疾病的学生、特异体质学生、可能或已出现问题的学生，然后由保卫处主持召开学校主要领导、班主任、家长委员会代表、学生代表参与的"生源形势研判会"，请大家对强化学生管理、预防校园欺凌献策，共同制订出预防校园欺凌的工作方案。

二、针对问题，领导带头，用爱引领学生健康成长

一是"六个必访"。对弱势学生(单亲家庭、离异家庭、家庭经济困难、残疾、留守、患心理疾病)和问题学生，学校领导带头，中层领导、班主任、任课教师参与，利用周末开展了一个月的"六个必访"工作。

二是分类帮扶。走访后，学校将所有问题归类，制订出以下帮扶方案：学校领导班子成员带头参与，各帮扶2名以上弱势学生；党员教师帮扶1名以上弱势学生；教务处和保卫科2人帮扶1名问题学生。要求帮扶做到：①经济上帮扶。尽个人所能，给予学生一定的生活或学习用品等方面的经济支持。②学习上指导。主动与学生的班主任联系，定期跟踪了解帮扶对象的学习情况，针对帮扶对象学习上存在的问题，与班主任、任课教师及家长沟通，指导帮助学生掌握学习方法，树立学习信心，增强学习效果。③生活上关心。不定期与帮扶学生谈心，了解其心理、家庭情况，尽可能帮助其解决家庭存在的实际困难，使其切实感受到学校大家庭的温暖。④思想上解惑。要善于分析帮扶对象的心理特点，经常与他们交流，掌握其思想状况，有的放矢地化解其心中的困惑，给予精神上的动力，使他们保持积极向上的健康心理。

经过几年的不懈努力，学校未出现过校园欺凌事件，学生犯罪率始终保持为零。

第二节　建设安全卫生的学校基础设施

校舍和教育教学设施是进行教育的最基本条件。给学生提供一个安全的学习生活环境是学校的基本义务，也是学校开展教育教学活动的前提和基础。如果校舍、教育教学设施不符合安全标准，一旦发生教育教学设施重大安全事故，不仅会造成师生员工的重伤、死亡和国家财产的重大损失，还会扰乱正常的教学秩序，造成恶劣的社会影响。

《中华人民共和国义务教育法》《中华人民共和国未成年人保护法》《中小学幼儿园安全管理办法》等文件都规定了学校应当完善体育、卫生、校舍等设施，以维护学生的人身和受教育安全。

教育行政部门和学校必须加强对相关文件、标准的学习，认真履行相关职责，严格执行相关规定，努力把学校建成最安全、家长最放心的地方。

第 64 条　配备保障学生安全与健康的基本设施和设备，落实人防、物防和技防等相关要求。学校教育、教学及生活所用的设施、设备、场所要经权威部门检测、符合国家环保、安全等标准后方可使用。

【要点解读】

安全是一切的基础，只有安全得到保证，我们才能谈学校建设，才能谈学校的发展。因此，做好人防、物防、技防等安全防范措施显得尤为重要。学校应该加强内部安全措施，加大经费投入，完善人防、物防、技防"三位一体"的安全防控体系，维护学校的安全稳定。

各中小学和相关职能部门必须依照《中小学幼儿园安全管理办法》《中小学校岗位安全工作指南》《企业事业单位内部治安保卫条例》等规范的要求，对各自面临的风险因素和现存的薄弱环节予以足够重视，积极采取妥善措施，全面构建并充分发挥人防、物防、技防综合安全管理和保障体系的作用，使各种安全风险处于可控制的范围内，确保校园的安全管理成效达到预期的目标。

人防、物防、技防是当前广泛采用的保安防范形式。《义务教育学校管理标准》主张人防、物防、技防的有机结合，以人防为主，充分发挥校园中"人"的作用，调动相关人员的积极性、主动性和责任感，同时配备相关的设施设备，如防盗门、防盗窗、监控摄像头、防割手套、警棍等，努力做到人防网络化、物防普及化、技防现代化，逐步建立起打、防、控一体化的综合性校园治安防控体系，确保师生的安全。

第一，人防方面。各中小学应按规定设置安全保卫机构或成立安全领导小组，健全安全保卫队伍，落实安全责任制；校区建立门卫管理制度，配备数量适宜的青壮年专业安保人员和自卫器材及通信设施，实行来访人员登记和内部人员凭卡出入等制度；每天上学、放学时段，在校园门口应安排安全保卫人员迎送学生，负责交通安全疏导，有条件的应落实派出所民警或者治安协管人员维护校园周边道路交通秩序制度和校车接送制度；寒暑假期间应组织护校队，强化对校园重要资产和重点区域的巡查与防护。安全保卫人员应具备必要的法律法规和安全防范知识，熟练掌握消防器材、自卫器材、通信器材和技防系统设备的使用方法，全面了解校园消防、技防和其他各种重要防护设施的布局及各种应急预案的处置流程，熟记相关安全保卫部门和应急援助机构的联系方式。

第二，物防方面。对照《中小学校设计规范》和其他校园建设安全规定，查摆校园选址和建筑安全隐患并及时进行整改补救；针对其他薄弱环节采取应对措施，完善消防设施和食堂卫生设施的建设；校园应采取封闭式实体防护措施；校舍二层以上的窗户和与外界相通的走廊过道应安装全封闭金属栅栏；财务室、计算机室、实验室和其他存放重要物品的库室应安装安全防盗门，窗户应安装防护金属栅栏；校舍的楼梯和出入口应设置醒目的疏散指示标志，疏散通道和其他重要区域应设置应急照明装置，校园的广播系统应具备疏散诱导指挥功能。对于短时间内难以解决而且风险系数较大的安全缺陷，应立即停止相应场所和设施的使用，并设置禁区；对于不会直接造成安全损害的，应设置安全告示或者警示标志，校门口和周边道路应设置减速带和交通限速标识。

第三，技防方面。应依照《中小学幼儿园安全技术防范系统要求》和其他相关规定，全面完善技防系统的建设，具体要求如下。

一是完善视频监控子系统的建设，对校园大门外、校区大门和其他出入口、教学区主要通道和出入口、学生宿舍区出入口、食堂、重要库室和其他重要场所实施视频监控和同步录像，视频监控图像信息的保存时间应不少于30天。校园大门口的监控及回放图像应能清楚辨别进出人员的体貌特征和进出车辆的车牌号，校园大门的外部监控图像应与当地的治安视频监控平台联网，其他视频图像宜与上级监控中心联网。

二是完善入侵报警子系统的建设，分别在财务室、实验室、计算机室、多媒体教室、图书馆和其他重要库室及重点防护部位安装入侵探测装置；在门卫值班室、师生宿舍区、教师办公室和校长办公室以及其他部位安装紧急报警按钮；必要时在校园周界围墙上方设置周界入侵探测装置，构成具备入侵探测、应急报警和周界防护等功能的报警系统。报警系统应具备与视频监控系统的联动功能，并和公安机关指挥中心报警系统联网。

三是完善电子巡查子系统的建设，较大规模的校园宜依照《电子巡查系统技术要求》设置电子巡查子系统，在校园的重点部位和区域设置巡查采集点，根据安全保卫人员的数量和巡查方式配置相应的巡查采集装置，按照校园的安全管理要求设计巡查路线并规定巡查时间，促进安全保卫人员日常巡查工作的有效落实。

四是完善其他技防设施，各中小学校可根据具体的安全防范需求，选择性地落实其他安全技术防范措施，如完善门禁、对讲、访客识别、停车场管理等系统和装置，提高整体安全防范效能。

技防系统的建设必须符合《安全防范工程技术规范》的要求，系统应配不间断电源，严格落实防雷接地和其他安全保护措施，确保系统的运行安全可靠。系统的规划设计应充分考虑校园的应用特点，因地制宜，优先采用成熟而适用的先进技术和设备器材，同时注重环保与节能。

第四，安全管理方面。各中小学应全面建立和定期更新消防、治安、交通、灾害和其他各种突发事件的应急处置预案，建立健全应急组织机构和应急处置队伍，明确人员职责，训练师生员工掌握紧急状态的安全应对流程；定期组织师生员工进行消防和各种自然灾害应急预案演练，落实突发事件报告制度和内外部沟通制度，建立和完善安全管理档案；定期对校园的供电线路和电气设施进行检查维护，落实安全用电措施；按照相关规定邀请专业机构对校舍的电梯和消防设施进行定期检测和维护，使之维持正常的状态。

各中小学应按规定配备法治副校长和法治辅导员，定期开展安全法制讲座；设立心理咨询室并定期对师生员工进行心理测试和辅导；食堂和小卖部应根据卫生防疫标准进行管理，并办理卫生许可证；从业人员应定期进行健康体检并办理健康证；学生宿舍应实行通宵值班制度；校方应会同公安、综治、司法等部门定期对涉教的矛盾纠纷和重点人员及周边环境进行排查，及时化解矛盾纠纷，消除安全隐患；定期组织对校园安全风险进行评估，及时调整防范策略。

【实施建议】

第一，抓好安全决策。学校应该把安全工作当作头等大事来抓，牢固树立"安全第一"的思想，通过定期召开综治、安全工作会议，以及通过召开行政会、教职工大会、学生大会、各班治保委员会议等形式宣传安全工作，让全体教职工及家属都投入学校的安全防范工作中来，定时进行全校性的安全隐患排查工作，有效做到学校安全工作不留死角。

第二，建章立制，健全机构，落实责任，做好安全防范工作。例如，成立综治、安全、创平安文明学校等领导小组，建设护校队；建立健全安全工作责任制，使安全稳定工作职责明确，具体落实到各部门，责任到人；通过开设综治、安全办公室，明确办公室的职责。学校要做到各部门齐抓共管，发挥团队协作精神，设定安全防范议题，及时解决问题。依靠社会各方面力量做好群众性的防火、防盗、防破坏、防事故等工作；认真贯彻执行消防法规，查找和消除火灾及爆炸隐患，保护安全设备；通过开展每学期、每学年度的安全防范专项活动，有效提高全校的安全水平。

第三，做好师生的安全教育。学校应该将安全教育列入教学计划，贯穿在日常教学工作中，将系统的安全知识教育与经常性的专项安全教育结合起来，通过开展"安全教育活动月"等活动，给师生以直观的安全教育。同时，学校应该更注重在平时加强对教职工的安全管理知识的教育，促使广大教职工熟悉和掌握学生安全管理的基本知识、技能和要求；积极组织师生学习预防和处理预案，在教学中使学生认真通读《中小学安全教育读本》《中小学生自护自救安全常识》及其他安全资料，上好安全教育课，使学生获得三防知识，做到万一发生安全事故时能自助、自救。

第四，做好学校安全管理。全面落实学校安全员的职责，严防食物中毒，确保师生吃上安全、卫生的食品。

第五，注重教学设施的安全防范工作。教务处与科研处应落实专员对实验室、药品室、图书室、体育场所以及篮球架、爬杆、单杠、双杠等体育设施的安全情况进行至少一周一次的安全防范检查。同时应加强对后勤人员的管理。派出专门的后勤人员对学校围墙、厕所架空层、门窗、楼梯、扶手、水塔、楼房护栏等教学场所的设施进行每周至少一次的安全检查，及时排除安全隐患，确保上述场所设施的安全。

第六，做好学生的保健工作。学校应监督校医每学期给学生定期发放驱虫药，协助医院人员到校为学生进行体检，应做好防食物中毒、防禽流感及冬春季传染病的防控工作，落实 24 小时值班和巡查制度。保卫科应对校园进行 24 小时巡查，做到巡查无漏洞，坚决做好安全保卫工作，当班人员要密切注意各种安全迹象、隐患和动态，发现情况及时处理和报告。

【案例推介】

构建"54321"安全管理模式，打造和谐平安校园

武宁县第六小学

武宁县第六小学建校以来，始终秉承"六年影响一生，为学生的终身幸福奠定基础"的办学理念，严格遵循"安全立校、依法治校、科研兴校、质量兴校"的管理理念，认真践行"54321"的教育管理模式，全面实施素质教育，竭力打造让学生喜欢、家长满意、社会认可，充满智慧、人文、活力的校园。

一、学校"54321"安全管理模式简析

自建校以来，学校始终把平安校园建设作为头等大事来抓，立足校情，突出重点，创新安全工作，着力营造安全、文明、和谐的育人环境。学校经过努力探索和不断实践，形成了"54321"安全管理模式，即提升五类安全活动实效、健全四大安全责任体系、完善三大安全保障措施、实施两大安全普及工程、突出一项安全中心工作，平安校园建设工作取得显著成绩。

二、突出一项安全中心工作

学校注重顶层设计，建立一套符合校情的安全工作机制，使安全工作真正做到有章可循、有规可依、依法落实。

第一，健全学校安全工作组织体系。学校成立安全工作领导小组，由校长任组长，形成"一把手"亲自抓，分管领导具体抓，相关处室、年级组、班主任及教师齐力抓，人人参与、全员管理、统一协调的安全工作格局。

第二，健全学校安全工作制度体系。结合校情，建立健全校园安全工作管理制度、安全演练工作制度、各类突发事件应急预案、安全工作议事制度、社会实践活动管理制度等各项安全制度，精心编撰《安全管理制度汇编》，分工作职责、安全管理制度、应急预案三大类，收录学校安全规范六十多项。

三、实施两大安全普及工程

第一，加强学校安全课堂建设。一方面，我校按照课程标准的要求把安全教育纳入教学计划，积极开发校本课程，编订《小学生安全常识教育读本》校本教材，充分利用每周一的班会课，通过课堂六年教学和案例警示教育相结合的方式，对学生进行安全教育。校本教材从学生的认知层面将安全教育分为出行安全、卫生与健康、校园安全、家庭安全、救治与救助、交往安全、气象与安全、警示标志八大模块，汇编各类安全知识。另一方面，结合校情，利用每周一的午间通读时间，指导学生学习"一日唱过六个一"，从微笑问好、轻声慢步、整洁干净、集会礼仪、文明用餐、爱护公物六个方面入手，帮助学生养成良好的行为习惯，提高学生的安全意识。

第二，加强校园安全文化建设。学校以红领巾广播站为载体，建立了内容覆盖课堂教学、课外活动和社会实践的安全教育宣传体系。学校教学楼的文化长廊富有特色，每一层的文化长廊都有安全知识专栏，专栏宣传安全知识，展示安全活动成果，成为学校开展安全教育的有效平台。

四、完善三大安全保障措施

第一，加强人防措施。学校聘用5名专职保安负责日常安保工作；与辖区派出所联合设立校园警务室，聘请民警担任学校法治副校长、法治辅导员，辖区交警队警员每天协助维持学生上学、放学时校门口的交通秩序；严格执行行政领导带班和教师值班制度、校外人员出入登记制度和学生离校班主任批准制度；节假日期间学校行政人员24小时值班护校。

第二，加强物防措施。学校重点位置都安装了防盗门和防盗窗；学校在校园的楼梯通道内都设置了消防安全提示牌、消防应急标志、应急疏散示意图、逃生线路指示牌等安全标志，每个楼层均配有消防栓、消防应急灯、灭火器；学校保安室足额配备防暴叉、防割手套、手持警棍、防护盾牌、安全帽等防护器械。学校重点场所物防设施一应俱全，安全防护能力切实提高。

第三，加强技防措施。学校投入六十余万元建立了现代化的视频监控系统，监控范围覆盖学校的各场室、楼梯、走廊、通道，安装的 136 个摄像头实现了全方位、24 小时不间断视频监控，为校园安全提供有效保障。

此外，为建立现代化的安全保障体系，实现人防、物防、技防三结合，学校建立了校园安全工作信息管理平台，每天由专人管理，做到安全防范不留死角，安全信息及时反馈，切实提高学校的安全管理水平。

五、健全四大安全责任体系

第一，加大安保培训力度，明确安保人员职责。学校定期对安保人员进行培训，组织学习安全教育理论知识和学校的安全制度，总结安全管理工作，研究解决工作中的实际问题，提升校园安全预警能力。

第二，构建家校合作联盟，强化家长责任意识。学校制订了《武宁六小家校合作手册》，每学期初与学生家长签订《武宁六小家长安全教育目标责任书》，明确家长在安全教育中的各项责任；通过家访、家长会、校讯通平台、节假日发放《致家长的一封信》等形式密切与家长的沟通交流，有针对性地指导家长做好孩子的安全教育工作；成立家长学校和家长委员会，定期对家长进行安全知识和技能培训，每年组织家长志愿者帮助学校维持上学、放学路队纪律，形成齐抓共管的安全教育局面。

第三，加强日常安全管理，明确教师安全责任。学校每学期初召开安全工作专题会议，并与每位教师签订《安全工作目标责任书》，明确教师安全工作责任，每天安排 28 名师生在校门口、公交站台、十字路口、教学楼道灯岗点站岗，确保学生上学、课间、放学安全。

第四，加强学生自我管理，强化学生安全责任。每学期初，学校都会与每位学生签订安全责任状，明确学生自身责任；建立学生自管队伍，在学校教学楼的每个楼层都设立安全监督岗，由安全监督员负责监督，及时制止学生的不安全行为；值周学生每天在校门口、楼道、卫生间等处巡查，密切关注学生的动向；学校各班都设有安全委员，遇有不安全行为，及时向班主任汇报，积极培训"校园小交警"上岗，让他们在交警的协调下每天上学、放学时能帮助维护校园周边重要路段的交通秩序，提高学生的交通安全意识。

六、提升五类安全活动实效

第一，加强学校安全演练工作。学校坚持每季度举行防灾应急疏散演练活动，使安全疏散演练工作制度化、常态化，同时在小范围内(以年级、班为单位)针对溺水、车祸等常见事故进行救助应急演练。各项演练活动做到有计划、有预案、有总结，确保师生参与率达100％，提高了师生的应急、避险和自救自护能力。

第二，加强学生安全竞赛组织。精心组织学生积极参加各类安全知识竞赛活动。学校每年组织学生参加全省中小学生安全知识网络答题活动，答题率100％，平均分在98分以上；每年组织师生参加县人防办和县教体局联合举办的"人防杯"主题征文比赛；每学期开展四期以安全为主题的手抄报比赛，学校分期连续以展板的形式展出获奖作品。通过各项安全主题竞赛活动，学生对安全知识真正做到了入脑入心。

第三，大力开展普法教育活动，引导学生知法、懂法、守法、护法，做"新三好"学生。

第四，提高心理健康教育水平。学校设有专门的心理咨询室，配备4名专职心理咨询教师。每周一至周五有针对性地对特殊学生尤其是存在心理障碍的学生开展及时、贴心的心理疏导，学生还可以通过师生交流墙向教师倾诉自身的烦恼，寻求教师帮助；学校红领巾广播站每周一、三、五开设《心语时间》栏目，方便学生进行情感倾诉，解答学生的心理热点问题。

第五，创新安全教育活动模式。学校充分利用每周一升旗仪式、晨会、LED显示屏、QQ群、校讯通、微信群等平台发布安全预警和安全知识，做到安全和教育工作常态化；全面落实《中小学公共安全教育指导纲要》，以"全国中小学生安全教育日""防灾减灾日""消防宣传日""全国法制宣传日""国际禁毒日"等重要节日为契机，广泛开展专题教育活动，做到安全教育内容序列化；确定每学期的第一个月为"安全教育活动月"，在活动月期间，开展入学安全教育，举办安全知识竞赛、演讲比赛、征文比赛、安全知识讲座，编排安全教育文艺节目，观看安全视频专题片，评选"安全小卫士"等活动，做到安全教育形式多样化。

第 65 条　定期开展校舍及其他基础设施安全隐患排查和整治工作。校舍安全隐患要及时向主管部门书面报告。

【要点解读】

定期开展安全隐患排查活动，是学校安全工作的重要内容，是构建平安和谐校园的重要基础。

学校要坚持"安全第一、预防为主、综合治理"的方针，通过组织开展安全隐患大排查大整治专项行动，进一步落实学校安全主体责任和安全工作责任制，全面排查治理事故隐患。

排查工作要覆盖学校的方方面面，做到逐事排查，逐人落实。同时要突出重点，重点检查师生用电、用气，特别是在学生宿舍内违章使用各种大功率电器的情况；检查教学实验课防火措施的落实情况；检查教室、宿舍、礼堂、机房、食堂等公众聚集场所以及易燃易爆和危险品存放场所的消防设施情况。要通过排查，把逐级安全责任制的建立和落实情况、消防设施和灭火器材的维护管理情况、自防自救队伍的建设情况、日常安全管理的落实情况纳入经常性的工作内容，逐步建立学校安全工作的长效管理机制。

地方教育行政部门和学校要确保相关经费的支出。当经过检查，发现了学校校舍设施的安全隐患，向主管部门以书面形式移交报告之后，应尽快消除安全卫生隐患，对于经费数额较大的项目，学校要本着对师生生命高度负责的精神，将消除隐患作为学校基本建设的重点，发现隐患要立即整改，确保相关经费的支出。

【实施建议】

第一，压实责任，着力构建校园及学生安全管理责任体系。按照"党政同责、一岗双责、齐抓共管"和《中小学校岗位安全工作指南》的要求，认真梳理各岗位安全管理职责，再细化、再落实，压实到每个部门、每个岗位、每位员工。

第二，强化教育，全校师生要树立"安全第一"的思想，强化工作、生活、学习中的安全意识，形成"学校安全，人人有责"的理念。着力提高师生防灾避险实际能力，认真落实安全教育培训计划，将学生安全教育纳入学校教育必修内容，建立考核评价机制，强化教职员工的各类安全专题培训。

第三，完善制度，着力健全学校安全隐患排查整治长效机制。坚持重点部位和区域天天查，水电气、消防设施等重要设施时刻查，各类安全隐患定期查，节假日、重大活动、重要节点等重点时段集中查，形成长效机制。结合学校日常管理的工作特点和实际，健全隐患排查常规工作制度，形成日常安全管理和事故预防制度体系，做到制度上墙，人手一册。

第四，建立清单，着力督促重大隐患整治化解。对排查出的隐患、问题要列出清单，明确隐患内容。所有安全隐患整改资料，包括报告登记、检查记录、整改方案、合同复印件、发票复印件等都应建立档案，以备查询、查验等。

第五，加强督查，切实将学校的各项安全措施落到实处。严格落实 24 小时值班制度和领导带班制度，发生重大突发事件或发现苗头性情况，要在规定时间内及时报告当地党委政府和相关部门，同时报告上级教育主管部门。

【案例推介】

创平安校园　树和谐新风

南昌市第一中学

长期以来，南昌市第一中学以维护校园治安稳定和师生生命财产安全为目标，坚持"预防为主、重在执行"的原则。认真贯彻落实校园综合治理的各项措施，进一步规范校园安全保卫的工作机制，提高师生的安全意识和自我保护能力，保证学校良好的教育教学秩序和学习生活环境。学校通过大力开展创建平安校园活动，建立起比较完善的安全管理长效机制，不断增强师生的安全意识、法律意识，提升人防、物防、技防水平，实现无重大伤亡事故、无火灾事故、无食物中毒事故、无责任交通事故、无刑事案件的"五无"目标，为广大师生创造了良好的工作和学习环境。学校从"五个到位"来保障平安校园建设的顺利开展。

一、组织到位：领导重视，机构健全，宣传到位

学校的安全稳定工作是维护校园良好的教书育人环境，促进学校各项事业发展的有力保证。为切实加强对平安校园建设工作的领导，确保平安校园建设的各项工作落到实处，学校成立了由校长任组长的安稳工作领导小组，

统领学校的安全稳定工作，并且加强了对校园安全综合治理等重点工作的组织领导，使平安校园创建工作有了组织领导保障。明确领导小组成员的职责分工，确保各司其职，各负其责。学校细化了分工，明确了各部门职责。学校把安全稳定工作作为学校的一项重要工作与学校教育教学工作同部署、同落实、同检查。

开展校园安全宣传，提高师生思想认识。学校通过政治学习、安全工作会议及学校广播、教职工大会、校园网络、晨会、班会等多种途径和方式，广泛深入地开展了安全稳定工作的宣传教育，使全校师生充分认识到安全稳定工作的重要性，增加全校师生维护学校稳定的自觉性。学校还通过宣传栏、班级黑板报、墙报、校园广播、电子屏等途径将安全知识进行广泛宣传。

二、机制到位：制度完善，严密防范，措施到位

建立校园安全工作领导责任制和责任追究制。学校贯彻党政同责、一岗双责原则，将安全保卫工作列入各有关处室的目标考核内容进行严格考核，并纳入处室年度绩效考核。严格执行责任追究制度，对造成重大安全事故的要严肃追究有关领导人的责任。

实行分级管理，层层签订责任书。学校按照"谁主管，谁负责"的原则，做到职责明确，责任到人，学校、处室、教研组、年级组、班主任层层签订责任书，明确各自的职责。

不断完善学校的安全保卫工作规章制度。学校制订了安全工作责任制和责任追究制、学校安全管理制度、消防安全责任制度、学校重点部位保卫工作制度、门卫安全管理制度、保安人员管理制度、学生宿舍消防应急预案等。

组织成立了志愿者服务队、24 小时学校治安巡逻队、义务消防队、义务维稳应急队等组织。学校青年志愿者利用课余时间，每周放学高峰期到校门口维护交通秩序，充分保障师生安全。

学校千方百计筹措资金，用于增加学校的监控设备和电子围栏，维修改造红外线报警系统，更新消防设施，定期对灭火器进行换药，增加消防器材，加固门窗，聘用保安人员加强门卫管理等。学校购买了安防设备，增加了摄像头，对全校实行无缝隙全天候 24 小时监控，做到了经费、制度、办公室设施全部到位。

三、教育到位：加强教育，规范管理，促进自护

认真做好安全教育宣传工作，学校利用课间 5 分钟安全教育铃声、主题班会安全教育幻灯片、每周一国旗下的讲话、广播、黑板报（专题安全教育）、电子屏幕、标语、校园网、教工大会、班主任会、教研组长会等宣传形式，向师生宣传交通、用电、食品卫生、防溺水、防火、防震等安全知识。

开展丰富多彩的安全教育活动。组织学生进行人民防空隐蔽疏散演练和应急疏散演练活动，通过演练全面提高了师生面对突发状况的应急逃生技能。在宣传教育活动中，做到了"五落实"，即经费落实、资料落实、时间落实、人员落实、阵地落实。

四、预防到位：加强检查，把握重点，消除隐患

安全工作要以预防为主，防患于未然，是学校安全工作的指导思想。学校加强了对安全工作的检查督促，实行重点检查与日常检查、定期检查与不定期抽查相结合。

加强对安全设施的检查。学校每周进行一次安全排查，每次检查都抽调学校部分领导、处室干部等对学生宿舍、教学设备、电气线路、活动场所、体育设施等进行全面的检查，及时更换老化的消防设施、器材，检查消防安全标志是否齐全，检查疏散通道、疏散楼梯和安全出口是否符合疏散要求，规范学校化学药品的管理使用，对检查中发现的安全隐患马上进行整改。

加强落实学生点名制度。安排值班人员每天检查学生早晚自习、上课、夜间休息的出席情况，对无故旷课、夜不归宿的学生及时查明原因，及时通知家长，及时教育，及时堵塞管理漏洞，减少甚至杜绝学生违纪、安全事故。

加强对校内食堂的检查。总务处每天专门对食堂的原材料进行检查，并督促炊事员抓好食品卫生，严禁使用"三无食品"和变质食品，杜绝食物中毒事故。

五、合力到位：齐抓共管，群防群治，网络管理

学校的安全教育工作是一项社会性的系统工程，需要社会、学校、家庭的密切配合。

学校积极与公安派出所、交警、城管、消防、社区等部门通力合作，开展了校园周边环境的专项整治活动。

通过《学生家长联系手册》，建立与学生家长的联系网，各项活动都得到了学生与家长的支持和配合。

放假期间发《给家长的一封信》，提示家长假期关注学生的安全和守法情况，使学校和家长的联系更加密切，也填补了假期学生安全管理的空白。

第66条　设立卫生室或保健室，按要求配备专兼职卫生技术人员，落实日常卫生保健制度。

【要点解读】

随着生活水平和精神文化水平的发展，健康已成为人们的一种追求，人们的预防保健意识大大增强。对学校而言，卫生工作是学校教育中的一项十分重要的工作，卫生室在学校中的设立，是培养学生良好卫生习惯和塑造健康文明生活的一副良药，对监测学生的健康状况、提高学生的健康水平有重要意义。同时，卫生工作还可以营造优美、整洁的校园环境，促进学生的身心健康，有力地推动学校的文明建设。

校医和保健教师在促进学生身心发展及提高学生卫生水平上起着重要的作用，是学校卫生工作的主力军。

《学校卫生工作条例》第20条规定：城市普通中小学、农村中心小学和普通中学设卫生室，按学生人数六百比一的比例配备专职卫生技术人员。中等专业学校、技工学校、农业中学、职业中学，可以根据需要，配备专职卫生技术人员。学生人数不足六百人的学校，可以配备专职或者兼职保健教师，开展学校卫生工作。

《中小学学生安全管理办法》第23条规定：学校应当按照国家有关规定配备具有从业资格的专职医务（保健）人员或者兼职卫生保健教师，购置必需的急救器材和药品，保障对学生常见病的治疗，并负责学校传染病疫情及其他突发公共卫生事件的报告。有条件的学校，应当设立卫生（保健）室。

中小学生自我防护能力较弱，对可能危害健康的不良行为习惯或疾病缺乏足够的防范意识和防范能力。学校要按照有关规定设立卫生室或保健室，配备专兼职医务人员，完善机构建设，建立健全卫生保健规章制度，制订《学校卫生室管理制度》和《卫生保健员工作职责》，确保日常卫生保健制度的落实，有序、有效推进学校的卫生保健工作。

【实施建议】

第一，加强领导，健全机构，为做好学校卫生工作提供组织保障。

学校卫生工作是学校工作的有机组成部分，是实施素质教育、培养合格人才的重要内容之一。学校必须进一步贯彻落实《学校卫生工作条例》，有机构有计划，使《学校卫生工作条例》的各项规定落到实处。全体教师共同参与，齐抓共管，相互协作。工作有计划、有布置、有检查、有总结。

第二，搞好卫生宣传教育，增强卫生保健意识。通过卫生宣传，使学生掌握卫生知识，逐渐养成良好的卫生习惯。最直接的手段是为学生上健康教育课，以健康教育课为载体，向学生系统传授卫生与健康知识，重点提高学生对青春期卫生知识的重要性和必要性的认识，科学引导学生认识这些生理变化，避免影响学生的学习、生活和健康，有效培养学生讲文明、讲卫生的良好行为，加强防病保健意识，提高学生的素质。

第三，加大投入，改善条件。学校要不断加大投入，改善学校的卫生条件，如投资绿化，添置卫生设备，改善办公室和教室的硬件环境……师生在一个舒适、愉快的环境中工作、学习，身心自然健康。

【案例推介】

南宁市中小学校园卫生工作突出"五大亮点" 为校园安全保驾护航①

党的十九大召开以来，南宁市中小学卫生保健中心围绕大会提出的"办人民满意的教育"的根本要求，在市教育局的直接领导下，紧紧围绕学校卫生工作目标，狠抓工作落实，突出五个方面的工作亮点，使学校卫生工作取得新的成效。

一、落实校长是学校卫生工作第一责任人制度

将学校卫生重点工作纳入教育系统绩效考核内容，落实校长是学校卫生工作第一责任人的工作机制，完善突发公共卫生事件应急预案。明确要求县区、开发区教育局、各直属学校要把食品安全责任等卫生工作分解落实到各

---

① 欧建新：《南宁市中小学校园卫生工作突出"五大亮点" 为校园安全保驾护航》，http：//www.sohu.com/a/218439502_394139，2018-06-19。

部门和个人，并层层签订食品安全责任书，使学校卫生工作有领导抓、有专人管，责任落实到部门和个人。

二、强化学校卫生工作自查自纠

把学校开展卫生工作检查列入绩效考评内容，要求市直属学校每周由分管副校长牵头组织开展学校卫生工作常规检查，每月由校长牵头组织开展学校卫生工作大检查，有食堂的直属学校每天由食堂负责人和食品安全管理员负责对食品安全进行常规检查，检查要做好记录，发现的问题要及时进行整改，实行"谁检查，谁签字，谁负责"制度，确保学校卫生工作自查自纠得以全面扎实开展。据抽查，各直属学校都按要求开展自查自纠工作。

三、探索联合开展学校传染病防控、食品安全检查新模式

市教育局和市卫计委、市食品药品监督管理局在春季、秋季学期开学初，共同派出六个联合检查组对学校卫生工作进行检查，对直属学校开展拉网式全面检查，并对县区学校进行抽查，检查组对学校卫生工作存在的问题当场指出，检查指导专业、具体、到位。各学校根据检查组提出的整改意见及时整改，消除了存在的安全隐患。

四、创新学校卫生从业人员培训形式和内容

保健中心在食品安全、传染病防控知识培训模式和内容上大胆创新，一是改变往年学校公共卫生知识培训由保健中心组织培训为主，改变为市级、县区级培训分别组织开展，并把学校公共卫生知识培训工作列为绩效考评的重要内容。二是要求培训的内容侧重在学校食品安全、传染病防控知识和日常如何管理上面，强调培训内容要具有可操作性，以管理知识为主。通过建立市、县（区、开发区）、学校三级培训体系，使学校领导、中层干部以及从业人员懂得学校卫生要做好哪些工作，不断提高他们的卫生安全意识、管理能力和业务水平。

五、改进学校卫生工作检查与指导

为更好地对南宁市中小学校卫生工作进行检查指导，确保我市中小学卫生工作顺利开展，卫生保健中心把检查指导的职责落实到中心的每一位卫生专业技术人员，采取分片包干、定点联系的方式，有效促进学校卫生工作的全面开展和学校卫生工作水平的提高，取得明显的成效。在2017年高考前两周至中考期间，保健中心派出卫生专业技术人员到各中考、高考学校开展

卫生工作的检查与指导，重点对食堂管理、食品和饮用水安全进行检查，通过检查及时发现问题并要求学校及时整改，确保了我市中考、高考期间没有发生校园食品安全事故。

第 67 条　设置安全警示标识和安全、卫生教育宣传橱窗，定期更换宣传内容。

【要点解读】

安全警示标识和宣传橱窗是校园文化的重要组成部分，也是学校及时反映教育与教学、建设与管理等方面信息和成绩的窗口和阵地。

由于中小学生社会阅历浅、生活经验少，对各种不安全因素的危害性了解认识不深，且具有好奇、冒险的天性，所以他们常会在校园内遇到一些意想不到的安全问题。学校设置安全警示标识，可以让学生了解校园中可能存在的安全隐患，提醒学生采取适当的行为方式，防范危险。

学校安全、卫生教育宣传橱窗的设置应做到形式新颖、图文并茂、内容科学易懂、图像生动活泼，吸引中小学生的注意，增强教育实效，让中小学生对安全、卫生知识入眼、入脑、入心，提高学生自我管理、自我防护的意识和能力。学校在设置安全、卫生宣传橱窗时，应该选好地理位置，最好是学生上课、就餐、放学、活动经常经过的，开阔的地方。

【实施建议】

第一，学校可以通过形式多样的活动，让学生查找、筛选出学校中存在潜在危险的地方，并动手设计安全警示标识。这样一方面能够弥补成人视角的局限，更充分地挖掘校园内潜在的危险区域；另一方面，学生更容易接受自己动手设计的安全警示标识。

第二，学校设置安全警示标识，要考虑学生的角度和高度，把安全警示标识放置在学生能够注意到、看清楚的地方。

第三，学校应根据不同年龄段的学生的特点，采取适当的宣传方式，尽量运用漫画、案例、幽默笑话等学生感兴趣、容易接受的方式，设置安全卫生教育宣传橱窗，并定期更换橱窗的教育主题和宣传内容。

【案例推介】

王益区：开展"九个一"活动 推动安全宣传教育进学校工作常态化①

一是设置一块宣传版面。充分利用 LED 电子屏、宣传橱窗、安全提示专栏、板报、手抄报、校报校刊等宣传安全政策法规和安全知识，营造了"关爱生命、关注安全"的浓厚氛围。

二是开展安全"一月一学"教育活动。开展校级、处室级两级安全培训，对教职员工每月进行一次全员安全培训，重点培训班主任、保安、门房、食堂工作人员、校车驾驶员及陪护人员等，重点学习《安全生产法》《交通安全法》《食品安全法》，以及《中小学公共安全教育指导纲要》《中小学校岗位安全工作指南》《陕西省中小学幼儿园岗位安全工作实施办法（试行）》等法律法规，不断提高教师员工的安全意识和安全技能。

三是上好安全教育课。将法治、交通、食品、传染病防控、禁毒、防火、防溺水、防雷电、防意外伤害、反邪教、文明上网等纳入安全教育内容，做到安全教育课课时、教师、教材、教案"四落实"，切实提高中小学生和幼儿的安全防范意识和自我保护能力。

四是开展安全应急逃生月演练活动。及时健全完善各类安全应急预案，按照《中小学幼儿园应急疏散演练指南》等，以防震、防拥挤踩踏、防中毒、校车安全运行等为主题，坚持每月规范组织一次全校性的安全应急疏散逃生演练活动，指导学生学会避险和自救自护，不断提高师生自觉应变的自救自护能力。

五是坚持开展"安全教育日、周、月"活动。充分利用校会、班团队会、小广播、校园网等，抓好对学生的日常安全教育，重点抓好开学第一周和放假前安全教育，扎实开展安全教育日、安全生产月、平安建设宣传季宣传活动，推动安全宣传教育常态化。

六是广泛开展安全预防警示教育。定期组织师生观看安全警示教育专题片；每月举办一场安全教育主题班队会；深入推进"法律进校园"活动，每学期聘请法治副校长、法治辅导员或公安干警、司法人员等，为学生做交通、

① 《王益区：开展"九个一"活动 推动安全宣传教育进学校工作常态化》，http://www.tongchuan.gov.cn/html/zxzx/bmdt/201703/161390.html，2018-06-19。

消防、防震、防雷电、食品、卫生保健等方面的专题安全教育报告，以事故实例为教训，对师生进行深刻警示，有效防范同类事件发生。

七是开展"王益安全随手转"微信接力宣传。借助区安监局已创建的"王益安全随手转"微信平台，区教科体局创建设立"王益安全随手转—教科体"二级微信群，主要宣传各级安全法律法规、技术规范、事故案例、隐患防治、经验交流等，各教育办、学校、幼儿园、区教研室、区校外活动中心、区考试管理中心主要负责人、分管负责人、安全员、网格员等都加入其中，做到安全信息第一时间交流传递。

八是积极参与安全知识竞赛活动。定期在中小学生中开展"安全伴我在校园""我把安全带回家"主题征文、演讲等活动，组织安全管理人员参加"安康杯"竞赛活动，组织广大师生参加"安全生产征文"活动，组织中小学生及家长参加全国、全省中小学生安全知识网络竞赛活动，扩大安全教育的宣传面。

九是打造安全宣传教育进学校示范点。切实加强安全人防、物防、技防能力建设，不断完善安全管理工作机制，对照评估标准，积极创建省市级平安校园、依法治校示范校园和法治校园，促进学校的安全宣传工作水平不断提升。

第三节　开展以生活技能为基础的安全健康教育

加强中小学安全教育工作，不仅是关系学校的稳定与和谐的问题，而且也是全社会共同关注的焦点，中小学安全教育工作不仅是一项培养学生的安全防范意识，让学生掌握自护自救知识、提高自护自救能力的教育活动，而且也是学校进行素质教育的重要组成部分。

学生的安全健康工作重在预防。对学生开展安全健康教育，让所有学生掌握必要的安全、健康知识和相关技能，能够帮助学生养成良好的生活习惯，提高学生防范危险的意识和能力，促进中小学生的安全健康成长。

长期以来，党中央、国务院对中小学生的安全健康成长就一直十分重视，为全面深入地推动中小学安全教育工作，大力降低各类伤亡事故的发生率，切实做好中小学生的安全保护工作，促进他们健康成长，1996年2月，《关于建立全国中小学生安全教育日制度的通知》发布，决定将全国中小学生"安全教育日"安排在每年 3 月最后一周的星期一。为增强"安全教育日"活动的针对性，使活动真正收到实效，每年确定一个"安全教育日"主题。

教师是学生安全的重要责任人，是中小学安全教育工作的重要实施者，因此，教师必须首先树立安全意识，重视安全教育，增强安全责任感，明确安全职责。中小学校要进一步提高认识，切实增强做好学校安全工作的责任感和紧迫感。教育工作者要真正认识到：做好学校安全工作事关广大人民群众的根本利益，事关社会的稳定与和谐，事关教育事业的稳健发展。安全无小事，责任重于山。教育工作者必须本着对党的教育事业、对青少年儿童高度负责的态度，从维护人民群众的根本利益、维护社会安定和政治稳定的高度出发，进一步认识抓好学校安全工作的重要意义。牢固树立"安全第一"的思想，坚决消除侥幸心理和麻痹大意，居安思危，警钟长鸣。安全教育是学校安全工作的基础，抓好安全教育是做好学校安全工作的治本之策和长远之策。

第 68 条　落实《中小学公共安全教育指导纲要》，突出强化预防溺水和交通安全教育，有计划地开展国家安全、社会安全、公共卫生、意外伤害、网络、信息安全、自然灾害以及影响学生安全的其他事故或事件教育，了解保障安全的方法并掌握一定技能。

【要点解读】

中小学校安全教育是在中小学校开展以培养学生的安全意识、形成自救自护能力为主要内容的教育，尽可能减少自然灾害和公共安全事故等对未成年人造成的生命健康损害。安全教育的主要内容包括预防和应对国家安全、社会安全、公共卫生、意外伤害、网络、信息安全、自然灾害以及影响学生安全的其他事故或事件等。

溺水和交通事故是学生非正常死亡的两大杀手。政府和学校要通过开展多种形式的安全教育活动，将防溺水教育覆盖到每一名学生，完善风险管控和自查、自报、自改的隐患排查治理体系；与多部门联动，开展涉水交通安全隐患排查整治工作，整治校车违规行为，打击"黑校车"搭载学生行为，采取强有力措施，严禁未成年学生无证驾驶机动车。

国家安全不仅关乎国家的兴亡，还关乎每个公民的切身利益；维护好了国家安全，既能保护国家利益，也能保护个体利益，而一旦国家安全受损，我们就有可能付出巨大的代价。

2015年7月1日，全国人民代表大会常务委员会通过的《中华人民共和国国家安全法》规定，国家加强国家安全新闻宣传和舆论引导。通过多种形式开展国家安全宣传教育活动，将国家安全教育纳入国民教育体系和公务员教育培训体系，增强全民国家安全意识。每年4月15日为"全民国家安全教育日"。

青少年正处于人生成长的关键时期，人生观、世界观、价值观等正处于形成的重要阶段，因此，加强青少年的国家安全教育具有特殊意义。此外，青少年思维活跃，眼界开阔，好动，好奇心强，网络接触多，接受新事物快，但阅历浅、经验少、防范意识弱，因此，要防止青少年在无意之中被人利用。

学校加强对青少年学生的国家安全教育是国家的要求，也符合青少年的年龄、思维等实际特点。由中共中央宣传部、司法部、全国普法办公室联合开展的"法律六进"活动，明确"进学校"是其中之一，旨在通过开展群众性宣传教育，推进国家安全法治宣传广泛覆盖社会公共场所，使"维护国家安全人人有责"的观念深入人心。

现代信息网络技术的发展，尤其是互联网在中国的迅速发展，使中国人的社会存在方式大大地扩展与延伸，使中国开始步入互联网时代。互联网是一种新型媒体，它具有的互动多媒体的效果对未成年人产生了极大的吸引力，必然也对未成年人的思想道德产生了巨大的影响。这种影响有积极的一面，也有消极的一面。未成年人是指未满18周岁的特殊群体。一般而言，他们的知识和阅历还不足以明辨是非，他们的世界观、人生观和道德观还没有成熟，还不足以抵制不良社会风气、习惯、观念和事物的影响。网络是一个信息的宝库，同时也是一个信息的垃圾场，学习信息、娱乐信息、经济信息和各种各样的黄色、暴力信息混杂在一起，使网络成为信息的万花筒。这对青少年的"三观"形成构成潜在威胁。青少年在网络上很容易接触到资本主义的宣传论调、文化思想等，思想处于极度矛盾、混乱中，其人生观、价值观极易发生倾斜。网络改变了青少年在学习和生活中的人际关系及生活方式。同时，上网使青少年容易形成一种以自我为中心的生存方式，集体意识淡薄，个人自由主义思潮泛滥。垃圾信息弱化了青少年的思想道德意识，污染了青少年的心灵，误导了青少年的行为。因此，青少年是国家的希望，也是网络安全教育的重点对象。

【实施建议】

第一，提高安全意识，建立健全制度。

进一步强化青少年对安全教育工作重要性的认识，牢固树立"安全第一，预防为主"的思想，建立健全安全工作的组织体系、管理规章和责任制度，有效防范、控制和抵御安全风险，增强安全预警、应急处置和灾难恢复能力，提高学校整体安全防护水平，支持教育事业健康持续发展。

第二，结合实际，开展针对青少年学生的安全教育活动。

结合学生特点、本地区的安全特点和实际状况，突出针对性，创新教育方式。除了利用传统的广播、校园网、电视、板报、校报、宣传廊外，学校还可以组织学生上安全知识课、举办讲座、播放安全知识电视片、举办主题校会、班会或演讲活动等。新时期，要特别重视用好新媒体，加强新媒体宣传的高效性，通过图文、动漫、微视频、音频等各种形式，不断提高普法宣传的影响力和渗透力。

第三，加强队伍建设和人员培训。

学校应定期对全体教职员工开展安全健康教育的培训，增强全体教师安全健康教育的意识，落实岗位责任和考核机制，提高教师安全健康教育的水平。

第四，提升防护能力，建立应急处置和通报机制。

开展安全应急演练，提高安全应急处置能力。建立重大安全事件处置和报告制度，确定报送范围，规范报告格式，建立报送流程，明确报送时间。

第五，加强宣传教育，提高师生防范能力。

学校要组织开展形式多样、针对性强的全员宣传教育，利用"校本课程""安全教育日""开学第一课"等方式，通过集会、主题班会、知识竞赛等形式有针对性地开展安全专题教育，通过宣传橱窗、黑板报、校园广播、校园网、教学平台等宣传阵地，广泛开展安全教育，提高师生安全事件的防范能力。

【案例推介】

长寿区扎实抓好中小学生健康教育工作①

一是建好组织机构网络。建立区、校两级健康教育机构网络。组建区健康教育工作领导小组，统筹抓好全区中小学健康教育工作。各学校成立以校长为组长，以分管副校长、专兼职卫生管理员为成员的学校健康教育工作组。配备健康教育专兼职教师、卫生保健教师，落实健康教育工作责任制，抓好健康知识的教育教学活动管理，做到有计划、有记录、有总结。

二是完善健康教育设施。加强健康校园建设，打造安全、整洁、优雅的育人环境。以全面改善义务教育阶段薄弱学校的基本办学条件为契机，加大投入，使教室采光照明、课桌椅、厕所、宿舍、食堂、饮水及体育锻炼设施和健康教育器材、教具等硬件设施全面达到指标要求；实现全区中小学心理咨询室建设全覆盖，促进学生身心健康发展。

三是上好健康教育课程。把《中小学生健康教育读本》和《中小学生心理健康教育》作为学生健康教育课的教材，组织上好健康教育课，做到教师、课时、教材、教案、教具、作业、考试、评价"八落实"，确保两周1节健康教育课，每学期举办1~2次健康教育专题讲座。全区中小学健康教育课开课率达100%，学生健康知识水平明显提升。

四是开展健康教育活动。通过校园网络、黑板报、专家讲座等形式普及健康知识和卫生防病知识。以丰富多彩的活动为载体，重点抓好学生心理健康教育、生理健康教育等。结合世界卫生日、世界无烟日、全国爱眼日等重大时间节点开展丰富多彩的健康教育专题活动和实践活动，切实丰富广大中小学生的健康知识，培养他们的健康意识和健康行为习惯。

五是加强体质健康监测。成立区中小学卫生保健所，做好每年1次的学生健康体检工作，建好学生健康档案，为学生健康成长提供保障。重点加强学生常见疾病预防教育宣传工作，有针对性地做好学生体质健康指导，配合地方卫生部门做好学生疫苗接种宣传，实现全区中小学14岁以下儿童疾病接种预防全覆盖。

---

① 《长寿区扎实抓好中小学生健康教育工作》，http://www.degree.cqedu.cn/Item/20526.aspx，2018-06-19。

第 69 条 落实《中小学健康教育指导纲要》，普及疾病预防、营养与食品安全以及生长发育、青春期保健知识和技能，提升师生健康素养。

【要点解读】

学校健康教育是学校教育的一部分，学校管理者应以大健康观为指导，全面统筹学校的健康教育工作，应将健康教育教学、健康环境创设、健康服务提供有机结合，为学生践行健康行为提供支持，以实现促进学生健康发展的目标。

《中小学健康教育指导纲要》指出中小学健康教育内容包括五个领域：健康行为与生活方式、疾病预防、心理健康、生长发育与青春期保健、安全应急与避险。根据儿童青少年生长发育的不同阶段，依照小学低年级、小学中年级、小学高年级、初中年级、高中年级五级水平，把五个领域的内容合理分配到五级水平中，分别为水平一（小学 1～2 年级）、水平二（小学 3～4 年级）、水平三（小学 5～6 年级）、水平四（初中 7～9 年级）、水平五（高中 10～12 年级）。五级水平互相衔接，完成中小学校健康教育的总体目标。

为有效防控群体性食源性疾患，进一步规范江西省各级各类学校（含幼儿园）的食品经营行为，把好食品"进口"关，2018 年 2 月，江西省教育厅下发了《江西省学校（幼儿园）食堂经营管理"十必须"》和《江西省学校（幼儿园）食品采购管理"十不准"》，强调校长是第一责任人，农村义务教育学校食堂必须自办。食堂食品采购管理"十不准"确保食品及原料来源可溯、信息可追。

【实施建议】

第一，学校要开设专门的健康教育课程，做到有课时、有教师、有教材、有教案、有考试、有评价。通过健康教育课堂教学主渠道，传播健康知识，提高广大学生的卫生意识，培养他们良好的卫生习惯，增强师生预防疾病和保持个人卫生的意识。

第二，认真贯彻"预防为主、综合防御"的工作方针，最大限度地减少疾病造成的危害。利用墙报、校内广播、卫生课等多种形式进行疾病预防的宣传教育。让学生掌握各种疾病的预防措施，搞好个人卫生，养成良好的卫生习惯。合理休息，防止过度紧张和疲劳，并注意防寒保暖。

第三，做好健康教育的宣传工作。学校要充分利用班（队）会、家长会、校园广播、电子屏幕、黑板报、手抄报、挂图、网络、知识竞赛等多种途径，广泛宣传健康教育的重大意义，普及健康知识、卫生知识和疾病预防知识。要鼓励学生与家长联动，引导学生养成良好的卫生行为习惯，并积极参与卫生城市创建活动。

第四，做好校园环境卫生工作。各学校应加强校园环境卫生管理，消除卫生死角，定期开展大扫除、除"四害"和卫生消毒等工作，保持教室、寝室、食堂、厕所等重点区域的环境清洁。要加强教室和寝室的卫生管理，经常开窗通风换气，减小传染病感染机率。要在全体师生中大力宣传吸烟的危害性，全面开展无烟学校创建活动。

第五，加强学校食品卫生安全管理。要认真实施学校食品放心工程，加强食品卫生知识宣传，增强广大师生的自我保护意识，加强学校食堂卫生管理和饮用水源管理，杜绝食物中毒事件。要做好食堂从业人员的卫生健康培训工作，加强监督检查，全面开展"放心食堂"创建活动。

第六，广泛深入开展青春期健康教育活动，加强对青少年学生的性与生殖健康的教育，提高他们性生理、性心理与生殖健康的知识水平，引导青少年学生以正确的态度、科学的方法，解决成长过程中性与生殖健康方面的困惑，增强他们的自我保护能力，帮助他们顺利地度过青春期；编写青春期健康教育校本课程，为青少年提供科学的青春期健康知识，帮助他们正确处理好青春期发生的各种变化，学会应对各种挫折，顺利地度过青春期，为以后的健康人生做好充分准备。

【案例推介】

全国学生体质健康大数据库已经建立[①]

近年来，教育部从以下四方面深入推进健康教育工作。

第一，不断优化顶层设计，完善制度体系。

一是设立了《体育与健康》国家课程。明确了小学、初中、高中、大学课

---

① 徐贞：《全国学生体质健康大数据库已经建立》，载《人民政协报》，2017-12-20。

时和教学要求。二是不断完善学生体育锻炼与竞赛制度。在全国各级各类学校广泛开展"亿万学生阳光体育运动"，通过体育课、每天25～30分钟的大课间体育活动，确保每个学生每天都能锻炼一小时。建立了涵盖校、县、市、省、国家五级学生体育竞赛制度，以此推动学生走出教室、走进操场、走到阳光下积极参加体育锻炼。三是建立了学生体质健康监测与评价制度。从2007年起在全国实施《国家学生体质健康标准》测试制度，每年对每个学生进行体质健康标准达标测试。实行全国学生体质健康监测制度，每5年对40万名大中小学生的形态、机能、身体素质及健康等24项指标进行监测，在此基础上建立了全国学生体质健康大数据库，为准确把握学生体质健康的变化趋势和规律、有针对性地采取措施改善学生健康提供了量化的数据支撑。四是建立学校体育卫生专项督导制度。定期开展学校专项督查，推动地方各级政府重视学校健康促进工作，并将其纳入政府政绩考核指标，推动各项健康促进措施落到实处。

第二，全面推进学校健康教育。

提高学生健康素养是实现学生健康和可持续发展的基础。2008年，教育部印发了《中小学健康教育指导纲要》，从健康行为与生活方式、疾病预防、心理健康、生长发育与青春期保健、安全应急与避险五个方面对中小学健康教育提出总体要求。2017年印发了《普通高等学校健康教育指导纲要》，为进一步加强学校健康教育，提升学生健康素养，促进学生身心健康提供基本遵循。同时学校通过《体育与健康》课程进行健康教育课堂教学，普及健康知识和技能。

第三，以校园足球引领学校体育改革创新。

足球是青少年非常喜爱的一项运动。截至目前，创建了全国青少年校园足球特色学校共20218所，全国青少年校园足球试点县（区）102个，全国青少年校园足球改革试验区12个。同时，建立了小学、初中、高中、大学四级校园足球竞赛制度，通过足球运动使广大学生热爱体育、喜爱锻炼、增强体质，这些举措也带动了其他球类和校园体育的全面发展。

第四，完善协同推进机制。

积极与财政、卫生计生等部门密切合作，在疾病防控、营养改善、食品和饮水安全等方面开展跨部门行动，定期会商学生健康状况和影响学生健康的危险因素，共同提出干预对策，形成维护学生健康的合力。

下一步，教育部将以党的十九大精神和习近平新时代中国特色社会主义思想为指引，以《"健康中国 2030"规划纲要》为行动指南。一是继续把健康教育融入所有教育政策、贯穿于教育改革发展各项工作之中，纳入国民教育体系并作为所有教育阶段素质教育的重要内容，不断完善健康促进与教育的新模式。二是大力推进学校体育改革发展创新，满足广大学生多样化的体育需求，以兴趣为引导，注重培养学生的运动爱好和技能，推动学生养成终身锻炼的习惯。三是在学校健康促进领域继续深入开展国内的跨部门行动，并积极与国际社会开展交流与合作。

第 70 条　落实《中小学幼儿园应急疏散演练指南》，定期开展应急演练，提高师生应对突发事件和自救自护能力。

【要点解读】

为了进一步提高中小学幼儿园师生的紧急避险能力，增强师生安全防患意识，提升学校在安全事故中应急疏散演练的组织和管理水平，2014 年，教育部印发了《中小学幼儿园应急疏散演练指南》（以下简称《指南》），充分体现了党和国家对中小学生、幼儿健康成长的关注，是对安全教育防患于未然意识的强化。

应急疏散演练是中小学幼儿园安全教育的重要组成部分，也是提升学生安全教育实效的有效途径。对于如何设计和实施应急疏散演练，中小学幼儿园急需科学、明确的规范来指导实践演练活动。《指南》对于应急疏散演练的各个环节、步骤提出了明确的指导性意见和规范性要求，对中小学设计和实施应急疏散演练有重要指导作用。

《指南》要求中小学幼儿园进行应急疏散演练应注意处理好以下关系。一是处理好有序和迅速的关系。应急疏散演练的核心是有序、迅速，目的是确保安全。有序强调约束、规律，是动态的，应急疏散绝不能发生拥挤踩踏。迅速即速度快，确保疏散演练既安全有序又有效快速。二是处理好实战与目标的关系。应急疏散演练的最终时间目标一般是 2 分钟左右，这需要通过常态化的演练来实现。演练要立足实战，模拟地震、火灾、校车事故等，通过实战循序渐进地实现目标。三是处理好演练频次与常态的关系。《指南》要求中小学每月至少要开展一次应急疏散演练，幼儿园每季度至少要开展一次应急疏散演练。应急疏散演练从根本上讲，应常态化。只有通过常态化的应急疏散演练，学生才能真正做到熟能生巧、以不变应万变。《指南》从制订演练方案、成立演练组织机构、演练前安全教育、演练前师生身体状况问询检查及其他准备工作，明确了中小学幼儿园在演练准备阶段需要完成的各项任务，特别是对制订演练方案和成立演练组织机构这两个方面的关键工作进行了细致的界定。在制订演练方案部分，明确规定了制订演练方案的依据、演练方案的各个内容要素和设计演练方案的几点具体要求；在成立演练组织机构部分，明确规定了应急疏散演练领导小组的人员构成、工作职责和领导小组下设的若干专项工作小组的具体任务。

《指南》对指导和改进中小学幼儿园应急疏散演练活动有重要意义，具体体现在三个方面：一是能够提升中小学幼儿园应急疏散演练活动设计的规范性和科学性；二是能够提升中小学幼儿园应急疏散演练活动实施的有序性和有效性；三是能够提升最终落实中小学幼儿园应急疏散演练活动的实效性，提高学生的紧急逃生和安全自护能力。

【实施建议】

做好应急疏散演练工作，绝不仅仅是带领学生跑几次，一定要按照《指南》的要求，认真细致地做好应急疏散演练的各项工作。

第一，制订符合实际、切实可行的应急疏散演练方案，使应急疏散演练有章可循，演练规范，才能取得实效。

第二，建立演练组织，从演练指挥部相关小组的建立和职责的明确，到学校、年级、班级和小组，层层有人负责，人人明确职责，只有这样，当灾难真正来临时，才能保证师生有序逃生自救，把伤亡和损失减到最小。

第三，做好演练前的各项准备工作，如做好宣传教育工作，让师生明确演练的意义，重视演练，认真参加演练。同时要对师生的身体进行问询检查，对体质特殊的学生（特别是心脏不好的学生），要劝其不要参加演练，但要让他知道逃生路线，掌握逃生本领。做好相关器材、文件、标示等的准备工作，并向上级有关部门报告，保证演练安全顺利进行。

第四，按照演练方案认真实施。根据演练方案中的不同情况依次实施好避险科目和疏散科目，还可以根据演练要求实施伤员救护、火灾扑灭等。在实施过程中，场景力求逼真，使师生有亲临现场的感觉。同时要求师生面临突发事件时要有清醒的头脑和镇静自若的态度，严肃认真地参加演练。

第五，做好演练总结。演练后及时做好现场讲评。讲评内容包括演练的组织、实施情况，演练效果，演练中暴露出的问题及解决问题的办法。同时要严肃认真地开展有针对性的批评、表扬，使每一次演练都能取得实际效果。总结要有现场文字和视频材料。演练后组织师生共同恢复现场，回收演练物资，这也是培养学生良好习惯的必要一课。

【案例推介】

信丰二中实施学校安全"网格化"管理①

信丰二中全面推行学校安全网格化管理措施，进一步明确安全管理监督责任和工作内容，全面落实安全主体责任，建立"权责明确、任务清晰、流程规范、分级管理、网格到底"的安全监督管理网络，构建"学校领导、组室监管、专人负责、全员参与"的安全工作格局。

根据管理内容，学校建立了设施网格管理团队、功能室网格管理团队、班级网格管理团队、大型活动网格管理团队。设施网格管理团队人员主要为各处室干事或中层干部，网格管理区域总体遵循责任人办公、检查就近原则；功能室负责人为功能室网格管理第一责任人；班主任为班级网格管理负责人，网格管理员每天上午、下午对自己的管理区域至少检查一遍，发现设施损毁或安全隐患及时报告相关职能部门消除隐患；活动组织处室主任或年级组长为活动网格管理第一责任人，要求活动前制订详细的安全预案，分解任务，责任到人，认真检查所有设施设备，消除安全隐患。

安全"网格化"管理责任落实后，收到了明显成效，形成了人人、事事、时时、处处想安全，讲安全，抓安全的良好氛围，营造了快乐、文明、安全、爱生的平安和谐乐园。

---

① 林英良：《信丰二中实施学校安全"网格化"管理》，http://jxgz.jxnews.com.cn/system/2017/12/28/016662754.shtml，2018-06-19。

第四节　营造健康向上的学校文化

　　校园是学生生活学习的主要场所，是青少年花费时间最多的地方。学校文化环境建设对于中小学生来讲具有十分重要的意义。学校文化是指一所学校经过长期发展积淀而形成共识的一种价值体系，即价值观念、办学思想、群体意识、行为规范等，也是一所学校办学精神与环境氛围的集中体现。这里包括物质层面、制度层面、精神层面和行为层面，其核心是精神层面中的价值观念、办学思想、教育理念、群体意识等。学校文化决定办学质量。英国罗伯·高菲、盖瑞士·琼斯两位教授对学校文化有一个非常形象的比喻："建筑物建立起来之后，你看不到它的柱子、横梁与钢筋，但是少了它们，建筑物将会倒塌。文化对于学校教育质量来说就是这样。"

　　学校文化具有教育性、选择性、创造性、个体性和差异性。好的校园文化，既能激发起学生的合作精神和社群活力，又能使学生养成抵御风险和适应变化的能力。校长应善于在教育实践中把校园文化逐步积淀下来，使之成为一种教育影响力，一种孕育着巨大潜力的教育资源。

第71条　立足学校实际和文化积淀，结合区域特点，建设体现学校办学理念和思想的学校文化，发展办学特色，引领学校内涵发展。

【要点解读】

　　学校文化是学校的生命与灵魂，是贯穿学校发展的命脉，是学校历史与现实的集中呈现，是学校社会形象的阐释，它对学校发展具有价值引导、观念整合、情感激励、制度规范、行为矫正等作用。

　　对于学校的领导者而言，只有站在学校文化建设的高度才能驾驭学校的未来发展。学校核心竞争力由教育生产力、学校文化力和教育经营力构成，其中学校文化及其所产生的力量正是学校核心竞争力的基础。一方面学校核心竞争力的独特性就在于其深厚的文化底蕴、鲜明的品牌个性和有特色的教育模式，而这正是学校文化力的核心内容和重心所在；另一方面则是因为教育的本质就在于"文化育人"，即将人类社会的物质文明、精神文明成果，通过显性与隐性的教育途径，再通过师生的积淀、内化，作用于受教育者的生理和心理的各个层面，使其获得未来成长和发展以及推动社会进步所需要的素养，而文化育人的关键则在于学校自身的文化建设。优秀的学校文化总能给人一种实实在在的内在驱动，让人沉静、大气、向上、奋发，砥砺着一代代学子的人格品行、激励着一代代学子的求学奋进。

学校内涵发展是相对于学校外延发展而言的。外延发展是指学校在办学规模、条件、设施等"硬件"上的扩展，外延发展是显性的发展。内涵发展关注内在的品质培养，要在办学理念、管理水平和教育质量等"软件"上提高。可以说，内涵发展是一种可持续发展，是健康发展、长效发展。对于中小学而言，硬件上的改善固然是学校发展的前提与基础，但从办学理念和办学思想等方面入手进行以学校文化建设为主的发展才是每所学校获得生存机会和实现可持续发展的理想诉求。

学校内涵发展应该是一种可持续发展，关注的是学校的长远发展；是一种重质量的发展，而不是单纯注重学校规模、设施等数量上的扩张；是一种创新发展，学校发展不能因循守旧，需要根据时代和社会的变化在办学思路和理念上有所创新；是一种特色发展，需要根据各个学校的实际情况制订符合自身特色的发展规划。

《国家中长期教育改革和发展规划纲要（2010—2020 年）》提出："树立以提高质量为核心的教育发展观，注重教育内涵发展，鼓励学校办出特色、办出水平。"因此，基于现状，走内涵发展之路是必然选择，注重教育内涵发展是教育的主旋律。

学校文化的塑造是一个系统工程，它不是写在墙上的，也不是学校领导或是某些专家提出的口号式的文化，学校特色也不等于学校文化，所以校长在建设学校文化时，必须准确把握教育内涵，端正文化建设方向，认真思考自己的学校要办什么样的教育，培养什么样的学生，采取什么方式培养学生，学校的核心价值观是什么，学校追求的目标是什么，而后再进行整体设计。

【实施建议】

第一，定准学校文化基调，凸显学校文化内核。

学校首先要定准自己的文化基调，确定好办学思想。这个过程可以从历史传统和办学现实两个维度来进行。

第二，进行文化系统设计，彰显学校个性价值。

学校文化概念也就是办学思想确定后，就要围绕能概括学校特征的这个唯一的起点进行学校文化的系统设计。校长要把学校文化建设方案变成有文化主题的学校发展规划，结合具体校情和师生意愿，进一步丰富其血肉，形成具体的可落实的操作方案或行动方案。在具体设计实施时，校长尤其要关注办学理念、办学目标、育人目标、校训、校风、教风、学风、校徽、校歌、校园吉祥物的设计，还要重视学校大门、门厅、文化景观、广场、廊道、图书馆、校史馆、理念墙等重点点位的设计，要确保其设计体现学校的核心价值体系。

第三，全员参与文化设计，促进内化实施。

学校文化建设是全体师生共同参与和认同内化的过程。从文化角度讲，个体积极地参与文化实践活动，才能产生个体认同，因为认同来自参与、协商、沟通，所以，学校文化建设不是校长一个人的事，它需要全体成员的共同参与。校长要因势利导，把学校全体成员自然带入参与情境，号召大家以实名制方式对学校文化建设方案提出建议和意见。需要校长发动教师、学生及其家长参与的地方有校徽的设计、基础色和辅助色的选择、校歌词曲的创作、校园吉祥物的设计、校树校花的确定等。这些部分即使由文化公司主导设计，学校也必须向师生全面征求意见。

学校文化建设的最终成果是由学生的行为变化来检验的，所以要符合学生特点，体现学生参与。在文化建设中，还要注意收集生活中的事例，因为身边的故事是最具有感染力的，能促进师生对学校文化理念的理解与认同。

第四，以制度保障学校文化建设。

学校在构建各项管理制度时，注意充分体现以人为本的思想，把"严格管理""积极引导"作为制度建设的重要原则。在各项制度的执行过程中，始终坚持教育、引导先行，让师生充分理解制度的重要性，充分认识遵守各项制度的必要性，在校园内构建起人人遵守制度、个个维护制度的良好制度环境，从而使学校倡导的主流价值观在师生身上慢慢浸润，反复强化。

第五，以活动充实校园文化建设。

通过开展参与性、震撼力较强的丰富多彩的教育活动和文化活动，让学生丰富知识，陶冶性情，增强能力，提高素质，从而提升校园文化水准，再现校园文化精神。

第六，以环境承载学校文化。

学校着力建设整洁、优美、高雅、规范的校园，通过抓教室文化、办公室文化、墙壁文化、厕所文化、课桌文化等，优化环境，充分发挥其"无声之教"的熏陶作用。除"硬环境"外，学校也要注意努力为教职员工创造一个和谐愉快、安心从教的"软环境"。

通过以上措施，努力实现校园文化的导向功能、陶冶功能、整合功能及凝聚功能，努力构建和谐校园核心价值体系，使学校成为师生共生、共享、共进的温馨家园。

【案例推介】

让每一朵生命之花朝阳盛开——武宁县校园文化建设侧记①

各具特色　校园文化亮点纷呈

近年来，由于党和政府对教育的重视，武宁县对所有的学校都进行了新建或改扩建，完善的校园设施为师生员工开展丰富多彩的寓教于乐的教育活动提供了强力保障。每一所学校都是一道风景，不同的特色组成了武宁丰富多彩的校园文化。

武宁县六小是一所崭新的现代化校园，校园文化处处体现了创新和唯美。学校确定了以"六年影响一生，为学生的终身幸福奠定基础"为办学理念，以弘德、博学、尚美、求真为校训，以快乐、向上、文明、活泼为校风，以互助、奉献、仁爱、创新为教风，以乐学、善思、自主、健美为学风。

武宁县第四小学以"教得好，学得好"为校训，以"好品德、好兴趣、好作为"为校风，以"爱生、爱校、爱岗"为教风，以"学会学习、学会快乐、学会合作、学会创新"为学风，整个校园充满了朴实和温馨。

武宁县一小是一所具有百年校史的新校园，校园文化打造以"正谊明道"为主题，围绕"一"字做文章。学生成长"六个一"：一手好汉字、一个好兴趣、一项好才艺、一身好体魄、一生好习惯、一流好品格；教师心语"四个一"：

---

① 王怡荣：《让每一朵生命之花朝阳盛开——武宁县校园文化建设侧记》，http：// jj. jxnews. com. cn/system/2017/12/18/016641265. shtml，2018-06-19。

一丝不苟教好书、一片冰心育好人、一体同心共好事、一往无前办好校；校长寄语"四个一"：立一等品格、求一等学问、育一流人才、办一流学校。

县五小提出了"阳光教育"学校品牌，倾心打造"德育教育"和"科技教育"文化，着力推进阳光文化建设工程，将阳光教育渗透进武宁五小的制度文化、活动文化与环境文化建设之中，使学校焕发出勃勃生机。

一、内容丰富，养成教育润物无声

不同的学校有不同的风格，校园的每一栋建筑、每一块墙面、每一个楼道、每一个广场、每一个教室、每一块草坪、每一棵树，都被赋予了不同的文化内涵。

县六小的行政楼、实验楼和三栋教学楼都是相连相通的，该校充分利用这一特点，竭力打造成系列的、有内涵的长廊文化。一楼为"弘德走廊"，二楼为"博学走廊"，三楼为"尚美走廊"，四楼为"求真走廊"。仅一楼的"弘德走廊"上就包含"弘德""爱国主义教育""中华传统美德""榜样""中国梦"等六大主题，图文并茂，内容极为丰富。

县一小的育才楼大厅围栏将"仁义礼智信、忠孝廉耻勇、温良恭俭让、德志爱学和"以图文并茂的形式展现出来，使传统文化与现代教育有机结合；四个主要楼道以梅、兰、竹、菊为主题，分别取名为洁梅阁、幽兰阁、雅竹阁、逸菊阁，集中展示了有关梅、兰、竹、菊的诗词64首，在走廊上挂有以勤学、惜时、为人、立己为主题的吊牌68块。

班级文化是校园文化的一个重要组成部分，武宁县各学校十分重视班级文化建设。随意走进每一个教室，一幅幅美丽的画卷在你眼前展开：教室整体布置整洁而优雅，特色文化精彩纷呈。"班级之星""读书角""学生作品""许愿墙""卫生角"成了每个同学展示风采的平台和机会。

武宁县六小按照标准化建设配备图书室和阅览室，面积达186平方米，有4万多册书，每周定期向师生开放。每个学校都建有图书室，迷你书吧、图书角在县城各学校的楼道拐角和教室随处可见，让校园处处充满了书香。

武宁县五小的垃圾桶上装饰着鲜花，桶壁上配有醒目的提示语"让知识伴我腾飞，把文明留给母校"，让学生随处都能得到文明的提示；县一小教学楼内的场地上栽有4棵桂花树，每一棵树的树干都用浅黄色的木板做成的六面形的围桶围着，旁边点缀着一块石头，石头上分别刻着"正、谊、明、道"四个字，围桶上分别对这四个字进行说明，让学生随时都能了解学校的历史文化渊源。

古代圣贤、现代伟人、国学经典、名言警句、准则规章等合理地布置在校园的合适位置，时时处处影响着学生。

二、与时俱进，寓教于乐健康成长

武宁县校园文化中既有中华文明五千年传承的精华，又有新时代党和国家教育的新要求，传统与现代完美融合。

在"学习宣传十九大精神进校园"活动中，各学校的学习宣传活动形式多样，宣传栏、宣传展板、宣传标语随处可见。武宁县二小举行了"小手拉大手共学十九大"知识竞赛，县三小开展了"学习十九大精神"主题手抄报评比，县五小开展了高年级的演讲比赛，县六小举办了"童心向党，践行十九大"主题优秀手抄报和书画作品展。通过制作、互动、竞赛等形式，使小学生在快乐中感知、领会十九大常识和内涵。

"在我左手边是六小精心打造的家风家训文化主题墙。中国是礼仪之邦，五千年的文化传承至今，深深地铭刻在每一个中国人的心中。每个家都有家训、家规、家风，好的家训、家规、家风不仅承载着祖祖辈辈对后代的希望和策鞭……"家风家训文化主题墙是县六小校园文化建设今年新增的一个亮点，五年级5班的付昕怡同学在向客人解说时字正腔圆、有板有眼，颇有景区解说员的风采。据了解，这样的解说员在六小已经培养了几百名，他们在增长知识的同时，也提升了能力和自信，在今后的学习生活中，他们一定会出类拔萃。

县五小为了让学生提高科学素养，在寸土寸金的校园内兴建了一块面积达4亩的校园科普农场，同学们在亲身劳动中开阔了视野，增长了知识，学校科普农场已成为学生最爱的"大课堂"。

在"书香校园"建设过程中，为了提高学生们的阅读兴趣，各学校妙招百出，分别开展了每天诵读经典、经典诵读比赛、书法比赛等活动。县二小开展了"和书香做伴，与快乐同行"的亲子阅读活动，还制作了"阅读存折"，学生每天都要在存折上填写阅读的篇目和页数，并让家长签字督促，年底再评选"阅读之星"；县三小利用微信平台，开展了"我爱阅读，与书为伴"阅读活动，学校与家庭、家长与孩子有效互动。这些丰富多彩的活动，极大提升了孩子们的学习兴趣，让他们在快乐中求知。"书满园，香满园，书香满校园"，书香校园的创建，既丰富了师生的心灵，又使校园变得更加和谐、平安、文明。

丰富的校园文化、规范的学校管理、良好的校园硬件设施、爱岗敬业的教师队伍，成就了武宁县各学校一项项珍贵的荣誉。县五小先后荣获全国青科协会员、全国科学调查体验示范校等称号，在校外科技创新展示比赛中多次获得江西省航空航模大赛一、二等奖，尤其在近两年全国宋庆龄儿童发明奖中，获得全国金、银奖各一枚，铜奖三枚的优异成绩，填补了江西省该项赛事的空白；县六小先后荣获江西省十大榜样学校、江西省基础教育质量十佳示范校等称号；县四小先后荣获全国优秀现代学校、全国课改示范学校等称号；县一小获得全省读书先进单位称号……

第72条 做好校园净化、绿化、美化工作，合理设计和布置校园，有效利用空间和墙面，建设生态校园、文化校园、书香校园，发挥环境育人功能。

【要点解读】

教育家苏霍姆林斯基说："一所好的学校墙壁也会说话。"学校是专门培养人、教育人的地方，它不仅是一个教室、操场的概念，同时也是一个环境、文化的理念。校园文化所营造的育人氛围无时无刻不在发挥着作用，它具有隐蔽性和延续性的特点，它在潜移默化中发挥着环境育人的功能。校园文化是一个立体化、开放性的概念。它包括了诸多因素，如硬件建设的物的因素，教师、学生的人的因素，以及人与物、教师与学生等的相互关系等。它是一种环境，也是一种氛围，是一种需要长期培育、苦心经营的教育氛围。一个布局合理、整洁优美、宁静有序的校园环境，对学生的健康成长和发展，必然产生巨大的影响。

学校内部的规划和布局是校园物质环境的重要基础。对校园进行整体规划和布局，既要反映学校的整体风貌，又要考虑教育教学生活的便利、科学；既要有利于学校的统一管理，又要使各部门相互协调、发挥空间的最大效用。

学校是育人的场所，更应是绿化美化的前沿。优美的环境主要是指校园的绿化美化净化。校园的绿化美化净化，能使全体师生以舒畅的心情投入教与学中，校园绿化美化的目的就是陶冶广大师生的情操，净化广大师生的心灵。

校园离不开书香的浸润，校园文化必然有书香文化。苏霍姆林斯基曾经讲过，一个学校可以什么都没有，只要有了为教师和学生的精神成长而提供的图书，那就是教育。学校应该通过创造浓郁的阅读氛围，整合丰富的阅读资源，开展多彩的读书活动，让阅读成为师生最日常的生活方式，进而推动书香社会的形成。

生态校园就是运用生态学的基本原理与方法规划、设计、建设、管理及运行的人与自然关系和谐，各物种布局、结构合理且自然环境优良，物质、能力、信息高效利用且对环境友好的集学习、工作、活动、休闲功能于一体的人工生态系统。优美的生态校园环境是构建校园文化的重要环节，优美的绿色环境不仅使学生在心理上感到安全舒适，产生一种规范的体验，而且可以起到陶冶性情、激发美感的作用。

【实施建议】

第一，坚持"以人为本，因地制宜，系统和谐，环保节约，持续发展，追求品位，整体规划，分项实施，逐步完善"的建设原则。

第二，学校要制订绿化建设方案和环保教育计划，积极鼓励师生员工参与学校规划，共同制订校园绿化环境建设的各项措施，形成统一的思想行动，使校园绿化建设及环境教育走向科学化、规范化、制度化。

第三，精心规划，提升绿化建设水平。学校可聘请绿化专家和绿化部门专业人才，在校园内搞好高标准规划设计，绿化工作做到科学、精心、高标准规划。在绿化美化工作中，校园内凡可绿化的地方都种植了植被，做到树木与花卉并存，盆栽与地栽互补，大片绿化与小景布置结合，达到了乔、灌、草、亭、池搭配的立体绿化效果，使校园拥有四季常青、月月飘香，处处皆绿色、无处不飞花的清新优美环境。

第四，营造氛围，注重绿色文化建设。学校可通过人文字画、宣传标语牌等美化校园，营造优雅的氛围，增强人文底蕴。规范学生行为、陶冶学生情操、健全学生人格。

第五，以"建设书香校园，营造精神家园"为理念，从三方面打造"书香校园"：一是制订全校读书计划；二是打造读书活动载体；三是构建富有人文气息的激励机制。

第六，将构建生态校园与教育活动融为一体，通过生态环境及课程的建设，让学生能与自然和谐共处，并学会感恩自然。培养学生爱护校园、爱护自然的情感，让学生树立人人创造美好环境的责任心。

【案例推介】

上高中学：打造和谐文明校园 提升教育幸福指数①

确立学校发展目标，构建和谐幸福校园

环境文化建设有品位。围绕让学校的"每处墙壁都会说话，每处景致都能育人"，学校做好了如下规划，设立老牌名校底蕴展示区：在文化广场矗立孔子雕像、兴建至圣亭，重建状元桥和孔子牌坊的基础上，以校史陈列室、图书室、文化走廊为载体，展示出深厚的文化底蕴与辉煌的办学历程，使学生真切地感受到老牌名校的文化传统。制度文化建设有亮点。加强师德建设，制订明确的培养计划和方案，把师德培养纳入师资队伍建设计划，对全体教师进行以加强教师职业道德、职业精神、思想观念、道德品质为核心内容的相关教育；制订学校师德建设工作条例、师德建设实施细则等规定，明确教师应尽的师德义务和要求；建立奖惩机制，对师德优秀的教师在职称评审、评聘、晋级方面给予倾斜政策；建立健全学校师德监督机制，组织由社会、学校、家长、学生等参加的师德监督检查小组，鼓励教师更新思想观念，完善道德修养，同时搭建舞台，活跃教师文化生活，提升教师素质，陶冶教师情操。特色文化建设有品牌。学校一直重视学生素质的提高和能力的培养，旨在实现"人人都有梦想，天天都有期待，个个都能成才"。从2008年开始，学校与部分高校联合办学，从高校引进了优秀毕业生，高中各年级办好了美术、体育、舞蹈、声乐、管乐、传媒、毽球等特长班，形成了较为完善的特色人才培养体系。高考特长生二本录取人数逐年攀升。自2012年至2017年，有80余人分别考取北京体育大学、上海体育学院、中国美术学院、中国戏曲

① 《上高中学：打造和谐文明校园 提升教育幸福指数》，http://ad.jxnews.com.cn/wp/2018/wmxy/5.html，2018-06-19。

学院等院校；100余人考取武汉大学、华中科技大学等院校。

营造良好读书氛围，打造书香文化校园

注重尚德文化。学校建有校内闭路电视系统、校园广播电视台、校园网、阅报栏和宣传长廊，用显性文化开拓师生的视野；同时从健康、心理、生命安全、传统美德、团结协作精神、文化礼仪修养、人生观、价值观等方面加强隐性文化建设，让学生潜心读书，学会做人。走廊墙面上的学生摄影和书法作品让学生自豪；楼道墙面上的名言警句和二十四孝故事让学生自励；教室里的手抄报、黑板报、图书角陶冶着学生的思想情操。校园里处处能感受到一种催人向上的力量，一种书香浓浓的文化气息。在全校开展了弘扬社会主义核心价值观活动，通过演讲、书法、绘画、作文等比赛形式，真正让核心价值观入校园、入班级、入学生心灵。同时学校在全县率先开展了"好人好事天天在身边"评比展示活动，学校、年级、班级都设立了"好人榜"，做到每班每日一榜，年级每周一榜，学校每月一榜，层层宣传学生身边的好人好事。这一灵活、有实效的展示活动，既陶冶了学生的思想情操，又塑造了学生的美好心灵，更丰富了核心价值观的具体内容。注重读书活动。为丰富学生的精神世界，提升学生的人文素质，学校开展了以"读经典书、说普通话、发标准音、写规范字"为主要内容的人文"童子功"活动；举办了"学校的节日"主题诵读晚会，围绕清明、端午、中秋、春节等传统节日，举行了"和谐·共享""缅怀先烈、祝福祖国""我的祖国，我的母语"等经典诵读活动；每周开设"书写课"，每年校园艺术节举行一次师生大赛，逐步把师生自己"书"写成认认真真、堂堂正正的中国人；开展"亲子读书"活动，以"优秀藏书之家""优秀家庭小书架"评选活动为载体，营造家校相通的读书氛围。现在，写规范字、诵读经典、弘扬国学成为学校素质教育的规定动作，也是学校校园文化一道靓丽的风景线。注重"四个1小时"。一是开展大课间阳光体育活动，每天锻炼1小时。学生走出课堂，在课外开展形式多样的趣味体育活动。二是提升读写能力，每天"诵、写、读、听"1小时。语文课开展"课前一吟""诵读经典"等活动；开设美术书法课，要求学生能绘一幅好画，能写一手漂亮汉字；晚自习第一节课收看《新闻联播》，让学生纵览天下事，拓展他们的知识视野。三是提升语言交际能力，英语融会1小时。通过"英语角""英语沙龙"、外教上课等形式，提高学生的口语表达能力。四是夯实理科学习基础，思维奠基 1 小时。开展小发明、小创作和通用技术比赛，拓展学生思维。这些富有特色的活动，为学生营造了一个健康向上的育人氛围，搭建了一个发挥特长、展示自我的舞台。

提升文化品位，营造良好的学习氛围

打造以立德为先的感恩文化平台。为了打造感恩教育品牌，该校提出了"让感恩成为习惯"的口号，持续开展了以"真诚感恩他人，责任回报社会"为主题的系列孝道与感恩教育活动。学校以感恩教育为抓手，以每周一次的"孝道与感恩"感恩教育主题班会为切入点，结合每周一的升旗仪式以及关爱留守儿童、绿色校园、小交警在行动等公益活动，把感恩教育化成了实际行动，并使之常态化和多样化。现在，感恩行动在上高中学校园已成为一种常态，无论是春风化雨，还是高歌猛进，它都注定要成为上高中学一道亮丽的风景线。

打造以弘扬国学为内涵的传统文化平台。学校编写了《上高中学古诗文经典诵读》校本教材，组织实施"中华古诗文经典诵读"工程。活动的口号是"读千古美文，做谦谦君子"，活动的理念是"直面经典，不求甚解，但求背熟，终身受益"。学校安排每天晨读 20 分钟，课前 2 分钟、课间操后及每周四古诗文活动课为学生诵读时间，从而为学生学习古诗文做出时间上的保证。学校开展的古诗文诵读活动开发了学生的记忆力，帮助学生打好了语言文字功底，提升了学生的人格修养。

打造使学生终身受益的艺术活动平台。为提升师生的身体素质，增强他们的意志品质，学校大力推行了"体育艺术 2＋1"活动。学生根据自己的年龄特点，从太极拳、武术操、排球、篮球、羽毛球、毽球等体育运动项目中选择两个项目，充分利用体育课、课间操和课外活动进行专门训练；还根据学生的兴趣爱好，成立合唱队、铜管乐队、电子琴、古筝、二胡等器乐兴趣小组，举行美术、书法、动漫制作专题讲座，让学生掌握一项艺术特长。这些艺术活动取得了丰硕成果。学校毽球队代表江西省参加了 2009—2014 年连续 6 年的中学生毽球锦标赛，并且取得了骄人的成绩。毽球队于 2013 年荣获全国青少年"未来之星"阳光体育大会踢毽比赛二等奖；2014—2017 年喜获全国男子团体冠军和澳门毽球邀请赛亚洲亚军。这些殊荣标志着该校的毽球领跑了全国并走向了世界。

通过创建文明校园活动的开展，该校师生的行为更加规范，校容校貌进一步得以改善，学校管理更加科学，教育教学质量不断提高。今后，该校将继续把握教育发展的新机遇，以新时期教育发展的新特点、新要求的挑战为动力，继续深化课程改革，大力推进素质教育。继续加强校容校貌、校风校纪、道德规范建设，营造浓郁的校园文化氛围，把文明校园建设推向一个新的高度。

第73条　每年通过科技节、艺术节、体育节、读书节等形式，因地制宜组织丰富多彩的学校活动。

【要点解读】

校园文化建设是学校综合办学水平的重要体现，也是学校个性魅力与办学特色的体现，是学校培养适应时代要求的高素质人才的内在需要。同时，校园文化作为一种特殊的社会文化，代表着一种风气，体现着一种和谐，孕育着一种教育力量。校园文化建设不仅表现在对师生思想品德的教育和学校美化上，还表现在丰富多彩的课内外活动的开展上。

科技节、艺术节、体育节、读书节四大主题文化节是学校文化建设的有效载体，通过形式多样的活动，让学校成为富有人文底蕴、艺术气息、运动活力和科学精神的和谐校园，切实增强学生的体质，提高学生在健康、科技、人文和艺术方面的修养，培养学生的创新精神、实践能力，促进学生全面、健康、和谐发展。

学校组织活动要真正立足于学生的发展，要以能够促进学生身心各方面的和谐发展为目标，引导学生的健康成长。要面向全体学生，因地制宜，依据学生成长的需要，结合学校的周边资源和当地的传统文化开展丰富多彩的活动。

【实施建议】

第一，"四节"活动每学年确定活动的具体特色和内容，制订具体活动计划，以学生喜闻乐见的形式开展活动，做到"班班有活动、人人都参与"。

第二，"四节"活动要与校园文化建设和人文校园建设紧密结合，确定主题和内容。充分挖掘和利用学校现有资源，把德、智、体、美、劳有机地统一到教育活动的各个环节中，面向全体学生，以学生的发展为本，为学生的全面发展创造条件，让学生积极、主动地发展，健康、快乐地成才。

第三，充分调动广大师生的积极性，通过开展"四节"活动，把素质教育的要求落实到每一个课堂、每一个教育环节和每一个学生身上，使"四节"活动真正成为学生们的节日。

第四，学校组织活动要尽可能邀请学生家长参与。邀请家长参与一方面可以让家长了解学校教育的实际情况，直观地感受孩子在学校中的学习生活；另一方面，也可以对家长的教育观产生影响，引导家长不要一味地关注孩子的考试分数，要与学校形成教育合力，共同促进学生的成长。

【案例推介】

信丰县中小学研学旅行活动开展"有声有色"①

岁末年初，信丰八中组织部分学生在革命摇篮——井冈山开展为期两天的以"游学井冈山，重温红色精神"为主题的研学旅行活动；信丰九渡中学组织全体九年级学生开展以"走长征路，寻古驿道，探北江源"为主题的研学旅行活动……

在2017年全县教育工作会议上，分管教育的副县长胡烈强调，各中小学要大力推进研学旅行活动，要把开展研学旅行作为全面落实立德树人、推进素质教育的重要抓手。当前，全县各中小学认真贯彻落实会议精神，并结合《关于推进全省中小学生研学旅行的实施意见》，根据不同的域情、校情、学情及年段培养目标，大力依托家庭、学校、社会资源，积极开展以红色、绿色、古色文化为主题的研学旅行活动，有的学生来到油山体验南方三年游击战的艰苦生活，有的学生走进脐橙园采摘果实体验丰收的喜悦，有的学生走进工厂体验科技的创新……如此丰富多彩的研学旅行，让学生走进了青山绿水，走进了园区工厂，走进了革命教育基地，不断激发了学生爱党、爱国、爱家乡、爱人民的热情，增强了传统文化的熏陶，使学生感受到新时代新科

---

① 黄诗春：《信丰县中小学研学旅行活动开展"有声有色"》，http：//www.jxgzedu.gov.cn/article/show.asp？a_id=9895，2018-06-19。

技的魅力，从小培养学生的互助协作精神、实践能力、文明旅游意识，养成文明旅行习惯。

信丰县中小学研学旅行活动开展"有声有色"，最根本的因素是全县上下形成了"读万卷书，更要行万里路"的共识。教育部门牵头，公安、交通等其他部门通力协作，密切配合。学校精心策划，周密安排，做到旅行前有计划、有预案，旅行中有落实、有督促，旅行后有总结、有反思。研学旅行活动，学生在旅中学，在学中旅，既增长知识，又强化体验。这是创新人才培养模式的一个新举措。

第六章　建设现代学校制度

《国家中长期教育改革和发展规划纲要（2010—2020 年）》提出：适应中国国情和时代要求，建设依法办学、自主管理、民主监督、社会参与的现代学校制度，构建政府、学校、社会之间新型关系。现代学校制度以学校法人制度为核心，具有"政校分离，产权明晰，社会参与，管理有效"的特点，其目的在于促使学校真正成为自主经营、自我约束、自我负责、自我发展的办学主体。学校应该从推进依法治校，科学管理，建立健全各种民主管理制度，构建和谐的家庭、学校、社区合作关系等方面入手，推进现代学校制度建设。

第一节　提升依法科学管理能力

推进依法治校是学校适应加快建设社会主义法治国家要求，发挥法治在学校管理中的重要作用，提高学校治理法治化、科学化水平的客观需要，是深化教育体制改革，推进政校分开、管办分离，构建政府、学校、社会之间的新型关系，建设现代学校制度的内在要求，是适应教育发展新形势，提高管理水平与效益，维护学校、教师、学生各方合法权益，全面提高人才培养质量，实现教育现代化的重要保障。

依法办学和科学治理是学校管理的发展方向。依法办学中的"法"指的是国家的法律法规，包括我国现行有效的法律、行政法规、司法解释、地方法规、地方规章、部门规章及其他规范性文件以及对于法律法规的修订和补充性文件。学校章程和各种规章制度是各种法律在校园中的具体体现。依法办学意味着学校在办学过程中要严格遵守各种法律法规，制定切实可行的学校章程和规章制度，以此规范学校的办学行为。

管理规律是管理过程本身所固有的、本质的、必然的联系。认识、把握和运用好管理规律，是做好管理工作的前提。科学管理要求办学者要认识管理规律，准确地把握管理规律，正确地运用管理规律，提高学校治理的科学性和有效性。依法办学和科学治理是学校面对日益复杂的办学环境和管理环境的必然选择，也是促进学习可持续发展的重要手段和有效途径。

第74条　每年组织教职员工学习《宪法》《教育法》《义务教育法》《教师法》和《未成年人保护法》等法律，增强法治观念，提升依法治教、依法治校能力。

【要点解读】

近年来，我国的教育法治建设取得了显著成绩，为教育改革和发展提供了有力的支持和保障，并初步形成了具有中国特色的社会主义教育法律体系。教育法律的实施与监督工作，越来越受到各级人大、政府的重视。教育普法工作广泛开展，行政执法与执法监督工作不断推进，教育法治工作的机构、队伍建设得到加强，为今后全面推进依法治教奠定了良好基础。

坚持法制教育，在学校中深入开展法制宣传、组织学习等活动，能够为全面贯彻国家教育方针、推动全校教育改革发展营造良好的法治环境。通过不断学习，树立宪法和法律的权威，强化社会主义法治理念。进一步提升学校校长学法、守法、用法和依法治校的能力和水平，进一步提升学校行政部门负责人学法、守法、用法和依法管理的能力和水平，进一步提升广大教师学法、守法、用法和依法治教的能力和水平。

【实施建议】

第一，学校校长及其管理团队要充分认识知法、学法、用法在学校治理和学校发展中的重要意义，带头学习法律知识。学校可以将相关的教育法律法规作为班长理论学习的常规内容，采取班子成员轮流主讲的形式，加深认识和理解。建议学校设立法治校长，或者外聘法律专业人士、司法行业从业人员担任学校法律顾问。涉及学校发展的重大决策，建议增加法律咨询环节，确保依法依规办事。

第二，学校要将学习法律、提升干部教师法治观念纳入学校发展规划。在教师培训中，将教师的法治意识作为教师职业素养中必不可少的要素。定期组织教师学习相关法律法规，明确教师的法律责任，牢固树立依法从教意识。通过法制宣传、分级分层培训、监督考核、定期总结、表彰奖励等系列举措，提升学校领导的依法治校能力和广大教师的依法治教能力，形成学校法制教育的长效机制。

第三，学校可以配合每年国家法制宣传日的主题来开展丰富多彩的活动，建议开展法制专题的班会和团队会，扩大国家法制宣传日的影响。同时，借助国内外新近发生的校园违法事件，开展相关主题活动，借助辩论、征文、小报等形式，切实增强师生的法律意识。

第四，组织教师学习法律知识时，要针对教师的特点和年龄差异，开展具有针对性的学习活动。学习内容应尽量选用大量生动的教育案例，通过案例剖析，融通法律知识，避免机械地学习枯燥的法律条文。学习可以采取个人自学、集体互学、法制培训、法制讲座、参观交流等方式。

【案例推介】

律师开课教师学习　知法懂法维护学生权利①

2017 年 11 月 14 日 14 时许，一场别开生面的课程在和平区哈密道小学展开，讲台上授课的是律师，听讲的是平时授课的老师。据了解，该课程将教师如何维护学生合法权利作为主要内容，以适应目前教育工作对教师提出的新要求。

"教师在课堂上随意朗读学生的私人信件，这就损害了学生的合法权利。"安律师为该校 50 余名教师进行法律授课，其生动的案例和专业的意见令教师们对学生权利有了新的理解。部分教师表示，在传统教育行业中，教师对未成年人的人格尊严和隐私权存在认知缺陷，为惩罚学生而在课堂上随意展示其私人物品等行为时有发生，这实际上已经侵害到学生的合法权利。

---

①　宋雪飞：《律师开课教师学习　知法懂法维护学生权利》，http：//news. enorth. com. cn/system/2017/11/15/034045558. shtml，2018-06-19。

据该校校长李东瑞介绍，目前教育发展日新月异，学生、家长的法律意识逐步提高，这都给教师在法律层面上提出了新的要求，知法懂法成为教师履行自身职责的必备条件。因此，该校举办该活动，以帮助教师增强法律意识，在工作中更好地维护学生的权利。

第75条　依法制定和修订学校章程，健全完善章程执行和监督机制，规范学校办学行为，提升学校治理水平。

【要点解读】

《中华人民共和国教育法》规定，有组织机构和章程是设立学校必须具备的基本条件之一。《全面推进依法治校实施纲要》要求"依法制定具有自身特色的学校章程"。学校章程是学校依法自主治理、政府监督管理的重要依据。学校章程是学校全局性、纲领性的制度，在学校内部的管理规章体系中处于"母法"地位。相对于学校章程而言，学校一般规章制度为"下位法"，它们的效力低于学校章程，其规定的内容不能与学校章程相抵触。

学校起草制定章程要遵循依法治校、坚持社会主义办学方向的基本原则，以促进改革、增强学校办学活力为导向，着力规范内部治理结构和权利运行规则，充分反映广大教职员工、学生的意愿，体现学校的办学特色和发展目标，突出科学性和可操作性。学校章程经学校制定后，需报主管教育行政部门核准。

【实施建议】

第一，加深对制定学校章程重要意义的认识。长期以来，学校章程在我国中小学中的地位并没有得到相应的重视，很多学校没有章程。建议学校首先要组织人员开展有关学校章程的文献综述研究，梳理其产生、发展的脉络，概况基本的理论观点和研究成果；其次，组织学校领导班子深入了解学校章程的相关概念和基本内容。

第二，成立专门的章程研制小组。研制小组由校长任组长，学校各部门主管领导为主要成员，同时吸取部分骨干教师参加。研制小组应外聘研究专家，同时聘请当地教育行政主管部门人员作为顾问。

第三，严格按照章程研制的流程开展工作。在深入开展调查研究及广泛征求有关部门和专家学者的意见后，完成学校章程草案。然后听取各方意见，在起草小组反复修改的基础上，将章程草案提交学校决策机构（校长办公会或校务会议）审议。审议后，再将学校章程草案提交学校教代会讨论。经教代会通过后，将学校的章程报送主管教育行政部门核准，审核批准后，学校章程制定程序宣告结束。学校章程若需修改，须经校务会讨论，学校教代会通过，报主管的教育行政部门核准后方能生效。

第四，注重优化学校内部治理制度。学校不仅要制定符合学校实际的章程，形成科学易行的制度体系，更重要的是要建立动态更新的制度审查与清理机制，即学校要指定专门机构，按照法制统一的原则，对校内规章制度进行审查。对与上位法或国家有关规定相抵触，不符合学校章程和改革发展要求，或者相互之间不协调的内部规范性文件和管理制度，应及时修改或废止，保证学校规章制度体系层次合理、简洁明确、协调一致。

第五，建立规范性文件和管理制度的定期清理制度。新的教育法律法规、规章或者重要文件发布后，要及时对照修订校内相应的规章制度，清理结果要向师生公布。同时要通过研制学校管理标准和流程，整理和固化学校制度管理的经验。

【案例推介】

如何完善学校内部治理结构（节选）①

中国教师报：完善学校内部治理结构对校长提出了哪些新挑战？

张宏旭：校长处于学校的中心位置，完善学校内部治理结构，校长必然面临诸多挑战。首先，校长应由学校管理者逐步转变为学校的决策人，为学校发展确定学校章程、办学理念、发展方向，明确学校的特色追求等。决策人要逐渐淡出日常管理，培养合格的管理者，而不是亲自去管理。校长要避免使自己成为焦点，要搭建舞台，让别人去表演，自己退到幕后。其次，完善内部治理结构，主要依靠制度和程序来推动工作。这时，校长依靠个人魅力实施管理的方式将受到挑战。校长要改变依靠个人力量推进管理的习惯，要尊重制度，逐渐习惯以制度管理人、以制度激励人的运行模式。最后，校

---

① 《如何完善学校内部治理结构》，http://blog.sina.com.cn/s/blog_486a6ae-50102ee66.html，2018-06-19。

长的管理权威将受到挑战。校长要自觉接受各方面的监督，要习惯在监督下决策。让监督成为常态，是校长必须面对的挑战。适应并主动接受监督是完善学校内部治理结构的必由之路。

张雷：完善学校内部治理结构对校长最重要的挑战有两方面：一是摆脱对教育的功利性追求，学校管理绝不是管控和强制，而是解放每一个人和发展每一个人；二是摆脱"官本位"束缚，还权于教师，还权于学生，正确定位校长、管理者、教师和学生的角色，充分相信师生。

李志欣：校长要把学术性与专业性强的权力，委托给专业管理人员。比如，对教师业务能力的评价、教师职称的评定、学校课程的设置等，都需要由专业管理人员和教学权威人士来行使权力，而不应由学校行政权力包办。

第76条　制定学校发展规划，确定年度实施方案，客观评估办学绩效。

【要点解读】

制定学校发展规划是实施科学管理的重要手段。学校发展规划是引领学校发展的纲领性文件，是学校自主发展的蓝图，制定学校发展规划能够帮助学校科学定位学校发展目标，提炼和形成学校办学特色。学校管理者应当系统地分析学校发展的历史传统和当前办学条件，并根据社会需要和本校的实际情况，确立学校的办学方向和发展目标，探索学校有效发展的道路，以促进学校长期、稳定和持续发展。

在制定规划文本的过程中，学校各部门要自下而上民主参与、共同协商制定。这个过程对学校领导团队的能力既是一个挑战，又是一个有效提升的过程。一般而言，学校发展规划的制定，为学校理性思考学校发展目标、转变学校管理思想、凝聚各方达成共识、分析诊断学校存在的问题、帮助学校持续发展等提供了一个有效的平台。一份好的学校发展规划，对于教职员工思想的统一、理念的更新、各方资源的整合、学校制度的完善、学校文化的发展都会产生极大的作用。

制定学校发展规划不能仅关注静态文本的制定，还应关注学校发展规划的实施。在实施的过程中，稳步推进学校科学发展，需要依据学校发展规划，制订年度发展计划和实施方案，设定可操作、可评估的年度发展目标，定期对学校发展状况和规划实施情况进行评估，客观地评估学校发展绩效，以此提高学校管理水平，提升学校的教育质量。

【实施建议】

第一，做好学校自我评估。制定学校发展规划的基础是学校自我评估，只有科学的学校自我评估，才能为学校发展规划提供可靠的依据。学校自评尤其要注意以下几点：一是组建合理的评估队伍，学校自评的主体应该是学校内部的成员，学校各领域的业务主管要担任本领域的评估组长，要有组织者、协调者的分工，各领域应组建自己的评估队伍；二是要研制相应的评估工具，包括问卷、访谈提纲、观课表等；三是统筹安排大型评估活动，避免对学校正常的教育教学秩序造成干扰；四是要贯彻"用证据说话"的实证思想，在评估材料的过程中，避免凭经验臆断；五是评估结果要聚焦学校发展的优势与问题两个方面，真正对下一步学校发展规划的制定产生作用。

第二，借助学校发展愿景制定过程，凝聚人心。学校发展规划制定的关键是凝聚人心，形成学校发展的共同价值观。要让学校所有的利益相关者参与学校发展的大讨论，学校可以借助"我眼中的理想学校"的主题活动，自下而上征求师生们的意见，让他们在活动中发表观点，增强学校主人翁意识。同时也可以组织家长、社区代表参加学校发展的讨论。最后形成大家相对认可的关于学校发展的愿景。

第三，确定学校发展规划的内容框架。一般而言，学校发展规划应包括以下几个方面的内容。①学校现状分析。一般包括学校历史和办学传统、学校发展的特色和优势、学校发展中存在的问题、学校目前面临的挑战、社区及教职工对学校的期望、当前教育政策的要求等方面。②学校愿景分析，包括办学理念、办学思想。③学校发展目标定位。学校发展目标主要由学校的办学目标和培养目标两方面构成。办学目标是指学校准备在将来多久的时间内发展成为一所什么样的学校，其中的重要内容是学校的办学特色；培养目标是学校希望本校学生成为什么样的人，其中很多内容是由党和国家的教育方针和法律规定的。④学校发展规划的实施系统。从德育、课程、课堂教学、教育科研等学校中心工作中选择优先发展项目，分别确定具体目标、具体任务、实施步骤等。⑤学校发展规划的保障系统，包括组织保障、队伍保障、学校条件保障和制度保障等。

第四，制订学校发展规划年度实施方案。年度实施方案应主要包括如下内容：一是年度发展目标，年度发展目标是对学校发展规划的细化，每领域的年度发展目标不宜过多，选择3～5个为宜；二是问题分析，针对每一个领域的现状，找到影响发展的问题，以及与目标的差距；三是解决措施，详细研究解决问题的具体举措，列出解决问题的成果标准；最后要有保障条件，包括时间、人力、物力等资源，以及监控人和监控方式等。

第五，采用"发展性学校评估"方式，评估办学绩效。发展性学校评估强调用发展的眼光看待评估学校，尊重学校的主体性和差异性，强调学校的自我评估、自我反思和自我监控，注重学校的发展变化过程，使评估成为促进学校不断发展的教育活动。同时，发展性学校评估也强调学校的发展是多方面的，考察学校在一定时段内，在学校绩效发展、能力提升、文化塑造等方面的纵向发展，即在学校原有水平上的"进步度"或"增加值"，鼓励学校追求自己的发展目标，形成自己的办学特色，塑造自己的学校文化，最终形成学校自主发展、不断追求卓越的机制和能力。

【案例推介】

碧江小学顺利完成顺德区中小学办学绩效现场评估①

2017年5月31日，顺德区办学绩效评估团在罗佩华组长的带领下，连同组员雷军周、谢芳、赖均寿、欧阳艳兰对我校进行现场评估工作。我校责任督学申承林校长和北部片区教育局黎永详科长也莅临指导。

评估组通过观看大课间、聆听肖汉雄校长的自评报告、观课、查阅资料、师生访谈及巡视校园和社团活动、随访师生、闭门会议等形式，仔细了解了学校的办学情况。最后，评估组经过两次闭门会议形成评估意见并向我们学校做出反馈，评估组高度肯定了我们在学校发展、教师发展、学生成长及办学特色发展等方面的发展思路和取得的成绩。

---

① 黄云峰：《专家们是怎么评价碧江小学的？——碧江小学顺利完成顺德区中小学办学绩效现场评估》，http://www.sohu.com/a/145598314_763821，2018-06-19。

一、学校发展

学校以"种德文化"为引领，围绕"诗香润泽，种德成人"的办学理念，落实教育特色，制定了学校发展规划，建设诗香校园文化，打造四大工程：种德教育工程、队伍提升工程、课改工程以及诗香校园工程。

我校除了国家课程以外，还开设了"五雅""六艺"等博雅校本课程，学生个性得到多元发展。

二、教师发展

学校制定了教师发展目标，从"两个提升"出发，以"温馨碧小"系列主题活动提高教师归属感；成立了校长工作室、名教师工作室、名班主任工作室……为教师专业成长提供了平台。

三、学生成长

学校丰富课程内容，一方面围绕国家课程，举办学科主题文化节，另一方面开设"五雅""六艺"博雅校本课程。有培养学生儒雅气质的琴棋诗书画课程，也有塑造学生阳光特质的现代课程。

学校大课间活动内容丰富，有武术、集体绳操、花样绳操，充分保证了学生每天一小时的锻炼时间。

四、特色发展

学校推进中华诗词进校园工作，营造诗香校园文化。校内诗意盎然，被评为"广东省先进诗教单位"。"五雅""六艺"博雅校本课程的开发，充分促进了学生的个性发展，满足了多元化发展的需求。

评估组在肯定我们的工作亮点的同时，也给我们提出了宝贵的意见。建议我们学校围绕"成雅德育"的核心，结合学校实际，科学地做好学校的德育发展规划及年度计划。搭建各种平台，完善激励制度，引导督促教师革新自我，发展自我，调动工作热情，提升教育教学水平。

我校领导对评估组专家的鼓励和宝贵建议表达了衷心的感谢，北部片区教育局黎科长对我校提出殷切的期望，勉励我们在内涵发展的路上走得更高、走得更远。

第 77 条　健全管理制度，建立便捷规范的办事程序，完善内部机构组织规则、议事规则等。

【要点解读】

完善学校运行管理制度，特别是民主管理制度，是现代学校制度建设的重要组成部分，是推进学校民主建设和政治文明建设的重要保障。健全管理制度有利于发挥管理的育人功能，通过健全各种规章制度为学校教师和学生营造有序、高效的环境。便捷规范的办事程序，既确保了管理的科学性和规范性，又能为师生提供方便快捷的服务。

学校通过健全管理制度，建立便捷规范的办事程序、完善的内部组织机构规则和议事规则来提高管理效率，使各方面的意愿得到充分的表达和尊重，提高各个有关利益群体的沟通效率，有效调和教育教学中的矛盾和问题，以制度作为约束条件，形成大家共同遵守的契约，在遇到矛盾时可以有章可循，有理可依，将不必要的摩擦减到最少。

【实施建议】

第一，学校要对已有管理制度进行定期梳理。学校管理制度可以根据性质的不同分类更新，一般为 3～5 年修订一次。制度的建立健全一般有几种思路：一是根据上级部门的相关文件，细化学校的相关制度；二是固化学校传统的工作经验，形成制度；三是应对学校管理的新情况，出台相关制度。

第二，学校管理制度的建立和完善要"自上而下"与"自下而上"相结合。可以是领导班子拟定，全体教职工讨论，教代会通过；也可以是以教研组为单位，或以班团队为单位对原有制度的修订，但一定要做到民主基础上的集中或集中指导下的民主。

第三，学校的常规管理制度应该以标准化和流程化为努力方向。管理标准化是对学校管理工作内在规律深刻认识的表现，要对学校行之有效的管理制度进行管理标准的开发。流程化有助于减少学校管理的内部消耗，提高管理效率。

第四，内部机构组织的建立，要兼顾以下原则。一是精简原则。现代学校的基本职能围绕着对学生的教育教学展开，学校中绝大多数教职工应工作在一线，因此学校的行政机构设置，要在确保内部管理有效的前提下，尽量精简行政人员，将主力放在教学一线。二是协调原则。按照学校的实际需要设置职能部门，既分工明确，又整体协作，满足学校整体运转的各方面需要。在部门的设置和权责的划分上，要避免交叉重叠，突出强调部门间的沟通协调机制，减小内耗。三是全面原则。为保障学校工作的顺利开展，现代学校的内部组织机构设置必须覆盖学校的所有工作，各职能部门分工有序，没有工作盲区。部门内部的分工要全面，每位员工的工作职责合起来要满足整个部门的需求。四是现代化原则。以信息化带动教育现代化是当今社会的发展趋势，现代学校可以利用信息手段提升管理效率，实现信息的畅通无阻，确保信息上传下达及时、准确。

第五，学校管理议事有一定的规则。遵循议事规则，能提高管理效率，避免重大决策失误。首先，议事内容要突出重点。其次，议事程序要规范，参加议事的人员一定要兼顾方方面面，既要考虑层次性，又要考虑代表性，而且要相对稳定。最后，参加议事的人员、议定的内容，以及时间、地点等都要及时、准确记入统一印制的议事记录本以备忘、备查。

【案例推介】

湖北省沙市中学建立内部控制管理制度（节选）①

第一条　为促进学校健全内部控制，进一步提高学校内部管理水平，加强廉政风险防控机制建设，形成常态的规范化管理，提高风险防范能力，全面贯彻财政部颁布的《行政事业单位内部控制规范（试行）》，特编制《湖北省沙市中学内部控制管理制度》。作为建立、执行、评价及验证内部控制的依据，确保学校提高管理水平，增强风险防控能力，保证学校协调、持续、快速发展。

第六条　内部控制包含内部控制环境、风险识别与评估、内部控制措施、信息交流与反馈以及监督评价与纠正机制五个要素。

第八条　学校管理团队充分认识内部控制所承担的责任。校长办公会负责审批总体战略和重大政策，确定可以接受的风险水平，批准各项业务的政

①　《湖北省沙市中学内部控制管理制度（试行）》，http：//www.hbsszx.com/html/2017082611295201.html，2018-06-19。

策、制度和程序，对内部控制的有效性进行监督。

管理团队执行校长办公会批准的各项战略、政策和程序，负责建立授权和责任明确、报告关系清晰的组织结构，建立识别、计量和管理风险的程序，并建立和实施健全、有效的内部控制，采取措施纠正内部控制存在的问题。

第九条　学校建立科学、有效的激励约束机制，培育健康的内部控制文化，提高全体教职工的职业操守和诚信意识，从而创造全体教职工都充分了解且能履行其职责的环境。

第二十三条　学校建立有效的信息交流、共享和反馈机制，确保管理团队及时了解情况，确保每一项信息都能够传递给相关的员工，各个部门及员工的有关信息都能顺畅反馈。

第78条　认真落实《中小学校财务制度》，做好财务管理和内审工作。

【要点解读】

《中小学校财务制度》是教育部、财政部为了进一步规范中小学校的财务行为，加强财务管理和监督，提高资金使用效益，促进教育事业健康发展，根据《事业单位财务规则》和国家有关法律制度，结合中小学校特点专门制定的行业法规。

中小学校财务管理的基本原则是：贯彻执行国家有关法律、法规和财务规章制度；坚持勤俭办学的方针；正确处理事业发展需要和资金供给的关系，社会效益和经济效益的关系，国家、学校和个人三者利益的关系。中小学校财务管理的主要任务是：合理编制学校预算，严格预算执行，完整、准确编制学校决算，真实反映学校财务状况；依法筹集教育经费，努力节约支出；建立健全财务制度，加强经济核算，实施绩效评价，提高资金使用效益；加强资产管理，合理配置和有效利用资产，防止资产流失；加强对学校经济活动的财务控制和监督，防范财务风险。

中小学校财务管理实行校长负责制。学校的财务活动在校长的领导下，由学校财务部门统一管理。实行"集中记账，分校核算"，不改变学校财务管理权。即在一定区域内，由县级财政和教育部门确定的会计核算机构统一办理区域内中小学校的会计核算，学校设置报账员，在校长领导下，管理学校的财务活动，统一在会计核算机构报账。

当前，中小学校在一定程度上普遍存在重教学轻财务、重建设轻管理的现象。有的学校领导甚至认为，会计就是记账、报销，有没有财务管理对学校全面工作影响不大，从而导致中小学校的财务管理工作普遍薄弱、水平偏低，与当前教育发展趋势不相适应，往往造成资产不清、登记不全、保管不善的情况。特别是在预算管理中，学校收入受政策性影响较大，很多是学校不可控的因素，导致预算编制不实。或者是在预算执行中，开支随意性大，在一定程度上出现资金的占用、移用现象。在预算分析评价中，财务部门对预算执行过程缺乏必要的监督管理，难以有效地分析评价教育经费执行的结果。因此，有必要加强中小学校的财务管理，以有效地发挥学校的预算分配和监督职能，强化学校预算管理，科学配置办学资源。

【实施建议】

第一，加强宣传培训工作，利用广播、墙报、宣传橱窗等多种形式进行宣传。

第二，对学校领导班子进行培训，对全体教师进行培训，确保培训工作落到实处，取得实效。

第三，学校要针对中小学校财务制度对学校的财务管理进行改进和更新，结合本地中小学管理体制、办学情况和财务活动特点，有针对性地修订完善可操作性强的财务管理体系，加强财务队伍建设，通过培训等方式提高财务人员的业务素质和中小学校财务管理水平。

【案例推介】

李兴贵中学食堂财务管理制度①

为加强学校食堂财务管理，规范经营服务行为，保障广大师生权益，根据《海曙区学校食堂财务管理实施细则的通知》(海教办〔2015〕29号)文件精神，结合我校实际，特制订本办法。

第一，学校食堂要以"公益性""非营利性"为原则，以保证日常运转经费

---

① 《李兴贵中学食堂财务管理制度》，http：//blog. sina. com. cn/s/blog＿17323d72-b0102x1r0. html，2018-06-19。

收支平衡为目标，按成本补偿方式进行成本单独核算，合理确定供餐价格。

第二，校长负责食堂财务管理的全面工作，学校食堂的财务收支实行"一支笔"审批制度，重大开支和重要的经济事项决策，除经学校领导集体研究决定外，还应向学校膳食管理委员会通报有关情况，征求意见。

第三，学校食堂须明确食堂财务人员、食堂保管员、食堂负责人等人员的职责和权限。

①总务主任具体负责食堂财务管理工作，把好学校食堂财务支出关，对学校食堂食品财务支出负直接领导责任。

②食堂会计负责食堂财务审核工作，分期分月做好食堂账目。

③食堂出纳负责学校食堂的资金管理，做好学生收费（联系银行做好扣款），负责管理日常各项支出。

④食堂负责人负责每天通知送货单位为学校食堂配送各种食品原材料，并对食堂财产进行管理。

⑤食堂保管员严把食堂食品卫生第一道关，严格禁止"三无产品"进入学校。负责建立完整的食品入、出库台账，并在食品入、出库台账上签名，做到账物相符。

⑥监督员负责监督食堂入库情况，检查账物是否相符。

第四，食堂收入系食堂为学校师生提供伙食活动的各项收入，主要包括伙食收入（包括学生伙食费收入、教职工伙食费收入等）、财政补助收入及其他收入。学校向师生收取伙食费应开具浙江省行政事业单位非经营服务性收入收款票据。

①上级部门对家庭经济困难学生提供"爱心营养餐"等拨款，直接计入财政补助收入。

②实行包餐制供应的食堂，向学生收取伙食费，实行分次预收、月末结转确认伙食收入、根据学生实际就餐天数结算实行多退少补。

③在食堂就餐的教职工的伙食费，根据教育局规定允许学校以每人每月300元的标准拨付给食堂。

④食堂收入以食堂自身的经营服务为依据。不得擅自转移食堂收入，以至挪用或私设"小金库"。

⑤学校食堂实行"收支两条线"，食堂经费建立银行账户，收入全部缴存

银行，所有收入一律通过银行办理结算，严禁坐收坐支，严禁公款私借、私存和挪用。

第五，规范食堂支出成本核算。食堂各项支出要获得合法、有效的票据，在经办人和负责人签字确认后，办理相应报销手续，并据此入账。食堂支出成本包括以下内容。

①原材料成本包括粮食、食油、蔬菜、肉（豆）制品、水产品、蛋奶、调料、燃料、水电气费及其他原料成本，不包括应在学校行政事业费中列支的内容和其他与食堂经营无直接关系的支出。

食堂用水、用电根据安装的食堂水表、电表用量，独立核算食堂的用水、用电。

②人员成本是根据学生及教师餐费收入的25%支出。

③无特殊情况，200元以上的支出应通过网银及银行转账支付。所有费用在校长、经办人、证明人签字后由出纳付款。

第六，建立和完善食堂财务控制机制。实行食堂财务单独核算，学校须单独开设银行账户，单独设置食堂会计账簿，实行成本核算。

①在正常情况下，食堂财务状况应做到收支基本平衡。每月都要对食堂的结余进行核算，如收支差距较大，要及时调整，确保历年累计结余或亏损控制在年度营业额的4%以内。

②严格成本和质量控制。食堂主要原材料要以公开招标方式确定定点供应商。对进入食堂的原材料进行检查和验收，要对采购的食品索取三证（营业执照、卫生许可证、生产许可证）复印件和质量检验报告。

③规范使用食堂经营结余。食堂的结余款（含历年的结余款），要专项用于改善学生伙食、弥补上年亏损和增添食堂的设施、设备。不得用于或变相用于发放学校教职工福利奖金，或以其他方式转由学校用于非食堂经营服务方面的支出。

④食堂应对存货进行按月定期清查盘点，对盘盈或盘亏的存货应按规定单独进行账务调整。

第七，监督管理：①建立师生满意度测评制度；②建立公示制度，菜单、经费结算等信息应在学校公示栏上进行公示，接受家长的监督。

第79条　指定专人负责学校法制事务，建立学校法律顾问制度，充分运用法律手段维护学校合法权益。

【要点解读】

　　近年来，校园伤害案件时有发生，法律顾问走进校园不但能解决学校因法律知识欠缺而不知所措的问题，还能起到事前防范作用。通过开展法律咨询、进行法制宣传教育、审核法律文书、参与调解、代理诉讼等法律服务方式，依法维护广大师生的合法权益，提升应对突发事件的能力，维护学校安全，提高学校依法执教、依法治校的水平。

　　学校处理法制事务的能力与成效如何，直接关系依法治国基本方略的贯彻落实，关系新时期教育工作改革与发展的大局，对教育事业和民主与法治建设具有至关重要的作用。学校法律顾问不仅能为学校教育教学管理提供法律咨询服务，还能协助学校抓好法制宣传教育工作，进一步规范学校的办学行为，不断提高学校依法治校、依法施教、依法决策的水平。

【实施建议】

　　第一，学校领导班子要了解学校法律顾问的功能和作用。一般而言，学校法律顾问能够提供如下帮助：提供学校在人事用工、工程建设等方面的各类法律咨询，参与学校宏观决策的法律论证，就学校重大决策所涉及的法律问题进行研究、论证并发表法律意见；协助学校规范各种规章制度，依法执教，发现问题及时进行整改，引导教职工树立良好的师德师风；参与草拟、修改、审改、审查学校在教学管理对外联系活动中的合同、协议，依法提出法律意见或建议；对学校起草的规范性文件，依法审查并提出修改和补充建议；接受学校委托，免费代理学校参与诉讼、非诉讼、调解、仲裁等活动；协助教职工、学生维护自身合法权益；涉及教职工家属的案件，应积极提供法律援助，在为其代理诉讼时遇到经济困难的应给予费用减免；协助学校开展法制宣传教育活动，定期或不定期对教职工及学生进行法制教育；办理学校委托的其他法律事务；进行校园安全责任及相关法律知识的培训，方式包括学生专题培训和家长宣传讲座等。

　　第二，学校需安排专人负责各项法制事务。各项法制事务均需运用专业的法律知识来处理，因此负责人要具备法学的基本理论与基本知识以及法学的基本分析方法和技术；了解法学的理论前沿和法制建设的趋势，熟悉我国法律法规和相关政策；具有一定的科学研究和实际工作能力。建议学校可以从高校相关专业毕业生中，逐步培养适合学校的法律专项负责人。

第三，学校是教育创新的实践基地，要加强对学校师生知识产权的保护，尤其是要保护师生的论著和创新性的研究成果。同时，可以依托专业的法律机构对师生开展知识产权教育，增强师生的知识产权保护意识。

第四，各中小学校、幼儿园法律顾问，可由专业律师事务所的律师担任或申请相应法律援助。

【案例推介】

聘请专业法律顾问　提升依法治校能力
—— 一一三中教育集团推进"现代学校制度建设"新举措①

按照"现代学校制度建设"项目推进日程，为进一步提高依法治校、依法执教能力，促进学校内部治理法治化，校园管理规范化，2017年12月13日，黑龙江孟繁旭律师事务所孟繁旭主任、赵守东律师受邀来到了哈一一三中学校，与一一三中教育集团成员校(113中、36中、57中、群力经纬中学、杨楚珊中学)就"聘请法律顾问"相关事宜进行了近距离的沟通交流，并通过此次"现代学校制度建设"法律顾问对接洽谈会顺利完成了签约活动。教育局郝淑芳局长亲临现场，哈一一三中学"现代学校制度建设"种子辐射学校七中及爱建学校也参加了本次活动。

聘请法律顾问是依法办校、依法护校的需要，也是增强师生法律观念和法律意识及保护集团校合法权益的需要，本着由专业的律师团队引领、指导、共同营造和谐安定校园环境的初衷，经一一三中教育集团成员校校长间的协商交流，反馈办学需求，最后达成一致，决定：一一三中教育集团聘请专业法律团队为集团各校进行专业、及时的法务服务！随后，聘请流程正式启动，各个集团校就法律顾问的服务内容，通过全校大会面向全体教师发放了征求意见单，进行调研，征求意见，各校均反馈需要由高品质服务的专业人士援

---

① 《聘请专业法律顾问　提升依法治校能力—— 一一三中教育集团推进"现代学校制度建设"新举措》，http://www.sohu.com/a/211767329_187766，2018-06-19。

助学校做好此项工作。经过进一步考察，最终从三家律师事务所中确定了孟繁旭律师事务所。由此可见，聘请法律顾问是一一三中教育集团成员校师生的共同愿望和需求，也通过此项工作促进了学校民主化的进程。

第二节　建立健全民主管理制度

完善学校民主管理是推进我国基层民主建设和学校政治文明建设的重要体现和标志，是现代学校制度建设的重要组成部分，建设现代学校制度必然要求建立健全民主管理制度。学校要扩大有序参与，加强议事协商，完善基层民主制度，切实通过教代会、学生会等组织，保障师生的知情权、参与权、表达权和监督权。

民主管理是相对于服从绝对权威的管理而言的，是校长和领导班子在对学校进行管理的过程中，充分发扬民主，吸收教职工、学生、学生家长、社会人士等参与学校管理的状态和过程。民主管理符合人们的心理要求以及"以人为本"的管理理念，注重弘扬人的主体精神，发挥人的主体能力，是一种群众参与下的共同管理。

建立健全民主管理制度，学校需从以下几个方面入手：①发挥党组织的战斗堡垒作用和党员的先锋模范作用；②健全教代会制度和闭会期间的工会代管制度；③坚持校务公开，形成三权制衡的机制；④引导学生通过各种途径实现自我管理，参与学校治理，确保师生申述调节机制完善，畅通师生权利的救助渠道等。

第80条　贯彻《关于加强中小学校党的建设工作的意见》，以提升组织力为重点，突出政治功能，把学校党组织建设成领导改革发展的坚强战斗堡垒，充分发挥党员教师的先锋模范作用。

【要点解读】

中小学校是党的基层组织建设重要领域。中小学教育是国民教育体系的基础，担负着培养德智体美全面发展的社会主义建设者和接班人的重要使命。长期以来，中小学校的党建工作一直缺乏制度规范和基本遵循。例如，对党建工作重视不够，抓工作的主动性不强，党的建设与教学工作结合得不够紧密，党组织的作用发挥得不够明显，有些学校党组织工作方法、形式、内容单一，缺乏吸引力和针对性，一些党员的先锋模范作用发挥不够好，部分青年骨干教师入党积极性不高等问题亟待明确和解决。所以加强中小学校党的建设，对于全面贯彻党的教育方针、保证社会主义办学方向、落实立德树人根本任务、办好人民满意的教育，具有重要意义。

中小学教育处于基础地位，教育模式机械僵化，教师教育教学观念停滞不前；家庭教育跟不上学校教育；教育发展不均衡等问题纷纷浮出水面，受到社会的普遍关注。合理、有效地解决这些热点、难点问题，任务重、责任大，必须通过加强党建工作，充分发挥中小学校党组织的政治核心作用，把党的思想政治组织优势转化为教育改革发展优势，促进依法办学、质量立校，为社会提供更优质的教育资源和服务。

目前，虽然中小学校党建工作取得了明显成效，但仍存在着不少薄弱环节和突出问题，如组织覆盖、管理体制、书记队伍、党员管理、思想政治教育等方面仍然存在一些亟待解决的问题，迫切需要通过破解难题、补齐短板，推动中小学校党组织、党员队伍和党的工作强起来，建设坚强战斗堡垒，夯实党的执政根基。

【实施建议】

第一，学校党组织牢牢把握对学校意识形态工作的主导权，把社会主义核心价值观的基本内容和要求渗透到学校教育教学之中，体现在学校日常管理之中。

第二，注重选拔党性强、懂教育、会管理、有威信的优秀党员干部担任党组织书记。强调推行党组织书记、校长"一肩挑"，办学规模大、党员人数多的学校，应配备熟悉党务工作、有较强组织协调能力的同志担任党组织专职副书记，全力抓好党建工作。党组织书记和校长分设的学校，党组织书记一般应兼任副校长，党员校长一般应兼任副书记。

第三，充分利用学校网站、电子屏幕、横幅、墙报、宣传栏、微信平台等宣传阵地及有关会议，进行爱党、爱国教育，积极为纪念活动营造声势。组织全校师生积极开展书画、摄影、专题图片展览；举行演讲、征文、诗歌朗诵、手抄报、歌咏比赛、主题班团会等形式多样、生动活泼、师生喜闻乐见的活动；利用五四青年节、六一儿童节、国庆节等节日，开展各种丰富多彩的爱党、爱国、爱社会主义教育活动。

第四，党支部要切实做好发展党员的工作，加强改进对党员的教育管理，突出强调健全把骨干教师培养成党员、把党员教师培养成教学管理骨干的"双培养"机制，落实"三会一课"等组织生活制度，凡要求群众做到的，党员首先要做到；要求党员做到的，党支部成员首先必须垂范。通过给每个党员定岗定责，使党员先锋模范作用得到实实在在的体现。

第五，强调党组织书记（副书记）与校长（副校长）在岗位等级确定、考核奖励、待遇落实等方面同等对待。专职党务工作人员比照学校同级行政管理人员落实相关待遇，兼职党务工作者应计算工作量。优秀党务工作者、优秀共产党员应与同级表彰的优秀教育工作者、优秀教师等享受同等待遇。

【案例推介】

呼和浩特市第十七中学党支部党员履责制度①

为加强和规范我校党员的教育管理，更好地发挥党员先锋模范作用，推动"两学一做"学习教育常态化、长效化，依据党章规定，结合我校党员队伍实际，特制定党员履责制度。

一、党员履责规程

党员履责事项是指党员履行党员义务，在完成党支部工作目标中担当责任，发挥先锋模范作用的事项。党员履责规程是指党员在完成党支部工作目标过程中发挥先锋模范作用的规程。

二、认清党员责任

积极主动认领并努力完成党组织的工作目标，是每个党员义不容辞的责任。党员履责是党员发挥主体作用的有效途径，是实现党支部目标的根本保证，是做"四讲四有"党员的具体体现。讲奉献，有作为，立足岗位做贡献，最根本的是干好本职工作。主动担当责任，立足岗位发挥先锋模范作用，就是合格党员。

---

① 《呼和浩特市第十七中学党支部党员履责制度》，http://blog.sina.com.cn/s/blog_4d6c316f0102wuhx.html，2018-06-19。

三、确保责任到人

工作目标确定以后，党员要主动积极认领工作目标，向党支部提交目标认领书。党支部根据每个党员的具体条件认真审议其目标认领书，视目标内容和难易程度进行增加或减少、合并或分解。哪些目标由若干党员共同完成，哪些党员能完成若干项目标，要视工作目标事项和党员的具体情况而定。党支部的审议意见与党员个人的认领意愿对接以后，公示每个党员认领党支部工作目标的责任事项。

四、明确履责事项

党员履责事项分为基础事项、先锋事项两部分。党员履责基础事项是指每个党员都要履行的共性事项，包括对党忠诚，理想信念坚定，在政治、思想、言论、行动上同以习近平同志为核心的党中央保持高度一致；遵守党内政治生活准则、党内监督条例、廉洁自律准则、纪律处分条例等各项党纪党规，努力完成党组织交办的任务；践行社会主义核心价值观，遵守社会公德、职业道德、家庭美德、个人品德；按期足额缴纳党费；积极开展批评与自我批评，坚决改正自己的缺点和不足等。党员履责先锋事项是指党员根据自身条件发挥先锋作用的事项，包括认领上级党组织工作目标的事项、党支部交办的事项和其他自觉自愿为民服务的年度事项。

五、提高履责能力

认领完成党支部工作目标的质量和效率，取决于党员的综合素质和能力。党员在履责过程中要经常查找自身在履责素质能力方面存在的差距和问题，带着问题学习掌握相关理论知识和业务技能，做到工作学习化、学习工作化。党支部要针对党员在履责素质能力方面存在的突出问题，通过专题自学、讨论、讲课的方式，加强党员学习培训，提高党员发挥先锋模范作用的素质能力，让每个党员都做"四讲四有"的合格党员。

六、考核总结完善

年底，我校每个党员都要对自己全年履责事项的完成情况逐项做出书面总结评价，实事求是肯定成绩，客观准确查摆存在的问题；党支部要组织群众对每个党员的履责情况进行评议；根据群众评议、党员评议和党员履责表现，确定党员履责等次。

第 81 条 坚持民主集中制，定期召开校务会议，健全学校教职工 (代表)大会制度，将涉及教职工切身利益及学校发展的重要事项，提交教职工(代表)大会讨论通过。

【要点解读】

校务会议是学校通报日常工作情况、总结前一阶段工作、部署下一阶段工作等事务的重要平台，是校领导和教师直接沟通的便利渠道，是一所学校正常运转不可缺少的一部分。

民主决策是建设现代学校制度的必然要求。《全面推进依法治校实施纲要》提出依法健全科学民主决策机制。要依法明确、合理界定学校内部不同事务的决策权，健全决策机构的职权和议事规则，完善校内重大事项集体决策规则，大力推进学校决策的科学化、民主化、法治化。学校民主决策强调平等、参与、交流的理念，学校成员有平等参与、充分表达意见的权利和自由，有同等参与决策的机会。

为尊重全体教职工、学生对学校管理的知情权、表达权、参与权、监督权，拓宽学校民主渠道，推进学校民主决策，学校应该制订切实可行的校务会议制度，吸收教师代表和学生代表参与决策，集中讨论学校重大事项，讨论制订或修改规章制度以及校长提交校务会议决策的有关事项。

学校重大事项决策行为，应充分体现科学决策、民主决策、依法决策的理念，通过事先个别酝酿、会前调查研究、会上充分讨论、会后各司其职的流程来完成。校长主持校务会议，应充分发挥参会人员的积极性，认真执行民主集中制原则，在共同意见达成时做出决定，不能将主持会议的职责变成个人说了算的特殊权力。校务会议不干预校长的具体事务，只对学校贯彻党的教育方针、执行教育法律法规政策等方向性问题进行评议，只对校务会议决定的事项进行监督。

【实施建议】

第一，学校应充分认识到，召开校务会议是学校民主管理的一项基本要求。学校必须有完整的校务会议制度，要提前对会议内容做精心准备，明确召开时间、会议研讨范围、会议流程，做好会议记录、会后跟踪、监督与反馈等，避免会议的随意性。学校校务会议原则上最少要保证一个月召开一次，多则两周一次，甚至一周一次，学校应根据具体情况而定。会议记录要使用规范的会议记录单，写清会议议题、议定事项、讨论意见、召开时间、地点、主持人、参与及列席人员等。

第二，校务会议要坚持民主集中制的原则，2/3以上成员参加方能召开。坚持按照集体领导、民主集中、个别酝酿、会议议定的原则。严格遵守议事保密的原则。校务会议流程包括确定会议中心议题、初步拟定时间、报校长审核通过、组织实施、会后执行并由专人监督、检查重大事项的落实情况反馈等环节。

第三，校务会议在组织实施过程中，要利用现代技术手段，减少"会次"，有针对性地开会；减少"会员"，确定主题，言简意赅；减少"会时"，保持会议的新鲜度，提高"会趣"。

第四，学校要明确学校管理中的重大事项。一般而言，学校重大事项包括：制订、修改学校的规章制度，学校整体发展规划、年度和学期工作计划或重大改革措施，领导班子自身建设方面的重大事项，学校内设部门（处室）职能配置及调整等方面的重要问题，教师队伍建设实施方案，教师培训和职称评定，教职工的考核、教育交流方案，涉及学校师生员工人身安全、社会和家庭稳定的重要事项，贯彻执行上级党组织和教育行政部门有关决议、决定和重要工作部署，学校资金预算与资源分配等。决定学校重大事项，需按照"集体领导、民主集中、个别酝酿、会议决定"的原则进行。

第五，规范学校民主决策的程序，主要包括确定决策目标、拟订备选方案、评价备选方案、选择方案、执行方案、回馈评估方案。

【案例推介】

明光中学2017年校务公开监督制度①

为了全面推进学校民主政治建设，保证校务公开，按照上级要求规范到位，特制订如下制度。

第一，成立校务公开监督小组，根据上级有关实施校务公开的要求，对

---

① 《明光中学2017年校务公开监督制度》，http://www.ahmg.gov.cn/2665477/15663342.html，2018-06-19。

校务公开的内容和时间进行监督。

第二，设立群众查询接待室，安排在政教处办公室，时间为每月第一周的周三。

第三，设立"意见箱"，放在一号楼一楼教务处旁，联系箱钥匙由监督小组有关人员保管。

第四，设立校务公开监督电话。

第五，建立校务公开监督网络，监督小组定期或不定期地组织召开会议，对校务公开内容和群众意见进行分析，提出改革意见，不断提高校务公开的效果。

第82条　设置信息公告栏，公开校务信息，公示收费项目、标准、依据等，保证教职工、学生、相关社会公众对学校重大事项、重要制度的知情权。

【要点解读】

知情权是学校管理中教师、学生等相关利益群体的重要权利之一。知情权对学校管理有监督制约的作用，教职工、学生、相关社会公众知情权的保证有赖于学校管理层的配合，校务公开是保证知情权的主要方式。学校发展过程中重大事项的知情权，不应只属于少数几个人，学校应通过各种方式公开校务信息，保证教职工、学生、相关社会公众对学校重大事项、重要制度的知情权。

校务公开是指各部门通过一定的形式和程序在一定范围内公开办事程序、办事过程及办事结果，并以制度化的形式，保证师生员工的知情权，将权力的运行置于广大群众监督之下的一项措施。实行校务公开制度是新形势下推进学校民主建设的重大举措，有助于调动广大教职员工和社会公众参与学校管理和监督的积极性，畅通民主渠道，营造民主气氛。

凡是校内重大事项和教职工所关注的重点、热点问题，学校都必须全面、准确、详尽地予以公开。例如，学校的发展规划、年度计划及评议干部、评比优秀、职称评定、教职工岗位聘任考核办法与结果、学校教职工奖金分配方案等教职工关心的热点问题都应全面、彻底、及时公开。

【实施建议】

第一，学校要切实把实行校务信息公开作为学校的一项常规管理制度，对校务信息公开的具体事项、公开时间、公开方式、意见处理与反馈方式等，做出具体规定，做到事前、事中、事后公开，保证教职工、学生、相关社会公众的知情权。

第二，学校应在明显位置设立校务公开专用橱窗，分"对内公告栏"和"对外公告栏"。"对内公告栏"主要面向校内教师和学生，如学校的各种制度、人事调整等；"对外公告栏"主要面向家长和社会人士，如收费公示、公共咨询电话、学校相关网址等。

第三，校务公开专用橱窗应由学校专人负责，根据校内重大事项和教职工关注的重点、热点问题来设定内容，及时更换最新内容。在校务公开的流程上要做到"三公开"，即政策公开、过程公开、结果公开；"四及时"，即及时公开政策、及时公开决策和工作过程、及时收集教职工的意见和建议、及时做好反馈和整改工作。

第四，建议学校将校务信息公开逐步网络化。在学校网站的显著位置，设置校务公开栏目，并增强其时效性和互动性。通过校务公开，征集学校发展中的问题和建议，利用各方力量，办好学校。

【案例推介】

广东省教育厅中小学校务公开暂行规定(节选)①

第一章 总则

第一条 为加强学校民主政治建设，保障教职工参与民主决策、民主管理和民主监督的权利，规范中小学校务公开，增加校务的透明度，依据有关法律、法规的规定，结合我省中小学校的实际，制定本规定。

第二条 本规定所称的校务，是指中小学校在进行教育教学活动和实施管理过程中所产生的事务及其有关信息。

第三条 本规定适用于本省中小学(含中等职业学校)校务公开的活动。

第四条 中小学应当履行校务公开的义务。学校教职工、学生及其家长、

---

① 《广东省教育厅中小学校务公开暂行规定》，http://www.gzedu.gov.cn/gzsjyj/sfxpg/201709/4c674ba546d94a2b9ea9bf6ffe334739.shtml，2018-06-19。

其他公民和合法的社团组织依法享有本规定设定的应当公开的中小学校务的知情权和监督权。

第五条 中小学校长是校务公开的主要负责人。要成立以校长为组长的校务公开领导小组。学校要指定机构负责校务公开的具体工作。各级教育行政部门监督所管理范围内的中小学校实施本规定。

第六条 实行校务公开，应当遵循合法、及时、真实和公正的原则，不得泄露国家秘密、商业秘密；不得公开法律、法规禁止公开的其他事项；不得损害学校的合法利益；不得侵犯他人隐私。

第七条 健全和完善教职工代表大会制度，充分发挥教（职）代会在校务公开工作中的主渠道作用。

第二章 校务公开的内容

第八条 学校应向本校教职工公开以下校务：

（一）学校重大事项的决策和执行情况，学校规章制度的制定和修改等；

（二）学校的年度工作计划及其执行情况；

（三）学校资产管理和资产变动情况；

（四）学校每学期经费收支情况（收入部分必须包括财政拨款、各项收费收入、接受捐赠收入、租金收入、办班办学和其他教学科研收入等，支出部分必须列明具体项目及开支款额）；

（五）课时补贴、考勤与酬金发放情况，奖惩与货币分房、住房公积金、房租变动情况，各种社会保险、辅助保险等与教职工切身利益有关的事项；

（六）学校行政管理干部的选拔任用，教职工提薪、晋升、聘任的条件、程序和结果；

（七）教职工年度考核和评优、评先的条件、程序和结果；

（八）大宗物资采购、成套或贵重设备购置、大额度资金使用情况；

（九）学校领导干部和党政工作人员遵守廉洁自律规定的情况和民主评议情况；

（十）校舍建设的立项、工程招标、建设进度和验收结算情况；

（十一）学校教职工实行计划生育情况；

（十二）外出（含出国出境）学习考察、培训及其有关费用支出情况；

（十三）承诺办理的事项及其完成情况；

（十四）学校的校办产业、食堂承包、门店租赁、资产管理使用变动等情况；

（十五）按上级有关规定应当公开或上级教育行政部门要求公开的其他内容。

第九条 学校应向学生及其家长和社会公开以下校务：

（一）学校领导机构、班子任期目标、学校发展规划；

（二）学校学年或学期教育改革目标、教学计划及执行情况；

（三）学校进行教育教学和管理工作的有关规章制度；

（四）学校的招生计划和招收保送生、择校生的条件、人数，以及招生录取工作的程序和结果等；

（五）学校的收费项目、收费标准、收费依据、收费范围、计费单位、批准收费机关及监督电话；

（六）学校接受的各项捐款、赠物及其管理使用情况；

（七）教职工招聘条件、程序和结果；

（八）学校重大突发事件和处理情况；

（九）学生学（书）杂费的减免条件和减免结果、学生干部的选拔任用情况和学生的入党、入团、评先、评优、违纪违规处分情况，但不得违背对未成年人权利保护的有关法律规定；

（十）按上级有关规定应当公开或上级教育行政部门要求公开的其他内容。

第十条 凡向社会公开的校务，都要同时在校内公开。

第83条 建立问题协商机制，听取学生、教职工和家长的意见和建议，有效化解相关矛盾。

【要点解读】

学生、教职工和家长都是学校各项教育工作的主体。各主体间相互合作的程度和效果在很大程度上影响着教育效果。

教职工是学校管理工作的主体，这是由学校的工作性质和特点决定的。虽然从学校领导班子的角度看，教职工和学生都是他们的管理对象，但是在当今学校民主管理、民主办学以及依靠教职工办好学校的办学思想指导下，教职工的地位发生了根本的变化，即由被管理者变为管理者。这种变化告诉我们，只有全心全意依靠教职工，才可能把学校办好；只有尊重教职工的主人翁地位，才能有效地调动他们的工作积极性，最大限度地发挥他们的聪明才智，获得教育效果。

学校的发展离不开家长的配合。家长是学校管理的重要资源，家长参与学校管理一般分为家长委员会参与及全体家长参与，学校为了实施民主管理、全员管理，健全与完善管理制度，让家长参与学校管理。充分利用好家长这部分资源，加强家校合作，开放办学，调动一切积极因素参与学校管理，形成学校、社会、家庭育人的合力，培养合格人才，提高办学质量，为学校的可持续发展奠定基础。坚持家校沟通与合作，让家长充分参与学校管理，有效保证家长对学校教育教学工作的知情权、评议权、参与权和监督权；完善学校、家庭、社会"三位一体"的教育体系，营造良好的教育环境；深入推进素质教育，促进学生的全面发展。

【实施建议】

第一，学校要建立健全完善的管理制度，用制度管事管人。通过行政会、教代会或教职工大会等渠道协商，通过集体讨论和民主决议等方式共同解决学校发展中的问题。

第二，成立学校家长委员会，学生和家长将参与对教师和学校的评价，其结果将成为教师考核的重要依据。设立"教育开放周"，增进家长和社会对学校的了解，完善家长参与学校管理评价制度及家长学校规章制度。

第三，通过召开座谈会、发放征求意见表、开展问卷调查等多种形式征集教职工对学校各项工作的意见及建议。

【案例推介】

闵行区教育工会探索建立学校内部沟通协商机制①

习近平总书记在党的十九大上指出："完善政府、工会、企业共同参与的协商协调机制，构建和谐劳动关系。"在群团改革的背景下，学校工会如何在党组织的领导下不断健全学校内部的沟通协商机制是区教育工会不断探索的

① 《闵行区教育工会探索建立学校内部沟通协商机制》，http://gov.eastday.com/renda/node5902/node5904/node5913/u1ai6173978.html，2018-06-19。

新课题。

2017年上半年，在党委领导下，区教育工会就学校沟通协商情况开展了课题研究。目前在闵行教育系统，除教代会外各个学校也采用了一些有效的沟通协商方法，为了使学校的沟通协商机制更有针对性、有效性，更能加强干群交流，更大程度发挥工会桥梁纽带作用，区教育工会在党委支持下，决定制订建立学校沟通协商机制指导意见，使学校的沟通协商更有利于学校发展。

2017年10月26日，区教育工会组织部分人员在田园高级中学教工之家就《关于进一步推进学校沟通协商机制的指导意见》的修订稿听取了大家的想法和意见。区教育系统部分中小幼校长、书记和工会主席参加了研讨。会议介绍了《关于进一步推进学校沟通协商机制的指导意见》制订的背景和目标，就沟通协商机制的具体工作要求、沟通内容、范围以及操作办法进行了热烈探讨，并就《关于进一步推进学校沟通协商机制的指导意见》的出台形成共识。

沟通协商机制的建立对学校民主管理、加强学校干群间的联系有着重要的作用。通过机制的建立，加强干群交流，信息互通，情感增进。不仅让党、政、工和教工明确各自在机制中的职责，又要在操作中不增加学校负担，共同为学校发展创造和谐的氛围，为推进闵行教育的"四化"做出贡献。

第84条　发挥少先队、共青团、学生会、学生社团的作用，引导学生自我管理或参与学校治理。

【要点解读】

学生参与学校治理是建设现代学校制度的重要内容。所有的教育都不应该忽视学生的声音，学生参与学校治理已经成为学校发展的必然趋势。学生参与学校治理能够使学生在参与学校具体事务的过程中，把自己发展的主观需求和愿望全面、真实地表达出来，为学校治理提供重要的依据和参考。此外，学生在参与学校治理的过程中，还能够培养多方面的素质，有效促进学生全面发展。

现代学校制度下的管理应该关注并创造一切条件引导学生自我管理或参与学校治理，将学生参与校务应具备的知识传授与能力训练当作教育的一环，学生参与学校治理的目的是使学校管理者和教师能够从学生视角进行学校管理和教育教学。所以，学生对于学校生活的感受、意见和建议能否得以表达，以及学生在表达之后能否得到及时的反馈是衡量学生参与程度的重要指标。

学生参与学校治理的渠道可分为两个层次。一是在学校内部设立正式的组织机构，直接吸收部分学生成员在组织机构中任职，其他学生通过设立的组织机构参与学校管理。例如，少先队、共青团、学生会、学生社团等都是这样的机构。二是在学校管理过程中，建立非正式的渠道，如召开学生代表座谈会、设立校长助理、设立校长开放日、开设校长信箱及各种意见箱等。此外，有些中学还设立了学生事务仲裁文员会、学生权利委员会等。

【实施建议】

第一，学校应建立健全少先队代表大会制度。学校少先队代表大会是少先队最基层的代表大会，其代表由各中队队员民主推选产生，既有队干部的代表、优秀队员的代表，又有普通队员的代表。同时，可邀请学校党团组织领导、校长及一部分中队辅导员参加。少先队代表大会是少先队组织实施民主集中制的具体体现，是少先队员行使民主权利的重要保证，也是队员学习民主、发扬民主、培养主人翁意识与能力的重要形式。

第二，组织召开团代会、学代会，是中学生校园生活中的大事。会议的召开不仅代表了全体学生的诉求与愿望，更是学生正确行使自己权利的重要体现。学生团代会、学代会原则上每年召开一次，可以有意识地引导学生参与计划、决策、活动等方案的制订。

第三，引导学生参与班级或学生的考核活动，学生参与考核活动，可以从全新的角度认识考核活动，同时还可以最大限度地避免学校考核或教师直接决定带来的片面性，有利于学生的健康成长。

第四，建立学生自主管理机制。实行"班干部轮换制""值日班长轮流制""学生会干部竞选制"，开展学生实践周活动，让每个学生都有参与管理的机会，提高学生的竞争意识、合作意识、自我评价和自我控制的能力，增强集体责任感。

【案例推介】

中国少年先锋队章程①

一、我们的队名

中国少年先锋队。

二、我们队的创立者和领导者

中国共产党。

党委托中国共产主义青年团直接领导我们队。

三、我们队的性质

是中国少年儿童的群众组织，是少年儿童学习中国特色社会主义和共产主义的学校，是建设社会主义和共产主义的预备队。

四、我们队的目的

团结教育少年儿童，听党的话，爱祖国、爱人民、爱劳动、爱科学、爱护公共财物，努力学习，锻炼身体，参与实践，培养能力，立志为建设中国特色社会主义现代化强国贡献力量，努力成长为社会主义现代化建设需要的人才，做共产主义事业的接班人。

维护少年儿童的正当权益。

五、我们的队旗、队徽

五角星加火炬的红旗是我们的队旗。五角星代表中国共产党的领导，火炬象征光明，红旗象征革命胜利。

五角星加火炬和写有"中国少先队"的红色绶带组成我们的队徽。

六、我们的队歌

《我们是共产主义接班人》。

七、我们的标志

红领巾。它代表红旗的一角，是革命先烈的鲜血染成。每个队员都应该佩戴它和爱护它，为它增添新的荣誉。

八、我们的队礼

右手五指并拢，高举头上。它表示人民的利益高于一切。

---

① 《中国少年先锋队章程》，http：//zgsxd. k618. cn/zqhg/201703/t20170310 _ 10578693. html，2018-06-19。

九、我们的呼号

"准备着：为共产主义事业而奋斗！"回答："时刻准备着！"

十、我们的作风

诚实、勇敢、活泼、团结。

十一、我们的队员

凡是6周岁到14周岁的少年儿童，愿意参加少先队，愿意遵守队章，向所在学校少先队组织提出申请，经批准，就成为队员。

队员入队前要为人民做一件好事。要举行入队仪式。

队员是少先队组织的主人，在队里都有选举权和被选举权，可以对队的工作和队的活动提出意见和要求。

每个队员都要遵守纪律，服从队的决议，积极参加队的活动，做好队交给的工作，热心为大家服务。

优秀的少先队员可以由队组织推荐作为共青团的发展对象。

队员由一个大队转到另一个大队，要带上队员登记表，到新的大队报到。

超过14周岁的队员应该离队。由大队举行离队仪式。

十二、我们的入队誓词

我是中国少年先锋队队员。我在队旗下宣誓：我热爱中国共产党，热爱祖国，热爱人民，好好学习，好好锻炼，准备着：为共产主义事业贡献力量！

十三、我们的组织

在学校、社区建立大队或中队，中队下设小队。

小队由5至13人组成，设正副小队长。

中队由两个以上的小队组成，成立中队委员会，由3至7人组成。

大队由两个以上的中队组成，成立大队委员会，由7至13人组成。

小队长和中队、大队委员会都由队员选举产生。半年或一年选举一次。

大队和中队委员会可以根据工作需要，设队长、副队长、旗手和学习、劳动、文娱、体育、组织、宣传等委员。

十四、我们的活动

举行队会，组织参观、访问、野营、旅行、故事会，开展文化科学、娱乐游戏、军事体育等各种有意义有趣味的活动，以及参加力所能及的公益劳动和社会实践。

十五、我们队的奖励和批评

队员和队的组织做出优异成绩的，由队的组织或报共青团组织给以表扬和奖励。队员犯了错误的，队组织要进行耐心帮助、批评教育，帮助改正。

十六、我们的辅导员

由共青团选派优秀团员或聘请思想进步、作风正派、知识丰富、热爱少年儿童的教师以及各条战线的先进人物来担任。他们是少先队员亲密的朋友和指导者，帮助中队或大队委员会进行工作，组织活动。

十七、我们队的领导机构

全国和地方各级少先队工作委员会，是全国和地方少先队经常性工作的领导机构，由同级少先队代表大会选举产生。全国代表大会原则上每五年召开一次。

第三节 构建和谐的家庭、学校、社区合作关系

《国家中长期教育改革和发展规划纲要（2010—2020年）》明确提出，在人才培养上要"树立系统培养理念"，推进"学校、家庭、社会密切配合"，"形成体系开放、机制灵活、渠道互通、选择多样的人才培养体制"。学校、教师与家长、社区的合作是教育发展的内在需要，是维护学校、教师、家长以及社会共同利益的需要。

构建和谐的家庭、学校、社区合作关系主要包括两大方面：第一方面，要通过制度建设，激励、引导家庭、社区一起参与学校管理；第二方面，在推动教育事业和社区文化事业发展方面，学校与社区、家庭密切合作，共享资源，互相促进。

现代学校制度鼓励学校与所在社区中的各种组织和社会人士双向互动、互相支援。对于学校而言，合作有利于得到更多的公共支持，有利于增进社会对学校和教师的信赖、宽容，合作还能给儿童提供更多的支持与机会，帮助其得到全方位成长。社区与学校的合作将调动社区内一切可以利用的资源，形成教育的合力，大大提高社区的生活质量。家长参与学校教育，一般表现为家长充当子女教育的支持者和配合者，帮助和督促子女完成作业，通过参加家长会、家长学校，成为家长委员会、家长议事会代表等途径，进行家庭教育咨询、家校联系等。

第85条　健全和完善家长委员会制度，建立家长学校，设立学校开放日，提高家长在学校治理中的参与度，形成育人合力。

【要点解读】

在中小学全面建立家长委员会制度，既是促进家校合作与沟通的重要途径，也是保障学生家长能够有效参与学校管理，增进学校管理和决策的科学性、民主性，完善学校治理机构的重要机制。

家长委员会主要由家长代表组成，民主参与学校教育、教学和管理工作。一方面，家长委员会代表家长，反映家长和社会的要求，协助并参与学校的教育工作；另一方面，学校通过这一组织协助家长工作，对家庭教育工作进行帮助和指导。家长委员会一般承担着监督学校办学方向，配合学校教育学生，优化社会家庭教育环境，帮助学校改善办学条件，密切家庭、学校、社区之间的关系等职责。

学校应该主动采取措施帮助家长参与学校治理，让家长在不同程度上参与学校的监督、决策过程和各级管理工作，让家长、教师、学校领导共同研究和讨论学校中的重大问题，倾听家长在学生教育和学校治理方面的意见和建议，积极吸收其中的合理因素，将其作为学校改进的重要依据，采取切实可行的措施确保建议的落实，从而推动学校治理水平的不断提高。

【实施建议】

第一，学校可以在每届新生入学的时候，做好家长情况的全面调研，科学合理地选择家长代表补充到家长委员会中。建议学校组织毕业年级家长代表与新生年级家长代表的座谈交流会，收集家长对学校发展的意见和建议，同时也帮助新加入家长委员会的家长尽快适应学校发展主人翁的角色。

第二，创新家校合作管理体系，使家长尽可能广泛地参与学校的各项工作，如开设"家长课堂"，创办"家长中心"，通过"学生联系本"、网络论坛等搭建家校合作的桥梁。邀请家长参加学校、班级的重要活动，定期进行满意度调查，通过学生向家长发放"征求意见卡"，激发家长参与热情。

第三，将家校合作作为学校发展规划中的一项内容，有目的、有计划、有组织地推进家校互动，选择专门教师去负责管理、协调，将家校合作作为一项常规工作来开展，逐步形成有效的制度与机制。

第四，设立家长开放日，并与学校重要事项结合开展活动。这有利于比较全面地向家长展示学校的办学质量和水平，也有利于家长深入地了解学校、了解孩子在学校里的行为表现，减轻学校负担。

【案例推介】

广东省教育厅关于进一步加强中小学幼儿园家长委员会建设的通知（节选）①

各地级以上市及顺德区教育局，省属中职学校，华南师范大学附属中学、广东实验中学、华南师范大学附属小学：

近年来，我省各地各中小学幼儿园（含中职学校，以下简称学校）认真贯彻落实《教育部关于建立中小学幼儿园家长委员会的指导意见》（教基一〔2012〕2 号）、《教育部关于加强家庭教育工作的指导意见》（教基一〔2015〕10 号）精神，积极推动建立家长委员会（除非特别说明，特指校级家长委员会），有效推进了现代学校制度建设，健全了学校、家庭、社会"三结合"教育网络。为在学校全面普及家长委员会，规范家长委员会设置与管理，现就进一步加强学校家长委员会建设有关事项通知如下。

一、提高对建立家长委员会重要意义的认识

在学校普遍建立家长委员会，是全面深化教育综合改革、推进现代学校制度建设的必然要求，是尊重和发挥家长在教育改革中的积极作用、提高学校育人工作水平的客观需要，是构建学校、家庭、社会合力育人体系、优化育人环境的重要举措。各地各学校要充分认识建立家长委员会的重要意义，大力推进家长委员会组建工作，确保应建快建、应建尽建。全省公办和民办中小学和幼儿园，凡无特殊原因的都应建立家长委员会，并推动建立年级、班级家长委员会。

二、明确家长委员会的职责与任务

（一）准确把握学校、家长委员会、家长学校之间的关系

家长委员会是由本校学生家长代表组成，代表全体家长参与学校民主管理，支持和监督学校做好教育工作的群众性自治组织，是学校联系广大学生

---

① 《广东省教育厅关于进一步加强中小学幼儿园家长委员会建设的通知》，http：//zwgk.gd.gov.cn/006940116/201601/t20160126_641102.html，2018-06-19。

家长的桥梁和纽带。学校和家长委员会具有一致的教育目标和平等的地位，学校既要推动建立家长委员会，协助搞好家长委员会建设，引导家长委员会支持和协助学校工作，又要尊重家长委员会作为群众性自治组织的主体地位，自觉接受家长委员会的监督，保障家长委员会参与学校民主管理。家长学校是由学校成立、在学校直接领导和管理下的对家长宣传普及家庭教育知识的内设组织，学校要做好家长学校的日常管理工作。

（二）家长委员会应在学校的指导下履行以下基本职责

1. 参与学校管理

对学校工作计划和重要决策，特别是事关学生和家长切身利益的事项提出意见和建议。对学校教育教学和管理工作予以支持，积极配合。对学校开展的教育教学活动进行监督，帮助学校改进工作。

2. 参与教育工作

发挥家长的专业优势，为学校教育教学活动提供支持。发挥家长的资源优势，为学生开展校外活动提供教育资源和志愿服务。发挥家长自我教育的优势，交流宣传正确的教育理念和科学的教育方法。

3. 沟通学校与家庭

向家长通报学校近期的重要工作和准备采取的重要举措，听取并转达家长对学校工作的意见和建议。向学校及时反映家长的意愿，听取并转达学校对家长的希望和要求，促进学校和家庭的相互理解。

......

第86条　引入社会和利益相关者的监督，密切学校与社区联系，促进社区代表参与学校治理。

【要点解读】

现代学校制度的构建内容之一就是建立健全学校系统内外的监督机制，并能够做好内外监督，使对学校的监督最终形成统一的整体。《全面推进依法治校实施纲要》提出完善决策执行与监督机制，要在学校内形成决策权、执行权与监督权既相互制约又相互协调的内部治理结构，保证管理与决策执行的规范、廉洁、高效。

发挥社区的监督职能是完善学校监督机制的重要组成部分。发挥社会的监督职能，能够对学校的办学行为起到一定的制约作用，保障学校办学方向的正确性，杜绝学校办学过程中的不规范行为。

学校应当主动与社区联手互动，建立健全各项规章制度，创新社区参与学校治理的方式方法，深入探索社区应享有的权利、承担的义务和履行的职责，构建社区参与学校管理的组织形式、制度平台与保障机制，使社区对学校办学有充分的知情权、参与权、监督权和评议权。

【实施建议】

第一，学校要树立开放办学的观念，认识到在当今的教育发展趋势下，学校教育与社会发展的关系比以往任何时候都紧密。关门办学将越来越不适应社会发展的需要，引入社会监督成为学校发展的有效保证。学校可以成立学校发展校外督导委员会，聘请学校周边社区人士及校外的利益相关者作为成员，聘请社会义务监督员，召开有关人员座谈会，征求意见。学校也可以设立社会监督电话和意见箱，并由专人负责管理，定期收集社会对学校的意见和建议。

第二，建立学校领导与所在地区联系制度，如建立信访制度，认真听取和了解所在地区群众的意见。学校也可以主动为社区的文化建设、体育卫生工作做出贡献，分享设备设施。学校要成为当地社区的文化中心，影响社区的风俗文化，营造良好的社区风气。

第三，学校要在与社区的合作、交流中，逐步发展并培养一支关心学校发展、具备一定教育理论修养的社区骨干队伍，将这支队伍作为学校发展的重要智力资源库，逐步深入到学校管理的核心工作中。

【案例推介】

社区学校结对共建　合作互助共赢发展①

2013 年 4 月 1 日下午，丽园社区党支部书记杨杰与大兴八中党支部书记王斌共同在《丽园社区居民委员会与大兴八中共建协议书》上签字并交换协议。丽园社区党支部书记杨杰表示希望在不影响学校教学的情况下，学校能成为

---

① 《社区学校结对共建　合作互助共赢发展》，http：//blog.sina.com.cn/s/blog_5ea8b5700101c283.html，2018-06-19。

"社区居民学校"，为居民无偿提供活动场所、人员培训和教育资源，开展计算机视频制作等培训，社区也会把好的理念带给学校。希望学生能够利用假期到社区参加社会实践活动，通过帮助别人，让孩子们认识到人生的价值，体验到劳动的快乐，从而珍惜今天的幸福生活，这将成为未成年人思想道德教育的真实载体和最佳途径。丽园社区的"心灵驿站心理咨询室"将作为德育的重要基地，帮助更多的青少年朋友打开心灵，迎着阳光微笑！签订协议后，大兴八中王华副校长感谢社区在学校发展中给予的大力支持，尤其是在每周五学生离校期间社区派出红袖标人员到学校门口值勤维护学生安全。王华副校长说："丽园社区是我校所在社区，我校有一部分学生生活在这一区域内。学校与社区携手共建，优势互补，既有利于社区活动的开展，又优化了学生成长环境，丰富了学生课余生活，促进了学生全面发展，促进了区域和谐和学校建设，是一件双赢的大好事情。"最后，双方都表示在今后的共建合作中要互助互赢，共同发展。

第87条　主动争取社会资源和社会力量支持学校改革发展。

【要点解读】

学校不应是游离于社区之外的文化孤岛，应主动与社区搭建桥梁，使二者之间进行自由沟通与合作，学校与社区的合作已是国际社会的共识，也是当前我国深化教育体制综合改革的需要。社区是学生接触最直接、最生动的社会，是学生人格形成和发展的土壤，也是支持学校发展的重要力量，学校应该积极发挥社区在学校育人方面的功能，促进学校的改革发展。

学校应以主动、开放的心态，积极争取社会资源和社会力量的支持。学校要通过各种方式开展社区资源调查，了解学校周边的有利资源及其分布情况，制订规划，从学校长远改革发展的角度，整合利用社会资源。需要注意的是，学校对社会资源的利用并不是散乱无组织的，应该基于自身的规划发展，有针对性地开发利用社会资源，使社会资源能够真正地促进学校发展。

专家资源是社会资源中的一种，也是学校在改革发展中最需要的资源。学校可有效利用专家资源，使其在学校建设和管理等重大事项中发挥作用。学校可借鉴发达国家的先进做法，利用专家资源建成参谋咨询机构，明确其职能和地位，完善决策程序，引导好、保护好专家学者参与学校管理的积极性，对涉及面广和专业性强的决策事项，可通过举行多种形式的咨询活动，进行科学论证，保证决策的科学性和权威性。

【实施建议】

第一，充分挖掘社区科研院所、创意园区、各类企业、图书馆、博物馆等场所的课程资源。可以根据中小学生的特点，依据各类场所资源的实际，编制相应的课程内容，让学生进来之后有一个系列的学习过程，有专门的辅导教师给予指导，为有兴趣的学生的深度学习提供支持，中小学校也可以根据本校的办学特点，邀请这些场所的专家作为课程开发顾问，共同开发特色课程，帮助学校办出特色。

第二，建立学校发展专家资源库，吸引高校及科研院所的教育研究专家、社会贤达参与学校重大决策和管理，提供咨询服务，参与学校重大改革实践项目，使社区各界的优秀人士都能为学校发展贡献力量。

第三，与社区合作，将学校、社区、家庭打造为立体的育人环境，开发社区资源，开展各项活动，使对学生的培养和教育工作由校内扩展到校外。

【案例推介】

学校如何开发和利用社区资源（节选）①

三、学校利用好社区教育资源的方法和举措

（一）走进社区，了解社区

了解当地社区的基本情况，适当组织师生到社区进行考察、春游、野营、参观等活动，实地接触当地的自然景观、历史古迹等，增强社会责任感；适时参加社区的文化、体育活动，与社区建立良好的合作关系。比如，我校党支部、团支部组织的"走进社区、远离毒品文艺演出""在闹市区为地震灾区助捐""和家长一起参与地震、火灾等逃生演练"等活动在社会上产生良好影响，同时又起到教育和锤炼学生的作用。

（二）加强校本教材开发，开展乡土教学

学校在相关学科中加入乡土教学，实施乡土科学实验。比如，在历史课

---

① 《学校如何开发和利用社区资源》，http://www.jxteacher.com/wangyue/column22473/6c629b87-bbaf-4733-a5cd-650c3d3a22c1.html，2018-06-19。

上介绍当地的历史人物、重要历史任务和重大历史事件等，在地理课上介绍本地的规划、环境、人口状况等，到当地的果园、菜园参加劳动实践，学习了解种植技术。陶冶学生情操，培养学生劳动技能。

（三）让社会组织和个人了解学校

通过新闻媒体、学校刊物、板报条幅等开展宣传工作，让家长和社会组织了解学校的基本情况和学校取得的教学成果。邀请社会人士到校进行法制说教、爱国爱乡爱家演讲等教育活动。用社会力量来帮助"问题学生"会产生意想不到的良好效果。同时长期建立校外教育基地，利用校外德育队伍来帮助治理校园周边环境，共同创建一片让学生健康成长的蓝天。

（四）鼓励社会和个人向学校捐助经费和设施

鼓励当地企事业单位和个人在学校设立奖学、助学基金，我校每年有近10名家庭困难学生得到了社会各界人士的资助。鼓励社会和个人捐助教育经费和教育设施、学生图书等。通过这些渠道来消除学校资金的有限对学校教育教学活动的不利影响。

第88条　有条件的学校可将体育文化设施在课后和节假日对本校师生和所在社区居民有序开放。

【要点解读】

学校与社区成员、机构、组织之间是双向交流与合作的关系。一方面，社区要理解、支持和帮助学校，以便有效地实施教育目标；另一方面，学校应该支持社区，面向社区开放，服务社区。通过互动，社区和学校在交换教育资源的基础上实现了彼此的提升。

校园是一种公共资源，应服务社会、服务大众，实现资源共享。在开放学校体育文化设施的过程中，学校应坚持按照有制、有序、有度的原则进行。"有制"是学校应该制订专门的制度，对开放的内容、时间、管理方法等进行规定，并通过告示、校园网的形式公布；"有序"是指学校要循序渐进地开放各种设施，在不断开放的过程中积累经验和做法；"有度"即学校要把握好设施开发的程度，不可超过学校资源的承受程度。

学校的体育场地向社会开放，也会给学校带来一系列问题，如开放之后人的安全如何保障，设施的维护经费问题如何解决，值班教师、警卫的假日、工资如何处理等。如果这些问题不能得到解决，仅靠上级部门的协调或者行政命令，那么学校只会开放一时。因此，需要行政部门和学校共同解决这一难题。

【实施建议】

第一，学校要认识到，学校的体育文化设施是一种社会资源，只有最大限度地提高其利用率，才能避免社会资源的浪费。同时，为社区居民开放体育文化设施，是一项学校、社区双赢的举措，应该结合学校资源的实际情况，创造性地去落实。

第二，学校可以委托社区街道成立专门机构，负责学校体育设施的对外开放管理工作，引入市场机制，做好体育设施的使用和维修工作。学校图书馆作为街道或社区的资料中心，要以兴趣小组、读书小组等形式，鼓励居民读书看报，发挥图书馆的功能，为提升社区居民的阅读素养和文化水平做出贡献。

第三，学校可以尝试会员卡制度，尽可能保证学校财产安全。到学校参加活动的居民要凭身份证或其他有效证件向居住所在地街道或社区居委会登记，并签订《居民进校活动协议书》。由街道或社区居委会负责向符合条件的本区域居民发放会员卡，社区居民应在开放时间内凭会员卡到学校参加有关活动，严格遵守管理制度和活动规则。因不遵守管理制度和活动规则，造成人身伤害的，后果自负；造成学校财产损失的，照价赔偿。

【案例推介】

教育部　国家体育总局关于推进学校体育场馆向社会开放的实施意见（节选）①
各省、自治区、直辖市教育厅（教委）、体育局，新疆生产建设兵团教育局、体育局：

根据健康中国建设的决策部署，为贯彻落实《国务院关于加快发展体育产业促进体育消费的若干意见》（国发〔2014〕46号）和《国务院办公厅关于强化学校体育促进学生身心健康全面发展的意见》（国办发〔2016〕27号）精神，进一步

---

① 《教育部　国家体育总局关于推进学校体育场馆向社会开放的实施意见》，http：//www. gov. cn/xinwen/2017-03/08/content_5175010. htm，2018-06-19。

深化学校体育改革，强化学生课外锻炼，积极推进学校体育场馆向学生和社会开放，有效缓解广大青少年和人民群众日益增长的体育健身需求与体育场馆资源供给不足之间的矛盾，促进全民健身事业的繁荣发展，现提出以下意见。

一、总体要求

（一）指导思想

当前我国面临着体育场馆的教学属性和社会健身要求不相匹配，学校体育场馆设施的资源不足、使用效益不高与学校、社会需求之间的供求矛盾；面临着教学时间和社会开放时间冲突，服务运行的盈利性和公益性难以平衡及责任的认定难以区分等严峻形势。各地要提高认识，把学校体育场馆开放作为贯彻落实《"健康中国 2030"规划纲要》和《全民健身条例》的重要举措，提高认识，统一思想，积极、稳妥、逐步创造条件推进开放工作，不断提高学校管理及体育工作质量和水平。

（二）基本原则

坚持政府统筹，多方参与，以政府为主导、以学校为主体，加强部门协作，引导社会力量积极参与，形成加快推动学校体育场馆向社会开放的政策体系。

坚持因地制宜，有序推进。根据地方、学校实际情况，加强分类指导、稳步推进，分批分阶段推动实施，形成健康有序的学校体育场馆开放格局。

坚持校内优先，安全为重。学校体育场馆要首先保证本校师生的教育教学需要和日常活动需求，优先向青少年学生和社会组织开放，加强安全管理，明确安全职责，形成学校体育场馆开放的安全保障机制。

坚持服务公众，体现公益。明确服务对象，完善服务条件，建立健全服务规范，立足公益，积极探索学校体育场馆开放多元化的成本补偿机制。

（三）主要目标

到 2020 年，建设一批具有示范作用的学校体育场馆开放典型，通过典型示范引领，带动具备条件的学校积极开放，使开放水平及使用效率得到普遍提升；基本建立管理规范、监督有力、评价科学的学校体育场馆开放制度体系；基本形成政府、部门、学校和社会力量相互衔接的开放工作推进机制，为推动全民健身事业，提高全民身体素质和健康水平做出积极贡献。

后　记

　　义务教育是现代国民教育体系中最重要的组成部分，是重中之重。管好办好每一所义务教育学校，对于保障适龄儿童接受公平而有质量的义务教育、全面提高国民素质、实现中华民族伟大复兴中国梦具有特殊而重大的意义。

　　2017年12月，教育部印发了《义务教育学校管理标准》，首次全面系统地梳理了我国义务教育学校管理的基本理念、基本内容、实施要求，从保障学生平等权益、促进学生全面发展等六大方面，明确学校的主要管理职责，共涉及22项管理任务、88条具体内容，《义务教育学校管理标准》是对学校管理的基本要求，适用于全国所有的义务教育学校。

　　义务教育学校的标准化、科学化、精细化管理推进得怎样，管理水平能否得到质的提升，关键在落实情况如何。为了使广大校长和教师充分了解基本要求，掌握精神实质，我们组织编写了本书。

　　由于水平有限、时间仓促，有些条目的解读还不够深刻，有些条目的实施建议尚不够全面，有些案例还不够典型。望专家、校长、教育行政领导和广大读者批评指正！

附 录

1.《中小学德育工作指南》(教基〔2017〕8 号)

2.《关于防治中小学生欺凌和暴力的指导意见》(教基一〔2016〕6 号)

3.《加强中小学生欺凌综合治理方案》(教督〔2017〕10 号)

4.《关于加强中小学劳动教育的意见》(教基一〔2015〕4 号)

5.《关于加强家庭教育工作的指导意见》(教基一〔2015〕10 号)

6.《关于推进中小学生研学旅行的意见》(教基一〔2016〕8 号)

7.《中小学心理健康教育指导纲要(2012 年修订)》(教基一〔2012〕15 号)

8.《江西省学校学生人身伤害事故预防与处理条例》

9.《中小学教师违反职业道德行为处理办法》(教师〔2014〕1 号)

10.《关于做好中小学生课后服务工作的指导意见》(教基一厅〔2017〕2 号)

11.《关于进一步加强控辍保学提高义务教育巩固水平的通知》(国办发〔2017〕72 号)

12.《国务院关于加强农村留守儿童关爱保护工作的意见》(国发〔2016〕13 号)